应用型本科院校"十二五"规划教材/经济管理类

Audit Foundation and Practice

审计基础与实务

(第3版)

主 编 何 丽 尚红岩
副主编 刘云芝 佟伯承 刘福波
主 审 赵丽霞

哈尔滨工业大学出版社
HARBIN INSTITUTE OF TECHNOLOGY PRESS

内容提要

本教材是根据审计学科理论体系,并充分考虑审计实践而编写的,以民间审计为主线,兼顾政府审计和内部审计,使学生对我国的审计监督体系有完整的认识,体现了层次性、实践性和通用性的特点。

全书分为三篇,分别介绍了审计基本知识和常识、审计的方法论和审计学科的实践。特别强调审计过程的模拟,在实践中掌握审计的理论和方法以及相关学科的知识体系。

本书适用于应用型本科院校审计学、会计学、财务管理及相关专业的学生和有关工作人员使用。

图书在版编目(CIP)数据

审计基础与实务/何丽,尚红岩主编. —3 版. —哈尔滨:
哈尔滨工业大学出版社,2013.1(2017.1 重印)
应用型本科院校"十二五"规划教材
ISBN 978-7-5603-3067-9

Ⅰ.①审… Ⅱ.①何… ②尚… Ⅲ.①审计学-高等学校-教材 Ⅳ.①F239.0

中国版本图书馆 CIP 数据核字(2013)第 005617 号

策划编辑	赵文斌 杜 燕
责任编辑	赵文斌
封面设计	卞秉利
出版发行	哈尔滨工业大学出版社
社　　址	哈尔滨市南岗区复华四道街 10 号 邮编 150006
传　　真	0451-86414749
网　　址	http://hitpress.hit.edu.cn
印　　刷	黑龙江艺德印刷有限责任公司
开　　本	787mm×960mm　1/16　印张 16.5　字数 348 千字
版　　次	2010 年 8 月第 1 版　2013 年 1 月第 3 版 2017 年 1 月第 2 次印刷
书　　号	ISBN 978-7-5603-3067-9
定　　价	28.80 元

(如因印装质量问题影响阅读,我社负责调换)

《应用型本科院校"十二五"规划教材》编委会

主　任	修朋月　竺培国
副主任	王玉文　吕其诚　线恒录　李敬来
委　员	（按姓氏笔画排序）

丁福庆　于长福　马志民　王庄严　王建华
王德章　刘金祺　刘宝华　刘通学　刘福荣
关晓冬　李云波　杨玉顺　吴知丰　张幸刚
陈江波　林　艳　林文华　周方圆　姜思政
庹　莉　韩毓洁　蔡柏岩　臧玉英　霍　琳

序

哈尔滨工业大学出版社策划的《应用型本科院校"十二五"规划教材》即将付梓,诚可贺也。

该系列教材卷帙浩繁,凡百余种,涉及众多学科门类,定位准确,内容新颖,体系完整,实用性强,突出实践能力培养。不仅便于教师教学和学生学习,而且满足就业市场对应用型人才的迫切需求。

应用型本科院校的人才培养目标是面对现代社会生产、建设、管理、服务等一线岗位,培养能直接从事实际工作、解决具体问题、维持工作有效运行的高等应用型人才。应用型本科与研究型本科和高职高专院校在人才培养上有着明显的区别,其培养的人才特征是:①就业导向与社会需求高度吻合;②扎实的理论基础和过硬的实践能力紧密结合;③具备良好的人文素质和科学技术素质;④富于面对职业应用的创新精神。因此,应用型本科院校只有着力培养"进入角色快、业务水平高、动手能力强、综合素质好"的人才,才能在激烈的就业市场竞争中站稳脚跟。

目前国内应用型本科院校所采用的教材往往只是对理论性较强的本科院校教材的简单删减,针对性、应用性不够突出,因材施教的目的难以达到。因此亟须既有一定的理论深度又注重实践能力培养的系列教材,以满足应用型本科院校教学目标、培养方向和办学特色的需要。

哈尔滨工业大学出版社出版的《应用型本科院校"十二五"规划教材》,在选题设计思路上认真贯彻教育部关于培养适应地方、区域经济和社会发展需要的"本科应用型高级专门人才"精神,根据黑龙江省委书记吉炳轩同志提出的关于加强应用型本科院校建设的意见,在应用型本科试点院校成功经验总结的基础上,特邀请黑龙江省9所知名的应用型本科院校的专家、学者联合编写。

本系列教材突出与办学定位、教学目标的一致性和适应性,既严格遵照学科体系的知识构成和教材编写的一般规律,又针对应用型本科人才培养目标及与之相适应的教学特点,精心设计写作体例,科学安排知识内容,围绕应用讲授理论,做到"基础知识够用、实践技能实用、专业理论管用"。同时注意适当融入新理论、新技术、新工艺、新成果,并且制作了与本书配套的PPT多媒体教学课件,形成立体化教材,供教师参考使用。

《应用型本科院校"十二五"规划教材》的编辑出版,是适应"科教兴国"战略对复合型、应用型人才的需求,是推动相对滞后的应用型本科院校教材建设的一种有益尝试,在应用型创新人才培养方面是一件具有开创意义的工作,为应用型人才的培养提供了及时、可靠、坚实的保证。

希望本系列教材在使用过程中,通过编者、作者和读者的共同努力,厚积薄发、推陈出新、细上加细、精益求精,不断丰富、不断完善、不断创新,力争成为同类教材中的精品。

第3版前言

随着社会主义市场经济体制的不断完善,财税、会计制度的不断改革,我国的审计环境发生了深刻的变化。为了顺应这些变化,我国已于2007年1月1日开始施行最新的《中国注册会计师执业准则》。新的准则强调风险导向的实施、审计技术方法的全面性、国际趋同要求等问题。为了适应学科发展的新需要,我们紧紧围绕这些审计领域改革和发展的新动向,在充分考虑应用型本科院校学生的培养目标和学习特点的前提下编写了本书。

本书是根据审计学科理论体系,并充分考虑审计实践而编写的,以民间审计为主线,兼顾政府审计和内部审计,使学生对我国的审计监督体系有完整的认识,体现了层次性、实践性和通用性的特点。

全书分为三篇。第一篇理论篇,是有关审计基本知识和常识方面的内容,是学生学习本课程的基础,同时也是后面两篇的学习指导。在本篇编写过程中,力求反映我国审计监督体系的基本概貌。第二篇方法篇,是审计的方法论部分,是学生在审计实践中必须掌握的知识。由于审计环境的变化,审计方法也随之发生了很大的改变,因此本篇在编写过程中,力求反映审计领域的最新动向和最新成果。

本书最具特色的是第三篇实务篇。它是审计学科的实践部分,是学生结合前续课程所学的知识,应用审计知识和方法,进行审计过程的模拟,是前面两篇理论和方法的应用。本篇紧紧围绕应用型本科院校的应用性、实践性的培养目标进行编写,在编写过程中,摒弃了其他教材对具体会计报表项目实施实质性测试程序的简单罗列,而是结合审计业务的真实操作,反映各种会计报表审计时审计目标、会计报表认定和具体审计程序之间的内在联系,使学生对审计实践有更深层次的认识。通过对本篇的学习,不仅可以使学生掌握审计学的基本理论和方法及相关学科知识,同时可以提高学生在实际应用中的操作能力,从而达到本门课程在整个专业教学计划中对学生的知识、能力和素质的培养要求。

本书可作为应用型本科院校审计学、会计学、财务管理等相关专业的学生的教材,也可作为管理学科中其他相关专业学生的教材,还可以供工商企业会计和初涉审计业务的审计人员作为学习参考和指导工作之用。

本书由何丽、尚红岩担任主编,并对书稿进行了审定。各章分工如下:第一章、第二章由哈尔滨远东理工学院尚红岩编写,第三章、第十一章由哈尔滨德强商务学院唐献凤编写,第四章、第六章由哈尔滨德强商务学院刘云芝编写,第十二章、第十三章由哈尔滨德强商务学院佟伯承编写,第十章、第十四章由黑龙江外国语学院刘福波编写,第五章、第九章由黑龙江外国语学院李宏卓编写,第八章由何丽编写。第七章由哈尔滨德强商务学院邵婧姣编写,赵丽霞老师担任主审。

由于编者水平有限,希望读者对于疏漏之处予以指正,便于本书的不断完善。

编 者

2012 年 10 月

目 录

第一篇 理论篇 1

第一章 概论 3
第一节 审计的基本概念 4
第二节 审计的种类 10
复习思考题 14

第二章 审计的组织形式与审计准则 15
第一节 审计的组织形式 16
第二节 审计准则 21
复习思考题 26

第三章 注册会计师审计 27
第一节 注册会计师审计的起源与发展 28
第二节 注册会计师审计的基本概念 32
第三节 注册会计师职业道德规范 37
复习思考题 41

第二篇 方法篇 43

第四章 审计目标 45
第一节 审计总目标 46
第二节 财务报表审计的责任划分 47
第三节 具体审计目标 51
复习思考题 55

第五章 审计程序和审计方法 56
第一节 审计程序 57
第二节 审计方法 59
第三节 审计抽样 67
复习思考题 80

第六章 审计证据与审计工作底稿 81
第一节 审计证据 83
第二节 审计工作底稿 87
复习思考题 95

第七章 审计计划与审计风险 96
第一节 审计计划 97

第二节　重要性·· 102
  第三节　审计风险·· 106
  复习思考题·· 110
第三篇　实务篇·· 111
 第八章　内部控制审计·· 113
  第一节　内部控制概述·· 114
  第二节　内部控制整体框架的内容··· 118
  第三节　了解和评价内部控制··· 122
  第四节　控制测试·· 125
  复习思考题·· 128
 第九章　销售与收款循环审计··· 129
  第一节　销售与收款循环的审计对象·· 130
  第二节　控制测试和交易的实质性测试··· 134
  第三节　营业收入审计·· 142
  第四节　应收账款审计·· 145
  复习思考题·· 150
 第十章　采购与付款循环审计··· 151
  第一节　采购与付款循环的审计对象·· 152
  第二节　控制测试和交易的实质性测试··· 156
  第三节　应付账款审计·· 159
  第四节　固定资产审计·· 161
  复习思考题·· 168
 第十一章　存货与仓储循环审计·· 169
  第一节　存货与仓储循环的审计对象·· 170
  第二节　控制测试和交易的实质性测试··· 172
  第三节　存货审计·· 176
  第四节　营业成本审计·· 192
  复习思考题·· 195
 第十二章　筹资与投资循环审计·· 196
  第一节　筹资与投资循环的审计对象·· 197
  第二节　控制测试与交易的实质性测试··· 199
  第三节　筹资审计·· 205
  第四节　投资审计·· 209
  复习思考题·· 213

第十三章 货币资金审计 214
第一节 货币资金的审计对象 215
第二节 货币资金的内部控制及控制测试 215
第三节 货币资金实质性测试 220
复习思考题 227

第十四章 审计报告 228
第一节 审计报告概述 229
第二节 标准审计报告 231
第三节 非标准审计报告 237
第四节 审计报告的编制 245
复习思考题 249

参考文献 250

第一篇　理论篇

本篇主要讲述审计和注册会计师审计的基础理论知识,包括审计的概念、审计的产生与发展、审计活动的关系人、审计与会计的关系、审计的种类、审计的组织形式与审计准则、注册会计师审计等内容。这些基本理论知识是学习本课程的基础,也是进行方法篇和实务篇有关内容学习的指导,更是将来从事实际审计工作不可缺少的基本常识。

理解审计的概念和审计活动的关系人,可以明确审计的基本性质,把握审计工作的方向;了解审计的产生与发展的历史进程,可以增强从事审计工作的神圣感和对祖国的热爱;理解审计与会计的关系,可以让学生明确审计的工作性质和职责以及与会计的典型差异;掌握审计的种类,有利于在实际工作中有针对性地开展审计工作,提高审计工作效益;了解审计的组织形式,可以明确审计工作岗位的特点和审计人员的从业资格要求,从而努力提高自身的业务素质;掌握审计准则,有利于在从事实际审计工作中正确遵守行为规范,把握标准、尺度和根据,高质量地开展审计工作;掌握注册会计师审计中的基本知识,有助于帮助学生理解审计的独立性特点。

第一章
Chapter 1

概论

【学习要点及目标】

知识目标：通过本章的学习，使学生了解审计产生与发展的客观基础和社会基础，了解审计活动的关系人以及与会计的关系；理解审计的概念；掌握审计的各种分类方法。

能力目标：能够准确把握和理解审计要素的内容；能够正确区分审计与会计的职能。

素质目标：培养学生关注细节和主动性等方面的素质。

【案例导入】

英国南海公司成立于1710年，主要从事海外贸易业务。公司经历10年的惨淡经营后业绩平平。公司趁股份投机热在英国方兴未艾之机，发行巨额股票，同时，公司董事会决定采用欺骗手段，对外散布公司的利好消息，以使其股票达到预期价格。公司大量散布预期在1720年的圣诞节，公司预计将按照股票面值的60%支付股利等谣言后，南海公司的股价便从1719年的114英镑上升到1720年3月份的300英镑以上，到了1720年7月，股票价格已高达1050英镑。此时，南海公司的老板又想出了新主意，让公司以数倍于股票面额的价格发行可分期付款的新股，又将发行新股权获取的现金转贷给购买股票的公众。这样，随着南海公司股价的扶摇直上，一场全国性的投机热潮也由此爆发，无论是新成立的股份公司还是原有的股份公司，都成了投机的对象。

随着1720年6月英国国会通过的《泡沫公司取缔法》的实施，英国开始对股份公司的成立进行了严格的限制，制止各类泡沫公司的膨胀。随着投机热潮的冷却，许多公司破产倒闭，南海公司的股价也一落千丈，直到1720年12月，南海公司股票价格仅为124英镑。当年底，政府对南海公司的资产进行清理，南海公司随后宣布破产。南海公司倒闭的消息犹如晴天霹雳，使数以万计的股东和债权人从神话般的美梦中惊醒过来，他们蒙受了巨大的损失，要求议会严惩欺诈者。迫于舆论的压力,英国议会为此成立了一个由13人组成的特别委员会,对南海公司时间进行查证。在调查过程中,特别委员会发现南海公司的会计记录严重失实,存在明显的篡改数据等舞弊行为,于是聘请了一位资深的会计师查尔斯·斯奈尔审核南海公司的账簿。通过对南海公司账目的查询,斯奈尔于1721年提交了一份报告,在该报告中,斯奈尔指出了南海公司存在重大舞弊行为和会计记录严重失实等问题。

议会根据这份查账报告,对该公司主要负责人进行了没收财产等相应的处罚,其中一位叫做乔治·卡斯韦尔的爵士还被关进了著名的伦敦塔监狱。于是,审核公司账簿的斯奈尔开创了世界注册会计师审计的先河,注册会计师审计由此在英国得以产生并逐渐发展起来。

第一节　审计的基本概念

一、审计的概念

审计从字义上讲,"审"就是审查之意,"计"就是会计、计算之意。"审""计"联合起来就是审查会计资料,即通常所说的查账之意。在英文中,"审计"(audit)是指会计检查。随着社会经济的发展和经济管理要求的提高,"审计"的内涵与外延都有了较大的变化,无论从查账的内容、方法还是目的上看,其字面意义的表述已远远不能概括现代审计的丰富内容。

审计的概念是对审计本质特征或其内涵与外延作出科学的界定和高度的概括,尽管不同的审计活动有不同的工作重点、不同的审查对象和审计目标,审计的职能和作用也有一定的差别,但审计的本质含义是相同的,因此我们可以对"审计"作出如下定义:审计是由专门的机构和人员对被审计单位的财政财务收支活动及其他经济活动的真实性、正确性、合法性、合理性和效益性进行监督、评价和鉴证的一项独立性的经济监督活动。对于这个概念,我们可以从以下几个方面来进一步理解:

(一)审计的主体

审计的主体,即审计监督活动的执行者,是"谁来审"的问题。从审计的概念中我们可以知道审计的主体就是实施审计工作的"专门机构和人员"。按照我国发布的有关审计的法律、法规和条例的规定,我国的审计专门机构有三个,即国家审计机关(国家审计)、独立审计组织(注册会计师审计)和内部审计机构(内部审计)。我国的审计专门人员包括国家审计机构的工作人员、注册会计师和内部审计人员。

(二)审计的客体

审计的客体,即被审计人,指接受审查、监督与评价的承担者,是"审谁"的问题。从审计的概念中我们可以知道审计的客体是"被审计单位",具体包括各级政府机关、金融机构和企事业单位及其他各类经济组织。

(三) 审计的对象

审计的对象,即审计监督活动的范围和内容,是"审什么"的问题。从审计的概念中我们可以知道审计的对象是"财政财务收支活动及其他经济活动"。概括地说,审计对象为被审计单位的经济活动。具体地说,审计的对象包括两方面的内容:

(1) 被审计单位财政、财务收支及其有关的经营管理活动。

(2) 被审计单位的各种作为提供财务收支及其有关经营管理活动信息载体的会计资料以及相关资料。

随着经济的不断发展,作为审计对象的载体也在发生变化。20世纪30年代的传统审计对象是会计记录,其载体是会计凭证、会计账簿和会计报表;20世纪70年代的现代审计对象除会计记录外还扩展到工作的经济效益和效果以及有关法律、法规、规章制度等方面;进入21世纪以来,审计对象又逐步扩大发展,除会计记录、财务收支作为审计对象外,还开展了经济效益、经济责任等方面的审计工作。

(四) 审计的目标

审计的目标,即对审计对象的评价标准,就是审计工作预期要达到的目标,是"为什么审"的问题。从审计的概念中我们可以知道审计的目标是"真实性、正确性、合法性、合理性和效益性"。

1. 真实性

所谓真实性,就是指经济事项是否客观存在,各种经济资料是否公允地表达了客观存在的各种生产经营活动,有无弄虚作假、张冠李戴的情况。经济业务的真实性可以表明被审计单位经管人员尽职尽责、廉洁奉公的情况,不仅是审计人员进行评价的基础,也是表达审计意见的基础。

2. 正确性

所谓正确性,就是指各种经济资料、记录、说明是否正确无误。对正确性的确认,是审计人员在未开展审计前为之奋斗的目标。因为数据的正确性不仅是进一步查账的基础,也是审计人员表示审计意见的根据。

3. 合法性

所谓合法性,就是指被审计单位在处理经济业务的过程中,是否符合管理层和本单位内部的规章制度,是否符合国家颁布的法律、法规的精神。经证实的经济业务合法,表明被审计单位遵纪守法的情况,同时也是审计人员表达审计意见的基础。

4. 合理性

所谓合理性,就是指被审计单位在处理经济事项进程中是否符合事物发展规律,是否符合经济活动中通行的原理、原则。经证实的经济事项合理,表明被审计单位经管人员的管理水平,也是审计人员表达审计意见的又一重要基础。

5. 效益性

所谓效益性,就是指某项经济在执行过程中是否有经济效益,是否节约使用了资源。经证实的经济活动具有效益性,表明了被审计单位的经营管理水平,这也是审计人员表达意见的基础。

(五) 审计的职能

审计的职能,即指审计自身所具有的功能,是"审计有什么用"的问题。从审计的概念中我们知道审计的职能是"监督、评价和鉴证"。

1. 监督职能

审计的监督职能是指审计机构和审计人员按照国家法律、法规及规章制度,监察、督促被审计单位的会计记录、财务事项、经营管理活动及经济效益,使之合法、合规与合理。审计的监督职能是审计最基本的职能。

2. 评价职能

审计的评价职能是通过审核检查被审计单位的会计记录、财务事项及各项经济工作,进行评价并作出结论。审计监督是审计评价的前提,审计评价是审计监督的继续,是现代审计职能在传统审计职能上的扩展。

3. 鉴证职能

审计的鉴证职能是对被审计单位的会计记录、财务事项及各项经济活动的真实性、正确性、合法性、合理性、效益性作出书面鉴定和证明,确定其可信程度,从而取得各方面关系人的信任。审计的鉴证职能是随着审计的发展而出现的一项职能,因受到人们不断地重视而日益强化,并发挥着重要作用。

(六) 审计的本质

审计的本质,即指审计活动所具有的最基本的共同特征。从审计的概念中我们可以知道审计的本质是"独立性的经济监督活动"。它具有两方面的涵义:一是审计是一项经济监督活动,经济监督是审计最基本的职能;二是审计具有独立性。审计的主体是专门的机构和人员,表明了独立性是审计监督最本质的特征,是区别于其他经济监督的根本所在。

所谓独立性,就是指审计人员在执行审计业务、出具审计报告时,在形式上和实质上独立于委托单位和其他机构,不受外力的干扰和影响。具体地说,独立性包括以下三个方面的内容:

1. 机构独立

机构独立,即审计机构要独立于被审计单位之外,与被审计单位没有组织上的隶属关系。

2. 人员独立

人员独立,即审计人员应当独立于被审计单位之外,与被审计单位之间没有任何利害关系,这是保证审计工作客观、公正的前提。

3. 经济独立

经济独立,即审计机构从事审计业务活动需要的经费,应当有合法的来源和法律保证,不受被审计单位的牵制。

二、审计的产生与发展

(一)审计产生的原因

1. 受托经济责任关系是审计产生的客观基础

社会经济环境决定着审计的产生与发展。当社会经济发展到一定程度,必然出现经济组织规模扩大,经济活动过程复杂,管理层次增多,致使财产所有者无法亲自掌管全部经济活动,只好委托他人代为经营,这样就形成了财务所有权与经营管理权的分离及受托经济责任关系。

受托经济责任关系指受托者即财产的经营管理者接受财产所有者的委托,代其行使经营管理权,并通过法规、合同、组织原则等手段所形成的责权利相结合的责任关系。

受托经济责任关系是产生审计的客观基础,它为审计的产生提供了可能性,因此也是审计产生的前提和条件。

2. 经济监督导致审计行为发生

当财产的所有者将其财产委托他人代管或代为经营时,委托者出于对其财产安全与完整的关心,需要经常对受托者进行经济监督。由于时间、地点和条件的限制,委托人很难亲自对具体业务执行经济监督权,于是便产生审计意识,设置专职机构和人员代其行使审计监督权。

同时,财产经营管理者,即受托者也必须向委托者如实报告经济责任履行情况并接受监督。因此财务经营管理者也提出了经济监督的要求。

两者的共同目标使得经济监督成为必然,也使审计行为得以真正实施。

(二)审计产生的社会基础

两权分离或经营管理者内部分权制是审计产生与发展的社会条件。各类审计产生的社会基础见表1.1。

表1.1 审计产生的社会基础

审计类别	审计产生的社会基础
国家审计	在奴隶社会和封建社会,由于生产力的发展,出现了大量的剩余产品,使财产的所有权与经营管理权相分离。官厅(国家)最高统治者将其私有的财产资源委托所属专职官吏或机构代为管理,代理官吏或机构就对官厅最高统治者负有受托经济责任。最高统治者是责任委托者,代理官吏或机构是责任受托者,两者之间便产生了一种受托经济责任关系。在民间,奴隶主、封建主和财产代理人也产生了同样的受托经济责任关系。这时,财务所有者需要授权或委托独立于经营管理者之外的第三者,代表他们对受托者进行监督检查和鉴证,以便证明受托者诚实地承担了自己的受托经济责任。这正是最早出现官厅(国家)审计的客观基础。

续表1.1

审计类别	审计产生的社会基础
注册会计师审计	在资本主义社会,随着近代资本主义股份公司的大量兴起,股东对公司的财产拥有了所有权。但股东并不直接参与企业生产的经营管理,而是委托经理人员行使经营管理职能。这时就使财产所有权与经营权进一步明显分离,公司经理人员对财产所有者,即股东及债权人在内的各方人员所承担的经济责任进一步加重,经理人员要以会计报表形式定期向股东报告公司的经营情况和财务成果。这些会计报表是否真实、正确,能否证明经营管理人员恪尽职守,切实履行了他们所承担的经济责任,更加需要作为第三者的审计人员来进行审查,以保证股东和债权人正当权益不受侵犯。这正是注册会计师审计得以产生并迅速发展的客观基础。
内部审计	19世纪末20世纪初,资本主义经济的发展,使生产和资本高度集中,企业的规模越来越大,企业内部开始采取分级、分散管理体制,即内部分权制。 内部分权制就是在一个大规模的组织内部,在集中领导下实行多层次的分权管理或分权经营。例如,政府内部实行中央、地方各级政府的分层次管理;企业内部实行总公司、分公司的分层次经营管理。 内部分权制的普遍推行,促使企业最高管理者设立专门机构,对所属各级经营管理者应承担的经济责任进行审查,以保证其履行对财产所有者的受托经济责任。这就为内部审计的产生与发展提供了重要的客观条件。

三、审计活动的关系人

任何审计活动都具有三个基本要素,即审计主体、审计客体和审计授权人或委托人。审计主体,是指审计行为的执行者,即审计机构和审计人员,为审计第一关系人;审计客体,指审计行为的接受者,即被审计的财产代理者或经营者,统称为被审计单位,为审计第二关系人;审计授权人或委托人,指依法授权或委托审计主体行使审计职责的单位或人员,为审计第三关系人。

一般情况下,第三关系人是财产的所有者,第二关系人是财产的代理或经营者,他们之间有受托经济责任关系,而第一关系人在财产所有者和受托经营管理者之间,处于中间人的地位,它要对双方关系人负责,既要接受授权或委托对被审计单位提出的会计资料认真进行审查,又要向授权或委托审计人(即财产所有者)提出审计报告,客观公正地评价受托管理者的责任和业绩。图1.1体现了审计三方关系人之间的审计责任关系。

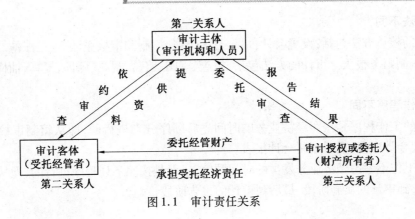

图 1.1 审计责任关系

四、审计与会计的关系

审计与会计都属于经济管理范畴,两者既有联系,又有区别。

(一)审计与会计的联系

1. 两者的起源密切相关

传统财务审计主要是审查会计资料及其反映的受托经济责任履行情况,会计资料是审计的直接审查对象。从这种意义上讲,会计是产生审计的基础,审计是会计的质量保证。没有会计,无需进行审计,没有审计,无法保证会计的质量。

2. 两者彼此渗透、融合

审计与会计虽然是两门各自独立的学科,但无论在理论上还是方法上都有着彼此渗透、融合的地方。审计标准、审计证据与会计有着密切的联系,表现在审计标准的制定和审计证据的取得绝大多数依赖于会计资料。因此,会计的发展变化必然引起审计的发展与变化。

3. 两者的目的一致

审计与会计尽管各自具体业务不同,但两者都是以维护财经法纪,加强经济管理,提高经济效益为最终目的。

(二)审计与会计的区别

1. 产生的基础不同

会计是社会生产发展到一定阶段而产生的管理活动,它的产生基于经济管理的需要。审计则是由于财产所有权和经营管理权的分离,为适应财产所有者检查监督财产经营者经济责任履行情况的需要而产生的监督活动,它的产生基于经济监督的需要。

2. 职能不同

会计的职能是核算与监督。会计监督是一种财会部门进行的内部检查,以达到对企业进行管理的目的,对外不起"公证"作用。审计的职能是监督、鉴证和评价,因此审计监督是独立于财会部门之外的专门机构和人员进行的外部监督检查,有其特有的独立性、权威性和公正性。

3. 方法不同

会计的核算方法包括：设置会计科目、复式记账、填制和审核凭证、登记账簿、成本计算、财产清查、编制财务报表。审计的方法包括：检查、审阅、监盘、观察、函证、复算、抽样、评价、分析性复核等。

4. 工作程序不同

会计的工作程序是按照经济业务的时间先后顺序分别进行的，即从填制审核会计凭证开始，到登记会计账簿，最后编制会计报表。

审计工作不考虑经济业务发生的时间顺序，一般是按照下列程序进行的，即从审计的准备阶段开始，到审计的实施阶段，最后到审计的报告阶段。

第二节 审计的种类

一、审计分类的意义

随着审计的发展及其内容形式的变化，审计的种类也逐步复杂化。审计的分类是指按照不同的标准，将审计分为各种不同的类型。研究审计分类，具有以下重要意义：

1. 有利于完善审计理论体系

对审计分类进行深入地研究，就能把各种不同类型的审计有机地结合起来，形成一种完整的审计种类体系，并且通过探索各种不同类型的审计工作规律，使审计理论向广度和深度发展，使之成为完整的审计科学理论体系。

2. 有利于顺利进行审计工作

在审计工作中，为了使每一项审计事项顺利进行，必须在理论上对其特点进行深入研究，通过对各种审计事项进行科学分类，掌握各种审计类型的规律，以适应各种不同审计实务的需要，从而确保审计工作的顺利进行。

二、审计按其主体分类

审计按其主体的不同，可以分为政府审计、注册会计师审计和内部审计。

1. 政府审计

政府审计是指政府审计部门对政府部门和国有企事业单位的财政、财务收支及有关经济活动的真实性、合规性和效益性所进行的审查，又称国家审计。

2. 注册会计师审计

注册会计师审计是指由政府有关部门审核批准成立的民间审计组织，会计师事务所或审计师事务所进行的审计，又称为民间审计、社会审计、独立审计。注册会计师审计从本质上讲是一种中介服务，具有双向独立性、受托性、有偿性的特点。

3. 内部审计

内部审计是指由部门、单位内部专职审计机构的专职审计人员所进行的审计。内部审计机构或人员独立于财会部门和其他部门之外，直接由本部门、本单位的最高行政负责人领导，并向其报告工作。

综上所述，政府审计、注册会计师审计和内部审计属于不同类型的三种审计，它们各自又有自己的特点。目前，我国已经形成了这三种类型审计组合的相辅相成的国家审计体系。本书以注册会计师审计作为主要研究对象，力求体现审计的独立性和客观公正的特点。

三、审计按其内容和目的分类

审计按其内容和目的不同，可以分为财政财务收支审计、财经法纪审计和经济效益审计。

1. 财政财务收支审计

财政财务收支审计，又称为常规审计或传统审计，它是审计组织通过对凭证、账簿、报表以及有关经济资料的审查，查明被审计单位的财政财务收支活动是否真实、合规的一种审计。

2. 财经法纪审计

财经法纪审计，又称为法纪审计或专案审计，它是对被审计单位或被审计人员是否贯彻执行和严格遵守财经政策、法令、制度的一种审计。从严格意义上讲，财经法纪审计是财政财务收支审计的一个特殊类别，其内容包括在财政财务收支审计的内容之中，审计的目的在于通过监督、检查，促使被审计单位和有关人员遵守财经法纪、防止经济违法犯罪案件的发生。

3. 经济效益审计

经济效益审计是指对被审计单位经济活动的效益性进行的审计。其目的是加强经营管理、提高经济效益。经济效益审计的重点是审查和评价被审计单位经营管理活动的经济性、效率性和效果性。

四、审计的其他分类

（一）按审计范围分类

1. 全面审计

全面审计是指审计组织对被审计单位在审计期内的全部经营活动及其经济资料所进行的审计。全面审计的结果比较准确可靠，但审计业务量过于繁重。它一般适用于内部控制不健全、会计基础工作较为薄弱的单位或经济业务简单、凭证账册等经济资料较少的小型企业。

2. 局部审计

局部审计是指审计组织对被审计单位在审计期内的部分经营活动及其经济资料所进行的审计，如库存现金审计、销售业务审计等。部分审计所需时间短、费用少，便于帮助被审计单位及时发现问题、解决问题。但在审计过程中，可能会漏掉那些具有严重问题的事件和存在违法或非法行为的经济业务。

3. 专项审计

专项审计是指对被审计单位特定项目进行的审计,如对被审计单位应付职工薪酬的审计等等。

(二)按审计实施时间分类

1. 事前审计

事前审计是指审计组织在被审计单位经济业务发生前所进行的审计。该类审计的主要内容包括被审计单位经济计划、预算、方案的编制是否切实可行,各项工程项目的预算是否经济有效,以及经济合同的签订是否合理合法等,其目的是事先纠正计划、预算、决策等方面的失误,预防错弊行为的发生,防患于未然,保证经济行为的合理性和合法性,促使被审计单位正确处理各方面的经济关系,不断提高企业经营管理水平。

2. 事中审计

事中审计是指审计组织在被审计单位某项经济业务发生期间所进行的审计。审计的主要内容是审查计划、预算、决策、方案、合同等执行情况,审查经济责任的履行情况,审查基建工程的施工进度、施工质量、施工效益等。其目的是确保内部控制的贯彻执行,及时发现和纠正错弊行为。

3. 事后审计

事后审计是指审计组织在被审计单位经济业务结束后所进行的审计。其内容既包括财政财务收支审计,又包括财经法纪审计和经济效益审计,其目的是为了评价经济活动的真实性、合法性和效益性,确认经济责任,总结经验和教训,为今后编制计划、预算、方案等提供参考依据。

(三)按审计执行地点分类

1. 就地审计

就地审计是指审计组织委派审计人员到被审计单位所在地进行的审计。这种审计可以深入实际,调查研究,易于全面了解和掌握被审计单位的实际情况,是较为普遍使用的审计形式。

2. 报送审计

报送审计是指被审计单位按照审计组织的要求,将审计资料送至审计组织所在地而进行的审计。报送审计一般适用于业务量不多的行政事业单位的经费收支审计。

(四)按审计动机分类

1. 强制审计

强制审计是指审计机关根据法律规定,无论被审计单位是否愿意接受其行使审计监督而进行的审计。

2. 任意审计

任意审计又称为请求审计,指被审计单位根据自身需要,请求审计部门对本单位所进行的审计。

本章小结

审计是由专门的机构和人员对被审计单位的财政财务收支活动及其他经济活动的真实性、正确性、合法性、合理性和效益性进行监督、评价和鉴证的一项独立性的经济监督活动。对于这一概念,可以分别从审计的主体、客体、对象、目标、职能和本质六个方面来理解。

审计产生于社会经济发展的需要,是社会经济发展到一定阶段的产物,在整个经济监督体系中处于重要地位。受托经济责任关系的建立是审计产生和发展的客观基础,经济监督导致审计行为发生,两权分离或经营管理者内部分权制是审计产生与发展的社会条件。

审计活动涉及审计主体、审计客体和审计授权人或委托人三个关系人。审计与会计都属于经济管理范畴,两者既有联系,又有区别。

审计按主体的不同,可以分为政府审计、注册会计师审计和内部审计;按其内容和目的不同,可以分为财政财务收支审计、财经法纪审计和经济效益审计。审计还可以按照范围、实施时间、执行地点、动机来进行其他分类。

【阅读资料】

中国审计史简介

我国的审计监督制度由来已久,渊远流长。

——早在距今 3000 年前的西周时期,中国出现了带有审计职能的官职——宰夫,这是国家审计的萌芽;

——秦汉实行"上计"制度,对经济活动的监督有所加强;

——隋唐时期,在刑部之下设"比部",建立了比较独立的审计机构;

——公元 992 年,宋代设立审计院,是中国审计机构定名之始,"审计"一词正式出现;

——元、明、清三代均未设立专门的审计机构,大部分审计职能并入御史监察机构;

——1911 年辛亥革命以后,北洋政府和南京国民党政府也先后设立了审计院,颁布了《审计法》;

——第二次国内革命战争时期,中国共产党领导下的革命根据地也实行了审计监督制度;

——1932 年,中央革命根据地成立了中华苏维埃中央审计委员会;

——1934 年,中华苏维埃共和国中央政府颁布了《审计条例》,明确规定了中华苏维埃共和国审计机关的职权、审计程序、审计规则等。这是中央苏区第一部完整的审计法律文献;

——1949 年 10 月至 1983 年 8 月的 34 年间,我国一直未设立独立的政府审计机关,对国家财政收支的监督工作主要由财政部门内部的监察机构完成。

——1982 年 12 月 4 日颁布实施的《中华人民共和国宪法》,规定了我国实行审计监督制度;

——1983 年 9 月,中华人民共和国审计署成立,它是国务院的组成部门。县级以上地方各级人民政府也相继设立审计机关,审计工作在全国范围内逐步展开;

——1994 年 8 月 31 日,《中华人民共和国审计法》正式颁布,自 1995 年 1 月 1 日起施行;

——1997 年 10 月 21 日,国务院发布了《中华人民共和国审计法实施条例》。

自 1983 年审计机关成立,特别是《审计法》颁布实施以来,全国各级审计机关不断建立健全审计法规,拓展审计领域,规范审计行为,探索审计方法,审计工作初步走上了法制化、制度化、规范化的轨道。

(资料来源:乾坤网 http://www.unsir.cn.)

复习思考题

1. 什么是审计?应从哪几个方面理解?
2. 简述审计与会计间的关系?
3. 审计活动的关系人有哪些?相互之间的关系如何?
4. 审计按其主体如何分类?按其内容和目的又如何分类?

第二章 Chapter 2

审计的组织形式与审计准则

【学习要点及目标】

知识目标：通过本章的学习，使学生了解审计的组织形式，掌握政府审计、内部审计、注册会计师审计的模式、职责和职权；理解审计准则的基本内容，掌握政府审计、内部审计、注册会计师执业准则的组成层次及其内容。

能力目标：熟知我国审计监督体系和各自业务职责；能够正确区分各类审计准则的典型特点。

素质目标：培养学生追求成就和诚实正直等方面的素质。

【案例导入】

根据2007年11月2日《都市快报》报道，浙江舟山定海城郊信用社信贷员傅某挪用900多万元炒股。2003年下半年，傅某的一位朋友找他，要通过他向该信用社借款，却拿不出抵押物。傅某张口开价，年利2分。傅某的朋友答应他的条件，他便替朋友做了一本假的房产证，拿着假房产证的复印件和借款合同去找领导签字（按照规定程序，一定要原件），他没想到，顺利地贷到了30万元。自从有了"成功"的经验，傅某的胆子慢慢大了起来。2004年，随着股市慢慢红火起来，傅某盘算着先弄点钱出来，赚一笔再还回去。傅某再次用这一手段又贷了20万元，并把钱打入自己的股票账户。从此，他便一发不可收拾，从2004年4月到2006年12月，傅某先后28次骗取非法贷款840万元。2007年1月4日，傅某又截留2笔贷款共计50万元。直到2007年3月，该信用社要装新的电脑系统，对贷款账目进行全部清理才东窗事发。至案发，傅某的账户累计252万元，亏损达到131万元；傅某在他老婆的账户上投入56万元，亏损46万元；傅某在他弟弟账户投入773万余元，亏损达到140万元。最后，舟山市定海区人民法院以四条罪名——公司、企业人员受贿罪，职务侵占罪，挪用资金罪和故意伤害罪，判决傅某有期徒刑14年，没收财产6万元。假如定海区信用联合社有内部审计机构并经常性地对所管辖的信用社进行审查，这样的故事也许不会发生。因此，目前有许多企事业单位都认识到内部审计组织的必要性，可以预测今后会有越来越多的单位将设置内部审计机构。

第一节 审计的组织形式

当今世界各国的审计组织大多数是由政府审计机关、内部审计机构和民间审计组织三部分组成。

一、政府审计机关

（一）政府审计机关的隶属模式

政府审计机关是代表国家依法行使监督权的行政机关，它具有国家法律赋予的独立性和权威性。政府审计机关不仅是最早的审计组织形式，而且也是现代各国审计机构体系中最重要的组成部分。各个国家都设置了政府审计机关，这些政府审计机关在国家机构中的隶属模式主要有以下三种：

1. 立法型

立法型的国家最高审计机关隶属于立法部门，依照国家法律赋予的权利行使审计监督权。如美国审计总署、英国国家审计署等。它们独立行使职权，对国会或议会负责，不受行政当局的控制和干涉。当今世界上多数国家的审计机关属于这一类型。立法型审计机关地位高、独立性强，不受行政当局的控制和干预。

2. 司法型

司法型的国家最高审计机关隶属于司法部门，拥有很强的司法权。如法国、意大利的审计法院，属于司法体系，具有审计和经济审判的职能。司法型审计机关可以直接行使司法权力，有司法地位，具有很高的权威性。

3. 行政型

行政型的国家最高审计机关隶属于政府行政部门，它是政府行政部门中的一个职能部门，根据国家赋予的权限，对所属各级政府、各部门、各单位的财政财务收支活动进行审计。它们对政府行政机构负责，保证政府财经政策、法令、计划、预算的正常实施。如瑞典审计局、瑞士联邦审计署等。行政型审计机关依据政府法规进行审计工作，具有广泛性和直接性，但其独立性往往受到一定的限制。我国国家审计机关的隶属模式是行政型。

4. 独立型

独立型是国家审计机关独立于立法、司法和行政部门，按照法律赋予的职责独立地开展工作，而不受国家机关的直接干预。此类型审计机关的独立性最强，如日本的会计检察院是一个独立于国会、内阁和司法部门的经济监督机构；德国联邦审计院，既不属于立法部门，也不属于司法部门，而是一个独立的财政监督机构，只对法律负责，并作为顾问，为立法部门和政府部门提供帮助。

(二)我国政府审计机关的设置

我国政府审计机关是法律关系的主体,是行使审计监督权的组织,是能够承担审计法律责任的组织,并且以行政法人资格从事审计活动。我国政府审计机关包括中央审计机关和地方审计机关两种组织方式。

1. 中央审计机关

中央审计机关是在国务院总理直接领导下的审计机关,主管全国的审计工作,即审计署。审计署是国务院的组成部门,是我国的最高审计机关,它具有双重法律地位:一方面,它作为中央政府的组成部门,要接受国务院的领导,执行法律、行政法规和国务院的决定、命令,直接审计管辖范围内的审计事项;另一方面,审计署作为我国的最高审计机关,在国务院的领导下,主管全国的审计工作。

2. 地方审计机关

地方审计机关是指省、自治区、直辖市,设区的市、自治州、县、自治县和不设区的市、市辖区人民政府设立的审计机关。分别在省长、自治区主席、市长、州长、县长、区长和上一级审计机关的领导下,负责本行政区域内的审计工作。地方各级审计机关对本级人民政府和上一级审计机关负责并报告工作,审计业务以上级审计机关领导为主。

审计机关根据工作需要,经本级人民政府批准,可以在其审计管辖范围内设立派出机构。派出机构根据审计机关的授权,依法进行审计工作。审计署根据工作需要派出审计特派员。

(三)我国审计机关的职责

审计机关职责是指国家法律、行政法规规定的审计机关应当完成的任务和承担的责任。我国审计机关的基本职责是对国家财政收支和与国有资产有关的财务收支进行审计监督。其具体表现为以下几个方面:财政收支审计职责;财务收支审计职责;其他法律、法规规定的审计事项;专项审计调查职责;审计管辖范围确定的职责;管理审计工作的职责;指导和监督内部审计的职责;检查社会中介审计质量的职责。

(四)我国审计机关的权限

审计机关的权限是指国家通过法律赋予审计机关在审计监督过程中所享有的资格和权力,也就是审计监督权。其权限表现为:监督检查权;采取临时强制措施权;通报或公布审计结果权;处理处罚权;建议纠正处理权。

1. 监督检查权

监督检查权包括通知报送资料权、检查权和调查取证权。

(1)通知报送资料权:审计机关有权要求被审计单位按照审计机关的规定提供预算或者财务收支计划、预算执行情况、决算、财务会计报告,用计算机储存、处理的财政收支、财务收支电子数据和必要的技术文档,在金融机构开立账户的情况,社会审计机构出具的审计报告,以及其他与财政收支或者财务收支有关的资料,被审计单位不得拒绝、拖延、谎报。

审计机关进行审计时,被审计单位负责人对本单位提供的财务会计资料的真实性和完整性负责。

(2)检查权:审计机关进行审计时,有权检查被审计单位的会计凭证、会计账簿、财务会计报告和运用计算机管理财政收支、财务收支电子数据的系统,以及其他与财政收支、财务收支有关的资料和资产,被审计单位不得拒绝。

审计机关进行审计时,被审计单位不得转移、隐匿、篡改、毁弃会计凭证、会计账簿、财务会计报告以及其他与财政收支或者财务收支有关的资料,不得转移、隐匿所持有的违反国家规定取得的资产。

(3)调查取证权:审计机关进行审计时,有权就审计事项的有关问题向有关单位和个人进行调查,并取得有关证明材料。有关单位和个人应当支持、协助审计机关工作,如实向审计机关反映情况,提供有关证明材料。

2. 采取强制措施权

采取强制措施权包括以下两方面内容:

(1)对被审计单位转移、隐匿、篡改、毁弃会计凭证、账簿、会计报表以及其他有关资料,或者隐匿所持有的违反国家规定取得的资产的行为,有权予以制止;必要时,经县级以上人民政府审计机关负责人批准,有权封存有关资料和违反国家规定取得的资产;对其在金融机构的有关存款需要予以冻结的,应当向人民法院提出申请。

(2)审计机关对被审计单位正在进行的违反国家规定的财政收支、财务收支行为,有权予以制止;制止无效的,经县级以上人民政府审计机关负责人批准,通知财政部门和有关主管部门暂停拨付与违反国家规定的财政收支、财务收支行为直接有关的款项,已经拨付的要暂停使用。

3. 通报或者向社会公布审计结果权

审计结束后,审计机关有向政府有关部门通报或者向社会公布审计结果的权力。审计机关通报或者公布审计结果,应当依法保守国家秘密和被审计单位的商业秘密,遵守国务院的有关规定。

4. 处理处罚权

对违反国家规定的财政收支、财务收支行为,依法应当给予处理、处罚的,在法定职权范围内作出审计决定或者向有关主管机关提出处理、处罚意见。

5. 建议纠正处理权

审计机关认为被审计单位所执行的上级主管部门有关财政收支、财务收支的规定与法律、行政法规相抵触的,应当建议有关主管部门纠正;有关主管部门不予纠正的,审计机关应当提请有权处理的机关依法处理。

二、内部审计机构

内部审计机构是指根据审计法有关规定,国家机关、金融机构、企业事业组织、社会团体以及其他单位,应当按照国家有关规定建立健全内部审计制度。

(一) 内部审计机构的设置方式

(1)法律、行政法规规定设立内部审计机构的单位,必须设立独立的内部审计机构。

(2)法律、行政法规没有明确规定设立内部审计机构的单位,可以根据需要设立内部审计机构,配备内部审计人员。

(3)有内部审计工作需要且不具有设立独立的内部审计机构条件和人员编制的国家机关,可以授权在本单位内设机构履行内部审计职责。

(二) 内部审计机构的组织方式

内部审计的组织机构设置,主要有三种情况:第一种是受本单位董事会或董事会所设的审计委员会的领导,内部审计人员不受企业经营管理部门的约束;第二种是受本单位最高管理者直接领导;第三种是受本单位总会计师的领导。目前,我国的内部审计机构,由本部门、本单位负责人直接领导,并应接受国家审计机关和上级主管部门内部审计机构的指导和监督。

(三) 内部审计机构的职责

内部审计机构按照本单位主要负责人或者权力机构的要求,履行下列职责:

(1)对本单位及所属单位(含占控股地位或者主导地位的单位,下同)的财政收支、财务收支及其有关的经济活动进行审计。

(2)对本单位及所属单位预算内、预算外资金的管理和使用情况进行审计。

(3)对本单位内设机构及所属单位领导人员的任期经济责任进行审计。

(4)对本单位及所属单位固定资产投资项目进行审计。

(5)对本单位及所属单位内部控制制度的健全性和有效性以及风险管理进行评审。

(6)对本单位及所属单位经济管理和效益情况进行审计。

(7)法律、法规规定和本单位主要负责人或者权力机构要求办理的其他审计事项。

(四) 内部审计机构的职权

根据我国审计署《关于内部审计工作的规定》以及国际内部审计师协会《内部审计从业准则》的有关内容,内部审计机构一般有以下几项主要职权:

(1)根据内部审计工作的需要,要求有关单位按时报送计划、预算、报表和有关文件、资料等。

(2)审核凭证、账表、决算,检查资金和财产,检测财务会计软件,查阅有关文件和资料。

(3)审核成本管理情况,检测成本管理软件。

(4)对审计涉及的有关事项进行调查,并索取有关文件、资料等证明材料。

（5）对正在进行的严重违反财经法规、严重损失浪费的行为，经部门或者单位负责人同意，作出临时制止决定。

（6）对阻挠、妨碍审计工作以及拒绝提供有关资料的，经单位领导人批准，可以采取必要的临时措施，并提出追究有关人员责任的建议。

（7）检查管理工作及经济效益的情况，提出改进管理、提高经济效益的建议。

（8）检查财经法规的遵守情况，提出纠正、处理违反财经法规行为的意见。

（9）对严重违反财经法规和造成严重损失浪费的直接责任人员，提出处理建议，并按有关规定，向上级内部审计机构或审计机关反映。

此外，部门、单位的负责人，还可以在管理权限范围内，授予内部审计机构以经济处理、处罚的权限。

三、民间审计组织

民间审计组织是指根据国家法律或条例规定，经政府有关部门审核批准，注册登记的会计师事务所。会计师事务所是注册会计师依法承办业务的机构。在我国，注册会计师只有加入会计师事务所，才能承办业务。

目前，我国规定会计师事务所可以由注册会计师合伙设立。合伙设立的会计师事务所的债务，由合伙人按照出资比例或者协议约定，以各自的财产承担责任。合伙人对会计师事务所的债务承担连带责任。同时还规定，会计师事务所符合一定条件，可以是负有限责任的法人。

纵观注册会计师行业在各国的发展，会计师事务所主要有独资、普通合伙、有限责任公司制、有限责任合伙制四种组织形式。

（一）独资会计师事务所

独资会计师事务所又称个人会计师事务所，由具有注册会计师执业资格的个人独立开业，承担无限责任。它的优点是对执业人员的需求不多、容易设立、执业灵活，能够在代理记账、代理纳税等方面很好地满足小型企业对注册会计师服务的需求，虽承担无限责任，但实际发生风险的程度相对较低。缺点是无力承担大型业务，缺乏发展后劲。

（二）普通合伙会计师事务所

普通合伙会计师事务所是由两位或两位以上合伙人组成的合伙组织。合伙人以各自的财产对会计师事务所的债务承担无限连带责任。它的优点是在风险牵制和共同利益的驱动下，促使会计师事务所强化专业发展，扩大规模，提高规避风险的能力。缺点是建立一个跨地区、跨国界的大型会计师事务所要经历一个漫长的过程。同时，任何一个合伙人在执业中的失误舞弊行为，都可能给整个会计师事务所带来灭顶之灾，使之一日之间土崩瓦解。

（三）有限责任会计师事务所

有限责任会计师事务所是由执业注册会计师认购会计师事务所的股份，并以其所认购的股份对会计师事务所承担有限责任。会计师事务所以其全部资产对其债务承担有限责任。它的优点是可以通过股份制形式迅速聚集一批注册会计师,建立规模型大所,承办大型业务。缺点是降低了风险责任对执业行为的高度制约,弱化了注册会计师的个人责任。

(四)有限责任合伙会计师事务所

有限责任合伙会计师事务所又称特殊的普通合伙会计师事务所,最明显的特征是无过失合伙人只需承担有限责任。无过失的合伙人对于其他合伙人的过失或不当执业行为以自己在事务所的财产为限承担责任,不承担无限责任,除非该合伙人参与了过失或不当执业行为。它最大的特征在于既融入了合伙制和有限责任公司制会计师事务所的优点,又摒弃了它们的不足。这种组织形式是为顺应经济发展对注册会计师行业的要求,于20世纪90年代初期兴起的。到1995年年底,原"六大"国际会计公司在美国执业机构已完成了向有限责任合伙制的转型。有限责任合伙制会计师事务所已成为当今注册会计师职业界组织形式发展的一大趋势。

从国际惯例来看,会计师事务所的执业登记都由注册会计师行业主管机构统一负责。会计师事务所必须经过主管机关或注册会计师协会的批准登记并由注册会计师协会予以公告。独资会计师事务所和普通合伙会计师事务所经过这个程序即可开业,有限责任会计师事务所一般还应进行公司登记。

第二节 审计准则

审计准则是指审计人员在实施审计工作时所必须恪守的行为规范的专业指南,也是判断审计工作质量的权威性准绳。审计准则是一个完整体系。根据审计主体及作用范围不同,审计准则可分为政府审计准则、内部审计准则和注册会计师执业准则三类。

一、审计准则的涵义

审计准则是为确保审计工作质量,要求审计组织和审计人员在执业过程中遵循的基本原则和规范。审计准则是由国家有关部门或会计师职业团体制定的,审计组织和审计人员在执行审计业务过程中遵守的技术规范。它既是衡量审计工作的质量标准,也是判断审计人员审计职责履行情况的一个法定依据。建立审计准则的根本宗旨就是指导审计人员更好地履行其职能,以确保审计工作的质量。对于执行审计业务的人员来说,审计准则是审计人员行动的规范,是审计人员衡量自身工作质量的标准;从审计管理的角度来说,审计准则是审计组织衡量其工作人员工作质量的标准;从社会各界对审计工作质量监督的角度来说,审计准则是衡量审计组织服务质量的标准。

审计准则对指导审计实务,优化审计人员队伍,发展审计事业等方面发挥着重要作用,归纳起来有以下几个方面的作用:

（1）审计准则规定了审计人员必须具备的个人资格和素质，为保证审计工作的质量奠定了基础。审计人员应具备的素质通常包括接受教育和培训的程度，实际操作的经验和精神品质方面的要求等。

（2）审计准则为评价考核审计组织和审计人员的工作质量提供了依据。以审计准则为依据评价考核审计人员的工作质量，对审计人员提高个人声望，对审计组织加强内部管理，提高本组织在职业界以及社会各界心目中的地位，都具有重要作用。

（3）审计准则规定了审计人员应具备的条件和审计工作应达到的质量，为审计人才的培养指明了方向。审计准则在各国审计界受到重视，不仅是因为它在审计实务中发挥着作用，而且因为它对各项专门审计事业的发展都起着促进作用，规范了审计工作，提高了审计工作的质量。

审计准则反映了审计专业的水平。准则的建立和完善成为审计职业发展的强大推动力。审计准则为审计教育指明了方向，从而为审计专业教育和在职教育确立了努力的目标。

二、我国审计准则体系

（一）政府审计准则

中国国家审计准则是依据《中华人民共和国审计法》和《中华人民共和国审计法实施条例》，结合中国审计机关审计工作实践，借鉴国际公认审计准则经验而制定的。政府审计准则的发布、实施和进一步完善，有利于实现审计工作的法制化、制度化和规范化，提高审计质量和效率，保障国民经济健康发展。

中国国家审计准则体系是中国审计法律规范体系的组成部分，它由中华人民共和国国家审计基本准则、通用审计准则和专业审计准则、审计指南三个层次组成。

1. 审计基本准则

国家审计基本准则是制定其他审计准则和审计指南的依据，是中国国家审计准则的总纲，是审计机关和审计人员依法办理审计事项时应当遵循的行为规范，是衡量审计质量的基本尺度。国家审计基本准则包括总则、一般准则、作业准则、报告准则、审计报告处理准则和附则六部分。

2. 通用审计准则与专业审计准则

通用审计准则与专业审计准则分别是针对一般规律和特殊规律而设计的，大部分通用审计准则主要是针对财务审计设计的，专业审计准则是针对不同行业、特殊目的、特殊性质审计事项设计的。

通用审计准则是依据国家审计基本准则制定的，是审计机关和审计人员在依法办理审计事项，提交审计报告，评价审计事项，出具审计意见书，作出审计决定时，应当遵循的一般具体规范。当前我国颁布了18个通用审计准则。

专业审计准则是依据国家审计基本准则制定的，是审计机关和审计人员依法办理不同行业的审计事项时,在遵循通用审计准则的基础上,同时应当遵循的特殊具体规范。当前我国颁布了《审计机关专项审计调查准则》、《审计机关国家建设项目审计准则》、《审计署关于内部审计工作的规定》3个专业审计准则。

3. 审计指南

审计指南是对审计机关和审计人员办理审计事项提出的审计操作规程和方法,为审计机关和审计人员从事专门审计工作提供可操作的指导性意见。审计指南是依据审计准则的第一层次、第二层次制定的,是对国家审计基本准则、通用审计准则和专业审计准则的解释和补充说明,不具有行政规章的法律效力。当前我国颁布了《商业银行审计指南》、《企业财务审计指南》、《外资企业审计指南》和《部门预算执行审计指南》4个审计指南。

(二)内部审计准则

中国内部审计准则依据《中华人民共和国审计法》、《中华人民共和国内部审计条例》及相关法律法规制定。中国内部审计准则是规范、加强内部审计工作,保证内部审计质量,提高内部审计效率,实现内部审计发展的准则。中国内部审计准则是中国内部审计工作规范体系的重要组成部分,由内部审计基本准则、内部审计准则公告、内部审计实务指南三个层次组成。

1. 内部审计基本准则

内部审计基本准则是内部审计准则的总纲,是内部审计机构和人员进行内部审计时应当遵循的基本规范,是制定内部审计准则公告、内部审计指南的基本依据。内部审计基本准则包括总则、一般准则、作业准则、报告准则、内部管理准则和附则六部分。

2. 内部审计具体准则

内部审计具体准则是依据内部审计基本准则制定的,是内部审计机构和人员在进行内部审计时应当遵循的具体规范。我国已颁布了内部审计的《审计计划》、《审计报告》、《内部控制审计》、《经济性审计》和《内部审计人员后续教育》等29个具体审计准则。

3. 内部审计实务指南

内部审计实务指南是依据内部审计基本准则、内部审计具体准则制定的,为内部审计机构和人员进行内部审计提供的具有可操作性的指导意见。

(三)注册会计师执业准则

根据我国实际情况和国际趋同的需要,将"中国注册会计师独立审计准则体系"改进为"中国注册会计师执业准则体系",以适应注册会计师业务多元化的需要。中国注册会计师执业准则体系包括鉴证业务准则、相关服务准则和会计师事务所质量控制准则三部分,具体内容如图2.1所示。

1. 鉴证业务准则

鉴证业务基本准则是鉴证业务准则概念框架,旨在规范注册会计师执行鉴证业务,明确鉴证业务的目标和要素,确定审计准则、审阅准则、其他鉴证业务准则适用的鉴证业务类型。鉴

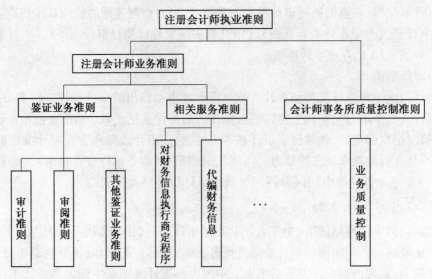

图 2.1 注册会计师执业准则体系

证业务准则由鉴证业务基本准则统领,按照鉴证业务提供的保证程度和鉴证对象的不同,分为中国注册会计师审计准则、中国注册会计师审阅准则和中国注册会计师其他鉴证业务准则(分别简称审计准则、审阅准则和其他鉴证业务准则)。其中,审计准则是整个执业准则体系的核心。

(1)审计准则用以规范注册会计师执行历史财务信息的审计业务。在提供审计服务时,注册会计师对所审计信息是否不存在重大错报提供合理保证,并以积极方式提出结论。当前我国颁布了《财务报表审计的目标和一般原则》《审计报告》和《验资》等41项审计准则。

(2)审阅准则用以规范注册会计师执行历史财务信息的审阅业务。在提供审阅服务时,注册会计师对所审阅信息是否不存在重大错报提供有限保证,并以消极方式提出结论。当前我国颁布了《财务报表审阅》1项审阅准则。

(3)其他鉴证业务准则用以规范注册会计师执行历史财务信息审计或审阅以外的其他鉴证业务,根据鉴证业务的性质和业务约定的要求,提供有限保证或合理保证。当前我国颁布了《预测性财务信息的审核》和《历史财务信息审计或审阅以外的鉴证业务》2项其他鉴证业务准则。

2. 相关服务准则

相关服务准则用以规范注册会计师代编财务信息、执行商定程序、提供管理咨询等其他服务。在提供相关服务时,注册会计师不提供任何程度的保证。当前我国颁布了《对财务信息执行商定程序》和《代编财务信息》2项相关服务准则。

3. 会计师事务所质量控制准则

会计师事务所质量控制准则用以规范会计师事务所在执行各类业务时应当遵守的质量控

制政策和程序,是对会计师事务所质量控制提出的制度要求。当前我国颁布了《业务质量控制》1项会计师事务所质量控制准则。

本章小结

当今世界各国的审计组织大多数是由政府审计机关、内部审计机构和民间审计组织三大部分组成的。

审计准则是一个完整体系,根据审计主体及作用范围不同审计准则可分为政府审计准则、内部审计准则和注册会计师执业准则三类。中国注册会计师执业准则体系包括鉴证业务准则、相关服务准则和会计师事务所质量控制准则三部分。

【阅读资料】

独立审计准则的法律地位

在国外,独立审计准则也叫一般公认审计准则(GAAP),是由民间机构(一般是执业会计师协会)制定的行业标准。在中国,独立审计准则是否仅是一种民间机构颁布的行业标准呢?《注册会计师法》第35条规定:"中国注册会计师协会依法拟订注册会计师执业准则、规则,报国务院财政部门批准后施行"。可见,中国独立审计准则的法律渊源是行政规章。同时,从《注册会计师法》第21条第一款的"注册会计师执行审计业务,必须按照执业准则、规则确定的工作程序出具报告",第二款的"注册会计师执行审计业务出具报告时,不得有下列行为……",第三款的"对委托人有前款所列行为,注册会计师按照执业准则、规则应当知道的,适用前款规定",以及第42条的"会计师事务所违反本法规定,给委托人、其他利害关系人造成损失的,应当依法承担赔偿责任"等法律条文中可以清晰看出,《注册会计师法》已对注册会计师及会计师事务所的民事法律责任作出了明确的规定,即如果注册会计师由于"明知委托人……而不予指明",则属于民法上过错责任原则中的"故意",应承担《注册会计师法》第42条规定的责任;如果注册会计师"按照执业准则、规则应当知道的,适用前款规定",则属于民法上过错责任原则中的"过失",也应承担《注册会计师法》第42条规定的责任。

对于虚假报告的认定,法律界认为只要是与事实情况不符的报告就是虚假的报告。对于过错的认定,民法上的过错可以分为故意与过失。故意主要指过失。法律上的过失就是"应该预见到损害结果会发生,因为疏忽大意没有预见到"或者"虽然预见到但轻信可以避免"。如果注册会计师应该预见到客户的财务报告存在虚假记载而因为疏忽大意没有预见到,就应当承担法律责任。可见,矛盾的焦点是注册会计师是否"疏忽大意"。

由于巨大的受托责任,注册会计师执业必须严格遵守独立审计准则,脱离了独立审计准则来判断一个注册会计师是否尽了应有的职业关注,是否存在过失是与法律的公平精神相背离的,也是与独立审计这种制度安排相背离的。从这个角度来看,独立审计准则本身是否作为一种法律渊源(如行政规章)存在似乎并不是很重要。重要的是能否作为一个社会规范来衡量注册会计师是否尽了应有的职业关注,是否存在法律上的过失。因此,确立独立审计准则在司法实践中的权威意义重大。

中国的经济正处于市场经济的积极阶段,迫切需要独立、客观、公正的注册会计师审计来保障。而独立审计准则正是对注册会计师执业的保障。虽然《注册会计师法》对独立审计准则的法律地位进行了明确界定,但是由于司法实践对独立审计准则的无意偏离,导致独立审计准则对于注册会计师而言变成了一种可有可无的行业规则,即不管注册会计师是否遵守独立审计准则,如果发表了不恰当意见,都要承担法律责任。如果这样的话,就是独立审计制度最大的悲哀。那么如何确立独立审计准则应有的法律权威呢?《注册会计师法》也应对注册会计师是否存在过错作出进一步界定,同时应尽快出台关于注册会计师及会计师事务所在什么情况下承担法律责任的司法解释。随着注册会计师在市场经济中发挥着越来越大的作用,注册会计师法律责任的口袋也越来越"深",在部分司法实践偏离《注册会计师法》的情况下,作为一部规定整个独立审计制度的实体法,没有相应的司法解释或者实施细则来保障注册会计师的权利,独立审计制度本身作为一种制度安排发挥其应有的社会效率的功能将受到严重制约。

(资料来源:学易网 http://caikuai.studyez.com/News/7459.htm.)

复习思考题

1. 国家审计机构体系如何组成?应履行哪些主要职权?
2. 内部审计机构如何组成?设置内部审计机构的重要性何在?其主要职权是什么?
3. 会计师事务所有几种组织形式?
4. 审计准则的基本内容有哪些?
5. 我国注册会计师执业准则体系包括哪些内容?

第三章 Chapter 3

注册会计师审计

【学习要点及目标】

知识目标:通过本章的学习,使学生了解注册会计师审计的起源与发展;理解注册会计师审计与其他审计的关系;掌握注册会计师审计的基本概念。

能力目标:能够正确理解注册会计师审计的特点;能够正确区分注册会计师审计与其他审计的关系。

素质目标:培养学生可靠性和独立性等方面的素质。

【案例导入】

注册会计师老王接受本市一家小型工艺品厂委托的验资业务,约定书约定工作时间在一个月后开始,没过几天,工艺品长刘经理愁眉苦脸地又来到事务所,请老王帮忙销售产品以解燃眉之急。经询问,得悉该厂产品没有稳定的销路,购进产品大量积压,资金紧张,特别是银行存款不足,按惯例当月发放工资日期已过5天而工资仍未能发放,刘经理跑了几家银行商议借款发工资未果,心急如焚,发动职工找销路,并许诺谁能为企业摆脱困境给予重奖,一些积极响应的职工挖空心思找门路,献计献策,几天下来仍无所获,工厂已经停工,整个企业人心惶惶。老王想到他有个老同学是做外贸的,不妨试一试,费了一番周折才联系上,拿走几件产品做样品,一星期后,该厂接到订单,积压产品大部分发出,货款逐渐收回,工艺品厂复苏,刘经理高兴得宴请老王,并聘老王为该厂顾问,老王欣然应允,刘经理请老王到某风景区观光几日,老王说快到验资时间了,计划还未编制完,等验资结束后再说。

注册会计师老王帮助该厂以及接受聘任能否影响验资的客观公正性?老王可能从该厂获得的经济利益有哪些?验资结束后如果邀请老王观光,他应该接受吗?为什么?之前如果时间充裕可以吗?为什么?

第一节 注册会计师审计的起源与发展

一、西方注册会计师审计的起源与发展

注册会计师审计起源于意大利合伙企业制度,形成于英国股份制企业制度,发展和完善于美国发达的资本市场,是伴随着商品经济的发展而产生和发展起来的。

(一)注册会计师审计的起源

注册会计师审计起源于16世纪的意大利。当时地中海沿岸的商业城市已经比较繁荣,而威尼斯是地中海沿岸国家航海贸易最为发达的地区,是东西方贸易的枢纽,商业经营规模不断扩大。由于单个的业主难以向企业投入巨额资金,为适应筹集所需大量资金的需要,合伙制企业应运而生。合伙经营方式不仅提出了会计主体的概念,促进了复式簿记在意大利的产生和发展,也产生了对注册会计师审计的最初需求。尽管当时合伙制企业的合伙人都是出资者,但是有的合伙人参与企业的经营管理,有的合伙人则不参与,所有权和经营权开始分离。那些参与企业经营管理的合伙人有责任向不参与企业经营管理的合伙人证明合伙契约得到了认真履行,利润的计算与分配是正确、合理的,以保障全体合伙人的权利,进而保证合伙企业有足够的资金来源,使企业得以持续经营下去。在这种情况下,客观上需要独立的第三者对合伙企业进行监督、检查,人们开始聘请会计专家来担任查账和公证的工作。这样,在16世纪意大利的商业城市中出现了一批具有良好的会计知识、专门从事查账和公证工作的专业人员,他们所进行的查账与公证,可以说是注册会计师审计的起源。随着此类专业人员的增多,他们于1581年在威尼斯创立了威尼斯会计协会。其后,米兰等城市的职业会计师也成立了类似的组织。

(二)注册会计师审计的形成

注册会计师审计虽然起源于意大利,但它对后来注册会计师审计事业的发展影响不大。英国在创立和传播注册会计师审计职业的过程中发挥了重要作用。

18世纪下半叶,英国的资本主义经济得到了迅速的发展,生产的社会化程度大大提高,企业的所有权和经营权进一步分离。企业主希望有外部的会计师来检查他们所雇佣的管理人员是否存在贪污、盗窃和其他舞弊行为,于是英国出现了第一批以查账为职业的独立会计师。他们受企业主委托,对企业会计账目进行逐笔检查,目的是查错防弊,检查结果也只向企业主报告。因为是否聘请独立会计师进行查账由企业主自行决定,所以此时的独立审计尚为任意审计。

股份有限公司的兴起,使公司的所有权和经营权进一步分离,绝大多数股东已完全脱离经营管理,他们出于自身利益,非常关心公司的经营成果,以便做出是否继续持有公司股票的决定。证券市场上潜在的投资人同样十分关心公司的经营情况,以便决定是否购买公司的股票。

同时,由于金融资本对产业资本的逐渐渗透,增加了债权人的风险,他们也非常重视公司的生产经营情况,以便做出是否继续贷款或者是否索偿债务的决定,而公司财务状况和经营成果只有通过公司提供的财务报表来反映。因此,在客观上产生了由独立会计师对公司财务报表进行审计,以保证财务报表真实可靠的需求。值得一提的是,注册会计师审计产生的"催产剂"是1721年英国的"南海公司事件"。当时的"南海公司"以虚假的会计信息诱骗投资人上当,其股票价格一时扶摇直上。但好景不长,"南海公司"最终未能逃脱破产倒闭的厄运,使股东和债权人损失惨重。英国议会聘请会计师查尔斯·斯耐尔(Charles Snell)对"南海公司"进行审计。斯耐尔以"会计师"名义出具了"查账报告",从而宣告了独立会计师——注册会计师的诞生。

为了监督公司管理层的经营管理活动,防止其徇私舞弊,保护投资者、债权人利益,避免南海公司案的重演,英国政府于1844年颁布了《公司法》,规定股份公司必须设监察人,负责审查公司账目。1845年,又对《公司法》进行修订,规定股份公司的账目必须经董事以外的人员审计。于是,独立会计师业务得到迅速发展,独立会计师人数越来越多。此后,英国政府对一批精通会计业务、熟悉查账知识的独立会计师进行了资格确认。1853年,爱丁堡创立了第一个注册会计师的专业团体——爱丁堡会计师协会。该协会的成立,标志着注册会计师职业的诞生。1862年,英国《公司法》确定注册会计师为法定的破产清算人,奠定了注册会计师审计的法律地位。

从1844年到20世纪初,是注册会计师形成时期。在这一时期内,由于英国的法律规定了股份公司和银行必须聘请注册会计师审计,致使英国注册会计师审计得到了迅速发展,并对当时的欧洲、美国及日本等产生了重要影响。这一时期注册会计师审计的主要特点是:注册会计师审计的法律地位得到了法律确认;审计的目的是查错防弊,保护企业资产的安全和完整;审计的方法是对会计账目进行详细审计;审计报告使用人主要为企业股东等。

(三)注册会计师审计的发展

从20世纪初开始,全球经济发展重心逐步由欧洲转向美国,因此,美国的注册会计师审计得到了迅速发展,对注册会计师职业在全球的迅速发展起到了重要作用。

在美国,南北战争结束后出现了一些民间会计组织,例如纽约的会计学会。该学会在1882年刚成立时称为会计师和簿记师协会(The Institute of Accountants and Bookkeepers),主要为会计人员提供继续教育服务。当时英国巨额资本开始流入美国,促进了美国经济的发展。为了保护广大投资者和债权人的利益,英国的注册会计师远涉重洋到美国开展审计业务;同时美国本身也很快形成了自己的注册会计师队伍。1887年,美国公共会计师协会(The American Association of Public Accountants)成立,1916年该协会改组为美国注册会计师协会,后来成为世界上最大的注册会计师职业团体。注册会计师审计逐步渗透到社会经济领域的不同层面。更为重要的是,在20世纪初期,由于金融资本对产业资本更加广泛的渗透,企业同银行利益关系更加紧密,银行逐渐把企业资产负债表作为了解企业信用的主要依据,于是美国产生了帮助贷款人及其他债权人了解企业信用的资产负债表审计,即美国式注册会计师审计。审计方法也逐步从单纯的详细审计过渡到初期的抽样审计。这一时期,美国注册会计师审计的主要特点是:审计对象由会计账目扩大到资产负债表;审计的主要目的是通过资产负债表数据的检查,判断企业信用状况;审计方法从详细审计初步转向抽样审计;审计报告使用人除企业股东外,扩大到债权人。

从1929年到1933年,资本主义世界经历了历史上最严重的经济危机,大批企业倒闭,投资者和债权人蒙受了巨大的经济损失。这在客观上促使企业利益相关者从只关心企业财务状况转变到更加关心企业盈利水平,产生了对企业利润表进行审计的客观要求。美国1933年《证券法》规定,在证券交易所上市的企业的财务报表必须接受注册会计师审计,向社会公众公布注册会计师出具的审计报告。因此,审计报告使用人也扩大到整个社会公众。在这一时期,注册会计师审计的主要特点是:审计对象转为以资产负债表和利润表为中心的全部财务报表及相关财务资料;审计的主要目的是对财务报表发表审计意见,以确定财务报表的真实可靠,查错防弊转为次要目的;审计范围已扩大到测试相关的内部控制,并以控制测试为基础进行抽样审计;审计报告使用人扩大到股东、债权人、证券交易机构、税务部门、金融机构及潜在投资者;审计准则开始拟定,审计工作向标准化、规范化过渡;注册会计师资格考试制度广泛推行,注册会计师专业素质普遍提高。

第二次世界大战以后,经济发达国家通过各种渠道推动本国的企业向海外拓展,跨国公司得到空前发展。国际资本的流动带动了注册会计师审计的跨国界发展,形成了一批国际会计师事务所。随着会计师事务所规模的扩大,形成了"八大"国际会计师事务所,20世纪80年代末合并为"六大",之后又合并成为"五大"。2001年,美国出现了安然公司会计造假丑闻。安然公司在清盘时,不得不对其编造的财务报表进行修正,将近三年来的利润额削减20%,约5.86亿美元。安然公司作为美国的能源巨头,在追求高速增长的狂热中,利用会计准则的不完善进行表外融资的游戏,并通过关联交易操纵利润。出具审计报告的安达信会计师事务所,因涉嫌舞弊和销毁证据受到美国司法部门的调查,之后宣布关闭,世界各地的安达信成员所也纷纷与其他国际会计师事务所合并。因此,时至今日,尚有"四大"国际会计师事务所,即普华永道(Pricewaterhouse Coopers)、安永(Ernst & Young)、毕马威(KPMG)、德勤(Deloitte Touche Tohmatsu)。与此同时,审计技术也在不断发展:抽样审计方法得到普遍运用,风险导向审计方法得到推广,计算机辅助审计技术得到广泛采用。

(四)注册会计师审计发展历程的启示

从注册会计师审计的起源和发展历程可以看出,注册会计师审计的产生和发展有其历史必然性。

(1)注册会计师审计是商品经济发展到一定阶段的产物,其产生的直接原因是财产所有权与经营权的分离。特别是公司逐渐成为商品社会的重要经济组织后,由于所有者主要根据经营者提交的财务报表了解企业的经营情况,因此,需要有一个来自企业外部的持独立、客观、公正立场的第三者对企业财务报表的公允性与合法性做出判断,注册会计师审计便应运而生。

(2)注册会计师审计随着商品经济的发展而发展。商品经济的发展,促使注册会计师审计由初期的详细审计发展到资产负债表审计,进而发展为财务报表审计;审计目标也由查错防弊发展到对财务报表发表审计意见;注册会计师审计的职责逐步从主要对企业所有者负责演变为对整个社会负责。

(3)注册会计师审计具有独立、客观、公正的特征。这种特征,一方面保证了注册会计师审计具有鉴证职能;另一方面也使其在社会上享有较高的权威性。目前,注册会计师职业在经济发达国家备受重视,注册会计师审计已成为经济发达国家维护市场经济秩序的重要手段。这是经济商品化程度不断提高所形成的必然趋势。

二、中国注册会计师审计的演进与发展

(一)中国注册会计师审计的演进

中国注册会计师审计的历史比西方国家要短得多。旧中国的注册会计师审计始于辛亥革命之后,当时一批爱国会计学者鉴于外国注册会计师包揽我国注册会计师业务的现实,为了维护民族利益与尊严,积极倡导创建中国的注册会计师职业。1918年9月,北洋政府农商部颁布了我国第一部注册会计师法规——《会计师暂行章程》,并于同年批准著名会计学家谢霖先生为中国的第一位注册会计师,谢霖先生创办的中国第一家会计师事务所——"正则会计师事务所"也获准成立。此后,又逐步批准了一批注册会计师,建立了一批会计师事务所,包括潘序伦先生创办的"潘序伦会计师事务所"(后改称"立信会计师事务所")等。1930年,国民政府颁布了《会计师条例》,确立了会计师的法律地位。之后,上海、天津、广州等地也相继成立了多家会计师事务所。1925年在上海成立了"全国会计师公会";1933年,成立了"全国会计师协会"。至1947年,全国已拥有注册会计师2,619人,并建立了一批会计师事务所。但是,在半封建、半殖民地的旧中国,注册会计师职业未能得到很大的发展,注册会计师审计也未能充分发挥应有的作用。会计师事务所主要集中在上海、天津、广州等沿海城市,注册会计师业务主要是为企业设计会计制度、代理申报纳税、培训会计人才和提供会计咨询服务。

在新中国建立初期,注册会计师审计在经济恢复工作中发挥了积极作用。当时由于不法资本家囤积居奇、投机倒把、偷税漏税造成了极为险恶的财政状况,负责财经工作的陈云同志大胆聘用注册会计师,依法对工商企业查账,这在当时对平抑物价、保证国家税收、争取国家财政经济状况好转做出了突出贡献。但后来由于我国推行前苏联高度集中的计划经济模式,注册会计师便悄然退出了经济舞台。

(二)中国注册会计师审计的发展

党的十一届三中全会以后,我国实行"对外开放、对内搞活"的方针,把工作重点转移到社会主义现代化建设上来,商品经济得到迅速发展,为注册会计师制度的恢复重建创造了客观条

件。随着外商来华投资日益增多,1980年12月14日财政部颁发了《中华人民共和国中外合资经营企业所得税实施细则》,规定外资企业财务报表要由注册会计师进行审计,这为恢复我国注册会计师制度提供了法律依据。1980年12月23日,财政部发布《关于成立会计顾问处的暂行规定》,标志着我国注册会计师审计职业开始复苏。1981年1月1日,"上海会计师事务所"宣告成立,成为新中国第一家由财政部批准独立承办注册会计师业务的会计师事务所。我国注册会计师制度恢复后,注册会计师的服务对象主要是三资企业。这一时期的涉外经济法规对注册会计师业务做了明确规定。1984年9月25日,财政部印发《关于成立会计咨询机构问题的通知》,明确了注册会计师应该办理的业务。1985年1月实施的《中华人民共和国会计法》规定:"经国务院财政部门批准组成会计师事务所,可以按照国家有关规定承办查账业务。"1986年7月3日,国务院颁发《中华人民共和国注册会计师条例》,同年10月起实施。1988年11月15日,财政部领导下的中国注册会计师协会正式成立。1993年10月31日,第八届全国人大常委会第四次会议审议通过了《中华人民共和国注册会计师法》(以下简称《注册会计师法》),自1994年1月1日起施行。在国家法律、法规的规范下,我国注册会计师行业得到了快速发展,截止到2010年1月中旬,全国共有会计师事务所6 813家,分所789家,注册会计师92 124人,为改革开放、国有企业转换经营机制和社会主义市场经济体制的建立及有序运行发挥了积极的作用。

1996年10月4日,中国注册会计师协会加入亚太会计师联合会,并于1997年4月在亚太会计师联合会第四十八次理事会上当选为理事。1997年5月8日,国际会计师联合会(IFAC)全票通过,接纳中国注册会计师协会为正式会员。按照国际会计师联合会章程的规定,中国注册会计师协会同时成为国际会计准则委员会的正式会员。目前,中国注册会计师协会已与50多个国家和地区的会计师团体建立了友好关系。

第二节 注册会计师审计的基本概念

一、注册会计师审计的概念

注册会计师审计经过不断的发展和完善,至今已经形成一套比较完备的科学体系。人们对审计的概念也进行了深入的研究,最具代表性的是美国会计学会(AAA)在其颁布《基本审计概念说明》的公告中,把审计概念描述为:"为了确定关于经济行为及经济现象的结论和所制定的标准之间的一致程度,而对与这种结论有关的证据进行客观收集、评定,并将结果传达给利害关系人的有系统的过程。"

注册会计师审计作为审计的一种类型,其内涵具有特殊性。因此,国内外许多会计职业组织对注册会计师审计概念下了定义,其中,影响较大的是国际会计师联合会和美国注册会计师协会的定义。

国际会计师联合会(IFAC)下设的国际审计与鉴证准则理事会(IAASB)将注册会计师审计概念描述为:"财务报表审计的目标是使审计师(有时也指其所在的会计师事务所,下同)能够对财务报表是否在所有重大方面按照确定的财务报告框架编制发表意见。"

美国注册会计师协会(AICPA)在《审计准则说明书》第1号中,对审计概念描述为:"独立注册会计师对财务报表的审计目标是对财务报表是否按照公认会计原则在所有重大方面公允地反映财务状况、经营成果和现金流量发表意见。"

《中国注册会计师审计准则第1101号——财务报表审计的目标和一般原则》对审计概念描述为:"财务报表审计的目标是注册会计师通过执行审计工作,对财务报表的下列方面发表审计意见:(一)财务报表是否按照适用的会计准则和相关会计制度的规定编制;(二)财务报表是否在所有重大方面公允反映被审计单位的财务状况、经营成果和现金流量。"

二、注册会计师审计的类别

审计可以从不同的角度加以考察,从而做出不同的分类。对于注册会计师审计业务,通常进行如下分类:

(一)财务报表审计

财务报表审计的目标是注册会计师通过执行审计工作,对财务报表是否按照规定的标准编制发表审计意见。规定的标准通常是企业会计准则和相关会计制度。当然,对按照计税基础、收付实现制基础或监管机构的报告要求编制的财务报表,注册会计师进行审计也较普遍。财务报表通常包括资产负债表、利润表、现金流量表、所有者权益(或股东权益)变动表以及财务报表附注。

(二)经营审计

经营审计是注册会计师为了评价被审计单位经营活动的效果和效率,而对其经营程序和方法进行的评价。在经营审计结束后,注册会计师一般要向被审计单位管理层提出经营管理的建议,在经营审计中,审计对象不限于会计,还包括组织机构、计算机管理系统、生产方法、市场营销以及注册会计师能够胜任的领域。在某种意义上,经营审计更像是管理咨询。

(三)合规性审计

合规性审计的目的是确定被审计单位是否遵循了特定的程序、规则或条例。例如,确定会计人员是否遵循了财务主管规定的手续,检查工资率是否符合工资法规定的最低限额,或者审查与银行签订的合同,以确信被审计单位遵守了法定要求。合规性审计的结果通常报送被审计单位管理层或外部特定使用者。

三、注册会计师审计方法的发展

一百多年来,虽然审计的根本目标没有发生重大变化,但审计环境却发生了很大的变化。

注册会计师为了实现审计目标,一直随着审计环境的变化调整着审计方法。审计方法从账项基础审计发展到风险导向审计,都是注册会计师为了适应审计环境的变化而做出的调整。

(一)账项基础审计

在审计发展的早期(19世纪以前),由于企业组织结构简单,业务性质单一,注册会计师审计主要是为了满足财产所有者对会计核算进行独立检查的要求,促使受托人(通常为经理或下属)在授权经营过程中做出诚实、可靠的行为。注册会计师审计的重心在资产负债表,旨在发现和防止错误与舞弊,审计方法是详细审计。详细审计又称账项基础审计,由于早期获取审计证据的方法比较简单,注册会计师将大部分精力投向会计凭证和账簿的详细检查。根据有关文献记载,当时的注册会计师在整个审计过程中约3/4的时间花费在合计和过账上。从方法论的角度上讲,这种审计方法就是账项基础审计方法(Accounting Number-based Audit Approach)。

(二)制度基础审计

19世纪即将结束时,会计和审计步入了快速发展时期。注册会计师审计的重点从检查受托责任人对资产的有效使用转向检查企业的资产负债表和利润表,判断企业的财务状况、经营成果是否真实和公允。由于企业规模的日益扩大,经济活动和交易事项内容不断丰富、复杂,注册会计师的审计工作量迅速增大,而需要的审计技术日益复杂,使得详细审计难以实施,企业对审计费用难以承受。为了进一步提高审计效率,注册会计师将审计的视角转向企业的管理制度,特别是会计信息赖以生成的内部控制,从而将内部控制与抽样审计结合起来。因为职业界逐渐认识到,设计合理并且执行有效的内部控制可以保证财务报表的可靠性,防止重大错误和舞弊的发生。从20世纪50年代起,以控制测试为基础的抽样审计在西方国家得到广泛应用,从方法论的角度上讲,该种方法称作制度基础审计方法(System-based Audit Approach)。

(三)风险导向审计

由于审计风险受到企业固有风险因素的影响,如管理人员的品行和能力、行业所处环境、业务性质、容易产生错报的财务报表项目、容易遭受损失或被挪用的资产等导致的风险,又受到内部控制风险因素的影响,即账户余额或各类交易存在错报,内部控制未能防止、发现并纠正的风险。此外,还受到注册会计师实施审计程序未能发现账户余额或各类交易存在错报风险的影响,职业界很快开发出了审计风险模型。审计风险模型的出现,从理论上解决了注册会计师以制度为基础采用抽样审计的随意性,又解决了审计资源的分配问题,要求注册会计师将审计资源分配到最容易导致财务报表出现重大错报的领域。从方法论的角度,注册会计师以审计风险模型为基础进行的审计,称为风险导向审计方法(Risk-oriented Audit Approach)。

四、注册会计师审计与其他审计的关系

(一)注册会计师审计与政府审计的关系

最初的政府审计是随着国家管理事务中经济责任关系的形成,为了促使经济责任的严格履行而诞生的。现代意义上的政府审计是近代民主政治发展的产物。按照民主政治的原则,人民有权对国家事务和人民财产的管理进行监督。因此,各级政府机构和官员在受托管理全民所有的公共资金和资源的同时,还要受到严格的经济责任制度的约束。这种约束方式就表现为政府审计机构对受托管理者的经济责任进行监督。因此,政府审计担负的是全民财产的审计责任。

注册会计师审计是商品经济发展到一定阶段的必然产物,也是商品经济条件下社会经济监督机制的主要表现形式。由于所有权与经营权的分离,以及债权人对自身权益的关心,必然产生对投资运用或债务收回前景的密切关注。这种关注即依赖于注册会计师的审计结果。因此,相对于审计客体而言,政府审计和注册会计师审计都是外部审计,都具有较强的独立性。从我国来看,两者在许多方面存在区别:

1. 审计目标不同

政府审计是对被审计单位的财政收支或者财务收支的真实、合法和效益依法进行的审计;注册会计师审计是注册会计师对财务报表是否按照适用的会计准则和相关会计制度的规定编制进行的审计。

2. 审计标准不同

政府审计是审计机关依据《中华人民共和国审计法》和国家审计准则等进行的审计;注册会计师审计是注册会计师依据《中华人民共和国注册会计师法》和中国注册会计师审计准则进行的审计。

3. 经费或收入来源不同

政府审计履行职责所必需的经费,应当列入财政预算,由本级人民政府予以保证。注册会计师的审计收入来源于审计客户,由注册会计师和审计客户协商确定。

4. 取证权限不同

审计机关有权就审计事项的有关问题向有关单位和个人进行调查,并取得有关证明材料,有关单位和个人应当支持、协助审计机关工作,如实向审计机关反映情况,提供相关证明材料;注册会计师在获取证据时很大程度上有赖于被审计单位及相关单位的配合和协助,对被审计单位及相关单位没有行政强制力。

5. 对发现问题的处理方式不同

审计机关审定审计报告,对审计事项做出评价,出具审计意见书;对违规国家的财政收支、财务收支行为,需要依法给予处理、处罚的,在法定职权范围内做出审计决定或者向有关主管机关提出处理、处罚意见。注册会计师对审计过程中发现需要调整和披露的事项只能提请被

审计单位调整和披露,没有行政强制力,如果被审计单位拒绝调整和披露,注册会计师视情况出具保留意见或否定意见的审计报告。如果审计范围受到被审计单位或客观环境的限制,注册会计师视情况出具保留意见或无法表示意见的审计报告。

(二)注册会计师审计与内部审计的关系

内部审计是由各部门、各单位内部设置的专门机构或人员实施的审计。它是随着企业规模的扩大、内部分级管理的出现而逐步形成的。早期的内部审计诞生于19世纪中叶的英国。第二次世界大战后,由于市场经济竞争更加激烈,促使企业更加重视内部经济管理,内部审计得到迅速发展。

内部审计与注册会计师审计一样,都是现代审计体系的组成部分。从我国情况看,注册会计师审计与内部审计在许多方面存在很大区别:

1. 审计目标不同

内部审计主要是对内部控制的有效性、财务信息的真实性和完整性以及经营活动的效率和效果所开展的一种评价活动;注册会计师审计主要对被审计单位财务报表的真实性(或合法性)和公允性进行审计。

2. 独立性不同

内部审计为组织内部服务,接受总经理或董事会的领导,独立性较弱。注册会计师审计为需要可靠信息的第三方提供服务,不受被审计单位管理层的领导和制约,独立性较强。

3. 接受审计的自愿程度不同

内部审计是代表总经理或董事会实施的组织内部监督,是内部控制制度的重要组成部分,单位内部的组织必须接受内部审计人员的监督。注册会计师审计是以独立的第三方对被审计单位进行的审计,委托人可自由选择会计师事务所。

4. 遵循的审计标准不同

内部审计人员遵循的是内部审计准则;而注册会计师遵循的是注册会计师审计准则。

5. 审计的时间不同

内部审计通常对单位内部组织采用定期或不定期审计,时间安排比较灵活;而注册会计师审计通常是定期审计,每年对被审计单位的财务报表审计一次。

注册会计师审计与内部审计尽管存在很大的差别,但是,注册会计师审计作为一种外部审计,在工作中要利用内部审计的工作成果。任何一种外部审计在对一个单位进行审计时,都要对其内部审计的情况进行了解并考虑是否利用其工作成果,主要原因如下:

(1)内部审计是单位内部控制的一部分。内部审计作为单位内部的经济监督机构,虽然不参与单位的经营管理活动,但主要对各项经营管理活动是否达到预定目标,是否遵循了单位的规章制度等进行监督,属于单位内部控制体系的一个组成部分。外部审计人员在对被审计单位进行审计时,要对内部控制制度进行测评,必须了解内部审计的设置和工作情况。

(2)内部审计和外部审计在工作上具有一致性。内部审计在审计内容、审计方法等方面都和外部审计有许多一致之处。例如,在进行财务审计时,两者在方法上都要评价内控制度、检查凭证、账册、核对账表一致性等。这就为外部审计利用内部审计工作的成果创造了条件。

(3)利用内部审计工作成果可以提高审计效率,节约审计费用。外部审计人员在对内部审计工作进行评价以后,利用其全部或部分工作成果,可以减少现场测试的工作量,提高工作效率,从而节约被审计单位的审计费用。

第三节 注册会计师职业道德规范

一、中国注册会计师协会职业道德规范

中国注册会计师协会自 1988 年成立以来,一直非常重视注册会计师职业道德规范建设。1992 年发布了《中国注册会计师职业道德守则(试行)》。1996 年 12 月 26 日,经财政部批准,发布了《中国注册会计师职业道德基本准则》。2002 年 6 月 25 日,为解决注册会计师职业中违反职业道德的现象,发布了《中国注册会计师职业道德规范指导意见》,于 2002 年 7 月 1 日起施行。

《中国注册会计师职业道德规范指导意见》分为两个层次:一是基本原则,二是具体要求。基本原则包括注册会计师履行社会责任,恪守独立、客观、公正的原则,保持应有的职业谨慎,保持和提高专业胜任能力,遵守审计准则等职业规范,履行对客户的责任以及对同行的责任等。

二、注册会计师职业道德基本原则

(一)独立、客观、公正

独立、客观、公正是注册会计师职业道德中的三个重要概念,也是对注册会计师职业道德的最基本要求。

1. 独立

独立性是注册会计师执行鉴证业务的灵魂,因为注册会计师要以自身的信誉向社会公众表明,被审计单位的财务报表是真实与公允的。在市场经济条件下,投资者主要依赖财务报表判断投资风险,在投资机会中做出选择。如果注册会计师与客户之间不能保持独立,存在经济利益、关联关系,或屈从外界压力,就很难取信于社会公众。根据国内外有关文献,我们给出独立性的定义:"独立性是指实质上的独立和形式上的独立。实质上的独立是指注册会计师在发表意见时,其专业判断不受影响,公正执业,保持客观和专业怀疑;形式上的独立是指会计师事务所或鉴证小组避免出现这样重大的情形,使得拥有充分相关信息的理性第三方推断其公正性、客观性或专业怀疑受到损害。"

2. 客观

注册会计师应当力求公正,不因成见或偏见、利益冲突和他人影响而损害其客观性。注册会计师在许多领域提供专业服务,在不同情况下均应表现出其客观性。在确定哪些情况和业务尤其需要遵循客观性的职业道德规范时,应当充分考虑以下因素:

(1) 注册会计师可能被施加压力,这些压力可能损害其客观性。
(2) 在制定准则以识别实质上或形式上可能影响注册会计师客观性的关系时,应体现合理性。
(3) 应避免那些导致偏见和受他人影响,从而损害客观性的关系。
(4) 注册会计师有义务确保参与专业服务的人员遵守客观性原则。
(5) 注册会计师既不得接受,也不得提供可被合理认为对其职业判断或对其业务交往对象产生重大不当影响的礼品和款待,尽量避免使自己专业声誉受损的情况。

3. 公正

注册会计师提供专业服务时,应当坦率、诚实,保证公正。公平不仅仅指诚实,还有公平交易和真实的含义。无论提供何种服务,担任何种职务,注册会计师都应维护其专业服务的公正性,并在判断中保持客观性。

(二) 专业胜任能力和应有关注

1. 专业胜任能力

注册会计师应当具有专业知识、技能或经验,能够胜任承接的工作。"专业胜任能力"既要求注册会计师具有专业知识、技能或经验,又要求其经济、有效地完成客户委托的业务。资本市场的发展和完善,为注册会计师提供了广阔的发展机会。进入注册会计师职业的人士,并不需要大量的资本投入,可以用一支笔或一台计算机就能开始执业生涯,但必须具备相当的教育程度和一定的能力。为何要把专业胜任能力提高到道德层次?这是因为,注册会计师如果不能保持和提高专业胜任能力,就难以完成客户委托的业务。事实上,如果缺乏足够的知识、技能和经验提供专业服务,就构成了一种欺诈。当然,注册会计师依法取得了执业证书,就表明在该领域具备了一定的知识,但能否保持专业胜任能力只有自己才清楚。这意味着,一个合格的注册会计师不仅要充分认识自己的能力,对自己充满信心,更重要的是,必须清醒认识到自己在专业胜任能力方面的不足,不承接自己不能胜任的业务。如果注册会计师不能认识到这一点,承接了难以胜任的业务,就可能给客户乃至社会公众带来危害。注册会计师作为专业人士,在许多方面都要履行相应的责任,保持和提高专业胜任能力就是其中之一。

2. 应有关注

注册会计师提供专业服务时,应当保持应有的职业关注、专业胜任能力和勤勉,并且随着业务、法规和技术的不断发展,应使自己的专业知识和技能保持在一定水平上,以确定客户能够享受到高水平的专业服务。应有的关注是指专业人士对其所提供服务承担的勤勉尽责的义务。具体到审计服务而言,注册会计师应当以勤勉尽责的态度执行审计业务。在审计过程中,注册会计师应当保持职业怀疑态度,运用其专业知识、技能和经验,获取和客观评价审计证据。

(三)保密

注册会计师能否与客户维持正常的关系,有赖于双方能否自愿而又充分进行沟通和交流,不掩盖任何重要的事实和情况。只有这样,注册会计师才能有效地完成工作。如果注册会计师受到客户的严重限制,不能充分了解情况,就无法发表审计意见。另外,注册会计师与客户的沟通,必须建立在为客户保密的基础上。因此,注册会计师在签订业务约定书时,应当书面承诺对在执行业务过程中获知的客户信息保密。这里所说的客户信息,通常是指商业秘密。一旦商业秘密被泄露或被利用,往往给客户造成损失。因此,许多国家规定,在公众领域执业的注册会计师,不能在没有取得客户同意的情况下,泄露任何客户的秘密信息。

(四)职业行为

注册会计师的行为应符合本职业的良好声誉,不得有任何损害职业形象的行为。这一义务要求注册会计师履行对社会公众、客户和同行的责任。

1. 对社会公众的责任

注册会计师应当遵守职业道德准则,履行相应的社会责任,维护社会公众利益。注册会计师行业的一个显著标志是对社会公众承担责任。社会公众利益是指注册会计师为之服务的人士和机构组成的整体的共同利益。注册会计师作为一个肩负重大社会责任的行业,应以维护社会公众利益为根本目标。

2. 对客户的责任

注册会计师对社会公众履行责任的同时,也对客户承担着特殊的责任,包括:

(1)注册会计师应当在维护社会公众利益的前提下,竭诚为客户服务。

(2)注册会计师应当按照业务约定履行对客户的责任。

(3)注册会计师应当对执行业务过程中知悉的商业秘密保密,并不得利用其为自己或他人谋取利益。

(4)除有关法规允许的情形外,会计师事务所不得以或有收费形式为客户提供鉴证服务。

3. 对同行的责任

对同行的责任是指会计师事务所、注册会计师在处理与其他会计师事务所、注册会计师相互关系中所应遵循的道德标准,包括:

(1)注册会计师应当与同行保持良好的工作关系,配合同行工作。

(2)注册会计师不得诋毁同行,不得损害同行利益。

(3)会计师事务所不得雇用正在其他会计师事务所执业的注册会计师。注册会计师不得以个人名义同时在两家或两家以上的会计师事务所执业。

(4)会计师事务所不得以不正当手段与同行争揽业务。

4. 其他责任

能否争取到业务、拥有较多的客户,关系到一家会计师事务所的生存和发展。因而在业务承接环节也最易发生败坏职业声誉的行为。因此，注册会计师应当维护职业形象，不得有损害职业形象的行为，包括：

(1)注册会计师应当维护职业形象，不得有可能损害职业形象的行为。

(2)注册会计师及其所在会计师事务所不得采用强迫、欺诈、利诱等方式招揽业务。

(3)注册会计师及其所在会计师事务所不得对其能力进行广告宣传以招揽业务。

(4)注册会计师及其所在会计师事务所不得以向他人支付佣金等不正当方式招揽业务，也不得向客户或通过客户获取服务费之外的任何利益。

(5)会计师事务所、注册会计师不得允许他人以本所或本人的名义承办业务。

(五)技术准则

注册会计师应当遵守相关的技术准则提供专业服务。注册会计师有责任在执业时保持应有的关注和专业胜任能力，并在遵守公正性、客观性要求的范围内提供优质服务；在执行审计时，还应当遵守独立性要求。注册会计师应当遵守以下技术准则：①中国注册会计师执业准则；②企业会计准则；③与执业相关的其他法律、法规和规章。

本章小结

注册会计师审计起源于意大利合伙企业制度，形成于英国股份制企业制度，发展和完善于美国发达的资本市场，是伴随着商品经济的发展而产生和发展起来的。从注册会计师审计的起源和发展历程可以看出，注册会计师审计的产生和发展有其历史必然性。

《中国注册会计师审计准则第1101号——财务报表审计的目标和一般原则》对审计概念描述为："财务报表审计的目标是注册会计师通过执行审计工作，对财务报表的下列方面发表审计意见：(一)财务报表是否按照适用的会计准则和相关会计制度的规定编制；(二)财务报表是否在所有重大方面公允反映被审计单位的财务状况、经营成果和现金流量。"

注册会计师审计按目的和内容的不同分为：财务报表审计、经营审计、合规性审计。注册会计师为了实现审计目标，一直随着审计环境的变化调整着审计方法。审计方法从账项基础审计发展到风险导向审计，都是注册会计师为了适应审计环境的变化而做出的调整。注册会计师审计与政府审计与内部审计有着密切的联系，又有着明显的区别。

《中国注册会计师职业道德规范指导意见》分为两个层次：一是基本原则，二是具体要求。基本原则包括注册会计师履行社会责任，恪守独立、客观、公正的原则，保持应有的职业谨慎，保持和提高专业胜任能力，遵守审计准则等职业规范，履行对客户的责任以及对同行的责任等。

【阅读资料】

证券市场已与注册会计师审计良性互动

注册会计师审计保证高质量的财务信息，为证券市场的公开、公平、公正提供了有效的保障。我国独立审计恢复重建只有28年的历史，但是走过了一些国家上百年的道路。我国证券市场审计服务走上了发展与规范兼顾的良性轨道,独立审计在证券市场中的地位已经毋庸置疑。

新中国注册会计师行业的产生早于我国证券市场的建立,但起初发展相对缓慢,直到上世纪90年代初全国性的证券市场建立以后,随着众多企业进行股份制改造、公开发行上市,注册会计师行业驶入了高速发展的快车道。1993年4月国务院发布的《股票发行与交易管理暂行规定》中,明确要求拟上市公司的申报财务资料及上市公司的定期报告需经注册会计师审计。随后证监会、交易所发布了一系列配套的信息披露规范,构建了我国证券市场强制审计的基本框架。

证券市场为独立审计职业提供了巨大的市场,为注册会计师发挥专业能力提供了宽广舞台。随着证券市场的上市公司数量增多、投资者规模扩大、监管水平提高,社会各界越来越倚重经过审计鉴证的公司财务信息披露进行财务分析、投资决策和实施监督,注册会计师的执业行为越来越受到社会关注。

以2001年证券发行制度的核准制改革为契机,会计师事务所质量得到提升。核准制取消了地方政府和行业主管部门对公司上市额度的配给权,进一步打破了审计市场条块分割、地区垄断、行业壁垒的格局。这一系列变革为事务所的合并提供了产权基础、合并动力和市场条件,直接促成了我国会计师事务所的合并浪潮。据统计,具备证券期货业务资格的会计师事务所由1999年的106家精简到2001年的71家。

近几年,证券市场的股权结构、公司治理产生制度性的变革,为注册会计师行业做大做强提供了良性市场环境。据统计,截至2007年底,即使以扣除国际四大会计师事务所在国内的合作事务所为统计范围,国内排名前10家事务所平均从业人员数达1110人,前20家平均从业人员742人,前30家平均从业人员609人。

(资料来源:经济日报,2008-12-26.)

复习思考题

1. 审计按目的和内容的不同,可分为哪几类?
2. 注册会计师所使用的审计方法有哪些?
3. 注册会计师审计与政府审计和内部审计相比,在审计目标和审计标准方面各有哪些区别?

第二篇 方法篇

本篇主要讲述有效开展审计工作过程中涉及的各种方式与方法，包括审计目标、审计程序与审计方法、审计证据和审计工作底稿、审计计划与审计风险等内容。

本篇的讲授与学习既是实务篇和开展审计工作的前提和基础，又是审计基本理论的延续，更是审计技能的体现。

理解审计总目标和具体审计目标，可以帮助审计人员在审计工作中正确把握审计方向，以正确评价被审计单位认定的恰当性；明确审计程序是审计工作规范性和科学性的要求；实施既定的审计程序是对审计目标逐渐实现的过程，在此过程中，必须运用恰当的审计方法去搜集和鉴定审计证据，然后将相关和重要的审计证据按要求记入审计工作底稿，以便编写审计报告和发表审计意见；在审计工作的过程中要制定审计总体策略和具体审计计划，确定合理的重要性水平，这些不仅可以明确审计方向，更能节约审计时间，提高审计效率；合理评估重大错报风险和控制检查风险，以便在审计工作完成时，以可接受的低审计风险水平对财务报表整体发表意见。

第四章 Chapter 4

审计目标

【学习要点及目标】

知识目标:通过本章的学习,使学生了解审计总目标的演变,理解我国财务报表审计的责任;掌握财务报表审计具体目标和审计总目标。

能力目标:能够准确把握被审计单位认定的恰当性;能够正确区分注册会计师与被审计单位管理层的责任。

素质目标:培养学生领导力和合作性等方面的素质。

【案例导入】

独立审计产生于工业革命时代。那时,财产所有者对财产经营者最关心的是其真实性。他们想了解会计人员是否存在贪污、盗窃和其他舞弊行为。因而,此时的审计目标是查错防弊。

在19世纪末和20世纪初,随着资本主义经济的发展和企业规模的日益扩大,会计业务也日趋复杂,此时,审计对象已由会计账目扩大到资产负债表,审计的主要目标是通过对资产负债表数据的审查,判断企业的财务状况和偿债能力。在此阶段,查错防弊这一目标依然存在,但已退居第二位,审计的功能从防护性发展到公证性。

进入20世纪30~40年代,随着世界资本市场的迅猛发展,证券市场的涌现及广大投资者对投资收益情况的关心,整个社会注意力转而集中于收益表上。特别是1929~1933年间的世界经济危机,从客观上促使企业利益相关者从仅仅关心企业财务状况,转变到更加关心企业盈利水平和偿债能力。在此期间,审计总目标是判定被审单位一定时期内的会计报表是否公允地反映其财务状况和经营业绩,以确定会计报表的可信性。

20世纪中叶以后，资本主义从自由竞争发展到垄断阶段，各经济发达国家通过各种渠道推动本国的企业向海外拓展，跨国公司得到空前发展。国家间资本的相互渗透，使审计对象日趋复杂。激烈的市场竞争，使审计目标也从原来的仅限于验证企业财务报表的公允性扩展到内部控制、经营决策、职能分工、企业素质、工作效率、经营效益等方面。因此，经营审计、管理审计、绩效审计等便从传统审计中分离出来，评价企业工作的经济性、效率性、效果性成为独立审计工作的主要目标。

第一节 审计总目标

一、审计总目标的演变

审计目标是在一定历史环境下，人们通过审计实践活动所期望达到的境地或最终结果，它包括财务报表审计的总目标以及各类交易、账户余额、列报相关的具体审计目标两个层次。

审计的发展主要经历了详细审计、资产负债表审计和财务报表审计三个阶段。审计总目标也随之有所变化。

在详细审计阶段，查错防弊是其总体目标，由于当时公司中内部牵制制度尚不完整，而且不被人重视，技术错误和舞弊行为经常发生。为了察觉营私舞弊、技术上的错误、原理上的错误，保证会计记录的正确和财产的安全，必须采取详细的审计方法，对检查期内所有会计资料进行逐一查明，以取得充分的证据，便于做出有无错误和舞弊的结论。

在资产负债表审计阶段，查错防弊这一目标依然存在，但已退居第二位，第一位的审计目标是对历史财务信息进行鉴证，对资产负债表进行公正性审计。即对被审计单位一定时期内资产负债表所有项目余额的真实性、可靠性进行审查，判断其财务状况和偿债能力。

在财务报表审计阶段，审计目标是判定被审计单位一定时期内的财务报表是否公允地反映其财务状况、经营成果和现金流量，并在出具审计报告的同时，提出改进经营管理的意见。在此阶段，审计目标不再限于查错防弊和历史财务信息公证，而是向管理领域有所深入和发展。此阶段审计工作已比较有规律，且形成了一套较完整的理论和方法。

尽管审计总目标发生了变化，审计人员的重要职责之一却始终是对被审计单位财务报表进行审计。财务报表审计是与审计相关业务的基础，其他性质的业务从某种意义上讲都是财务报表审计的延伸和发展。

二、我国财务报表审计的总目标

《中国注册会计师审计准则第1101号——财务报表审计的目标和一般原则》规定，财务报表审计的目标是注册会计师通过执行审计工作，对财务报表的下列方面发表审计意见：

（1）财务报表是否按照适用的会计准则和相关会计制度的规定编制。

(2)财务报表是否在所有重大方面公允反映被审计单位的财务状况、经营成果和现金流量。

财务报表审计属于鉴证业务。注册会计师作为独立第三方,运用专业知识、技能和经验对财务报表进行审计并发表审计意见,旨在提高财务报表的可信赖程度。由于审计存在固有限制,审计工作不能对财务报表整体不存在重大错报提供绝对保证。虽然财务报表使用者可以根据财务报表和审计意见对被审计单位未来生存能力或管理层的经营效率、经营效果作出某种判断,但审计意见本身并不是对被审计单位未来生存能力或管理层经营效率、经营效果提供保证。

财务报表审计的目标对注册会计师的审计工作发挥着导向作用,它界定了注册会计师的责任范围,直接影响注册会计师计划和实施审计程序的性质、时间和范围,决定了注册会计师如何发表审计意见。例如,既然财务报表审计目标是对财务报表整体发表审计意见,注册会计师就可以只关注与财务报表编制和审计有关的内部控制,而不对内部控制本身发表鉴证意见。同样,注册会计师关注被审计单位的违反法规行为,是因为这些行为影响到财务报表,而不是对被审计单位是否存在违反法规行为提供鉴证。

第二节 财务报表审计的责任划分

在财务报表审计中,被审计单位管理层和注册会计师承担着不同的责任,不能相互混淆和替代。明确划分责任,不仅有助于被审计单位管理层和注册会计师认真履行各自的责任,为财务报表及其审计报告的使用者提供有用的经济决策信息,还有利于保护相关各方的正当权益。

一、被审计单位管理层和治理层的责任

企业的所有权与经营权分离后,经营者负责企业的日常经营管理并承担受托责任。管理层通过编制财务报表反映受托责任的履行情况。为了借助公司内部之间的权力平衡和制约关系保证财务信息的质量,现代公司治理结构往往要求治理层对管理层编制财务报表的过程实施有效的监督。

在治理层的监督下,管理层作为会计工作的行为人,对编制财务报表负有直接责任。《会计法》第二十一条规定,财务会计报告应当由单位负责人和主管会计工作的负责人、会计机构负责人(会计主管人员)签名并盖章;设置总会计师的单位,还须由总会计师签名并盖章。单位负责人应当保证财务会计报告真实、完整。《公司法》第一百七十一条规定,公司应当向聘用的会计师事务所提供真实、完整的会计凭证、会计账簿、财务会计报告及其他会计资料,不得拒绝、隐匿、谎报。

因此,在被审计单位治理层的监督下,按照适用的会计准则和相关会计制度的规定编制财务报表是被审计单位管理层的责任。

管理层对编制财务报表的责任具体包括:

(1)选择适用的会计准则和相关会计制度。管理层应当根据会计主体的性质和财务报表的编制目的,选择适用的会计准则和相关会计制度。就会计主体的性质而言,民间非营利组织适合采用《民间非营利组织会计制度》,事业单位通常适合采用《事业单位会计制度》,而企业根据规模或行业性质,分别适合采用《企业会计准则》、《企业会计制度》、《金融企业会计制度》和《小企业会计制度》等。

按照编制目的,财务报表可分为通用目的和特殊目的两种报表。前者是为了满足范围广泛的使用者的共同信息需要,如为公布目的而编制的财务报表;后者是为了满足特定信息使用者的信息需要。相应的,编制和列报财务报表适用的会计准则和相关会计制度也有所不同。

(2)选择和运用恰当的会计政策。会计政策是指企业在会计确认、计量和报告中所采用的原则、基础和会计处理方法。管理层应当根据企业的具体情况,选择和运用恰当的会计政策。

(3)根据企业的具体情况,作出合理的会计估计。会计估计是指企业对其结果不确定的交易或事项以最近可利用的信息为基础所作的判断。财务报表中涉及大量的会计估计,如固定资产的预计使用年限和净残值、应收账款的可收回金额、存货的可变现净值以及预计负债的金额等。管理层有责任根据企业的实际情况、作出合理的会计估计。

为了履行编制财务报表的职责,管理层通常设计、实施和维护与财务报表编制相关的内部控制,以保证财务报表不存在由于舞弊或错误而导致的重大错报。

二、注册会计师的责任

按照中国注册会计师审计准则(以下简称审计准则)的规定:对财务报表发表审计意见是注册会计师的责任。

注册会计师作为独立的第三方,对财务报表发表审计意见,有利于提高财务报表的可信赖程度。为履行这一职责,注册会计师应当遵守职业道德规范,按照审计准则的规定计划和实施审计工作,获取充分、适当的审计证据,并根据获取的审计证据得出合理的审计结论、发表恰当的审计意见。注册会计师通过签署审计报告确认其责任。需要强调的是,注册会计师的审计只能合理保证财务报表不存在重大错报。

为恰当履行对财务报表发表审计意见的责任,充分发挥财务报表审计的作用,注册会计师需要在整个审计过程中遵守以下原则。

(一)遵守职业道德规范

注册会计师应当遵守相关的职业道德规范,恪守独立、客观、公正的原则,保持专业胜任能力和应有的关注,并对执业过程中获知的信息保密。

注册会计师行业是诚信行业,整个社会对行业从业人员的职业精神、职业技能、职业纪律和职业作风的期望很高。制定并遵循一套行业职业道德规范,是注册会计师维护行业形象、取信于社会公众的基础。

目前，注册会计师职业道德规范主要是《中国注册会计师职业道德规范指导意见》。规范要求注册会计师在执行鉴证业务时，恪守独立、客观、公正的原则，保持专业胜任能力和应有的关注，并对执业过程中获知的信息保密。

(二) 遵守质量控制准则

会计师事务所和注册会计师应当遵守会计师事务所质量控制准则。会计师事务所应当根据质量控制准则并结合具体情况，制定合适的质量控制制度，包括质量控制政策和程序，以合理实现质量控制的两大目标：

(1) 保证会计师事务所及其人员遵守法律、法规，遵守中国注册会计师职业道德规范以及中国注册会计师审计准则、中国注册会计师审阅准则、中国注册会计师其他鉴证业务准则和中国注册会计师相关服务准则的规定。

(2) 会计师事务所和项目负责人根据具体情况出具恰当的报告。

目前，财政部已发布两项质量控制准则，即《会计师事务所质量控制准则第5101号——业务质量控制》和《中国注册会计师审计准则第1121号——历史财务信息审计的质量控制》。前者从会计师事务所层面上进行规范，适用于包括历史财务信息审计业务在内的各项业务；后者从执行审计项目的负责人层面上进行规范，仅适用于历史财务信息审计业务。这两项准则联系紧密，前者是后者的制定依据。

注册会计师应当遵守财政部发布的会计师事务所质量控制准则以及本所的质量控制制度。在执行某项审计业务时，注册会计师还应当同时遵守会计师事务所制定的审计质量控制程序。

(三) 遵守审计准则

注册会计师应当按照审计准则的规定执行审计工作。审计准则作为注册会计师提供的审计服务质量的技术标准，对注册会计师在某一审计领域的责任、所需要达到的目标和核心要求、为达到这一目标所要实施的必要审计程序作出了明确规范。注册会计师应当按照审计准则的规定执行审计工作，以保证审计工作质量、维护社会公众利益，增进社会公众对注册会计师行业的信心。

为了确保注册会计师在执行审计业务时遵守审计准则，注册会计师应当遵守会计师事务所按照有关质量控制准则要求而建立的适合于本所的质量控制制度，包括适合于审计业务的质量控制程序。

(四) 合理运用职业判断

审计中的职业判断是指注册会计师在审计准则的框架下，运用专业知识和经验在备选方案中作出决策。被审计单位的具体情况千差万别，审计准则不可能针对所有可能遇到的情况规定对应的审计程序。因此，在审计过程中，注册会计师运用职业判断至关重要。注册会计师在确定审计程序的性质、时间和范围，评价审计证据，得出审计结论和形成审计意见时，都离不开职业判断。离开了职业判断，审计就成为简单机械地执行审计程序的过程。注册会计师在确定拟实施的审计程序时，除需要考虑审计准则中规定的审计程序外，还需要根据职业判断实施为实现审计目标而需要执行的其他审计程序。

（五）保持职业怀疑态度

职业怀疑态度并不要求注册会计师假设管理层是不诚信的，但是也不能假设管理层的诚信是毫无疑问的。职业怀疑态度要求注册会计师凭证据"说话"。职业怀疑态度意味着，在进行询问和实施其他审计程序时，注册会计师不能因轻信管理层和治理层的诚信而满足于说服力不够的审计证据。相应的，为得出审计结论、注册会计师不应使用管理层声明替代应当获取的充分、适当的审计证据。例如，注册会计师不能仅凭管理层声明，而对重要的应收账款不进行函证就得出应收账款余额存在的结论。

职业怀疑态度要求注册会计师不应将审计中发现的舞弊视为孤立发生的事项。注册会计师还应当考虑，发现的错报是否表明在某一特定领域存在舞弊导致的更高的重大错报风险；如果从不同来源获取的审计证据或获取的不同性质的审计证据不一致，可能表明其中某项或某几项审计证据不可靠，因此注册会计师应当追加必要的审计程序；如果管理层的某项声明与其他审计证据相矛盾，注册会计师应当调查这种情况。必要时，注册会计师应重新考虑管理层作出的其他声明的可靠性；如果在审计过程中识别出异常情况，注册会计师应当作出进一步调查。例如，如果注册会计师在审计过程中识别出的情况使其认为文件记录可能是伪造的或文件记录中的某些条款已发生变动，则应当作出进一步调查，包括直接向第三方询证，或考虑利用专家的工作以评价文件记录的真伪。

三、两种责任不能相互取代

财务报表审计不能减轻被审计单位管理层和治理层的责任。财务报表编制和财务报表审计是财务信息生成链条上的不同环节，两者各司其职。法律法规要求管理层和治理层对编制财务报表承担责任，有利于从源头上保证财务信息质量。同时，在某些方面，注册会计师与管理层和治理层之间可能存在信息不对称。管理层和治理层作为内部人员，对企业的情况更为了解，更能作出适合企业特点的会计处理决策和判断，因此管理层和治理层理应对编制财务报表承担完全责任。尽管在审计过程中，注册会计师可能向管理层和治理层提出调整建议，甚至在不违反独立性的前提下为管理层编制财务报表提供协助，但管理层仍然对编制财务报表承担责任，并通过签署财务报表确认这一责任。

第三节 具体审计目标

一、被审计单位管理层的认定

认定是指管理层对财务报表组成要素的确认、计量、列报作出的明确或隐含的表达。认定与审计目标密切相关,注册会计师的基本职责就是确定被审计单位管理层对其财务报表的认定是否恰当。

管理层在财务报表上的认定有些是明确表达的,有些则是隐含表达的。例如,管理层在资产负债表中列报存货及其金额,意味着作出了下列明确的认定:

(1)记录的存货是存在的。
(2)存货以恰当的金额包括在财务报表中,与之相关的计价或分摊调整已恰当记录。

同时,管理层也作出下列隐含的认定:

(1)所有应当记录的存货均已记录。
(2)记录的存货都为被审计单位拥有。

管理层对财务报表各组成要素均作出了认定,注册会计师的审计工作就是要确定管理层的认定是否恰当。

(一) 与各类交易和事项相关的认定

注册会计师对所审计期间的各类交易和事项运用的认定通常分为下列类别:

(1)发生:记录的交易和事项已发生且与被审计单位有关。
(2)完整性:所有应当记录的交易和事项均已记录。
(3)准确性:与交易和事项有关的金额及其他数据已恰当记录。
(4)截止:交易和事项已记录于正确的会计期间。
(5)分类:交易和事项已记录于恰当的账户。

(二) 与期末账户余额相关的认定

注册会计师对期末账户余额运用的认定通常分为下列类别:

(1)存在:记录的资产、负债和所有者权益是存在的。
(2)权利和义务:记录的资产由被审计单位拥有或控制,记录的负债是被审计单位应当履行的偿还义务。
(3)完整性:所有应当记录的资产、负债和所有者权益均已记录。
(4)计价和分摊:资产、负债和所有者权益以恰当的金额包括在财务报表中,与之相关的计价或分摊调整已恰当记录。

（三）与列报相关的认定

注册会计师对列报运用的认定通常分为下列类别：

(1) 发生及权利和义务：披露的交易、事项和其他情况已发生，且与被审计单位有关。
(2) 完整性：所有应当包括在财务报表中的披露均已包括。
(3) 分类和可理解性：财务信息已被恰当地列报和描述，且披露内容表述清楚。
(4) 准确性和计价：财务信息和其他信息已公允披露，且金额恰当。

二、具体审计目标

注册会计师了解了认定，就很容易确定每个项目的具体审计目标，并以此作为评估重大错报风险以及设计和实施进一步审计程序的基础。

（一）与各类交易和事项相关的审计目标

1. 发生

由发生认定推导的审计目标是已记录的交易是真实的。例如，如果没有发生销售交易，但在销售日记账中记录了一笔销售，则违反了该目标。

发生认定所要解决的问题是管理层是否把那些不曾发生的项目记入财务报表，它主要与财务报表组成要素的高估有关。

2. 完整性

由完整性认定推导的审计目标是已发生的交易确实已经记录。例如，如果发生了销售交易，但没有在销售日记账和总账中记录，则违反了该目标。

发生和完整性两者强调的是相反的关注点。发生目标针对潜在的高估，而完整性目标则针对漏记交易（低估）。

3. 准确性

由准确性认定推导出的审计目标是已记录的交易是按正确金额反映的。例如，如果在销售交易中，发出商品的数量与账单上的数量不符，或是开账单时使用了错误的销售价格，或是账单中的乘积或加总有误，或是在销售日记账中记录了错误的金额，则违反了该目标。

准确性与发生、完整性之间存在区别。例如，若已记录的销售交易是不应当记录的（如发出的商品是寄销商品），则即使发票金额是准确计算的，仍违反了发生目标。再如，若已入账的销售交易是对正确发出商品的记录，但金额计算错误，则违反了准确性目标，但没有违反发生目标。在完整性与准确性之间也存在同样的关系。

4. 截止

由截止认定推导出的审计目标是接近于资产负债表日的交易记录于恰当的期间。例如，如果本期交易推到下期，或下期交易提到本期，均违反了截止目标。

5. 分类

由分类认定推导出的审计目标是被审计单位记录的交易经过适当分类。例如，如果将现销记录为赊销，将出售经营性固定资产所得的收入记录为营业收入，则导致交易分类的错误，违反了分类的目标。

（二）与期末账户余额相关的审计目标

1. 存在

由存在认定推导的审计目标是记录的金额确实存在。例如，如果不存在某顾客的应收账款，在应收账款试算平衡表中却列入了对该顾客的应收账款，则违反了存在的目标。

2. 权利和义务

由权利和义务认定推导的审计目标是资产归属于被审计单位，负债属于被审计单位的义务。例如，将他人寄售商品记入被审计单位的存货中，违反了权利的目标；将不属于被审计单位的债务记入账内，违反了义务目标。

3. 完整性

由完整性认定推导的审计目标是已存在的金额均已记录。例如，如果存在某顾客的应收账款，在应收账款试算平衡表中却没有列入对该顾客的应收账款，则违反了完整性目标。

4. 计价和分摊

资产、负债和所有者权益以恰当的金额包括在财务报表中，与之相关的计价或分摊调整已恰当记录。

（三）与列报相关的审计目标

各类交易和账户余额的认定正确，只是为列报正确打下了必要的基础。财务报表很可能因被审计单位误解有关列报的规定或舞弊等而产生错报，也可能因被审计单位没有遵守一些专门的披露要求而导致财务报表错报。因此，即使注册会计师审计了各类交易和账户余额的认定，实现了各类交易和账户余额的具体审计目标，也不意味着获取了足以对财务报表发表审计意见的充分、适当的审计证据。因此，注册会计师还应当对各类交易、账户余额及相关事项在财务报表中列报的正确性实施审计。

1. 发生及权利和义务

将没有发生的交易、事项，或与被审计单位无关的交易和事项包括在财务报表中，则违反该目标。例如，复核董事会会议记录中是否记载了固定资产抵押等事项，询问管理层固定资产是否被抵押，即是对列报的权利认定的运用。如果抵押固定资产，则需要在财务报表中列报，说明其权利受到限制。

2. 完整性

如果应当披露的事项没有包括在财务报表中，则违反该目标。例如，检查关联方和关联交易，以验证其在财务报表中是否得到充分披露，即是对列报的完整性认定的运用。

3. 分类和可理解性

财务信息已被恰当地列报和描述，且披露内容表述清楚。例如，检查存货的主要类别是否已披露,是否将一年内到期的长期负债列为流动负债,即是对列报的分类和可理解性认定的运用。

4. 准确性和计价

财务信息和其他信息已公允披露,且金额恰当。例如,检查财务报表附注是否分别对原材料、在产品和产成品等存货成本核算方法作了恰当说明,即是对列报的准确性和计价认定的运用。

本章小结

审计目标是在一定历史环境下,人们通过审计实践活动所期望达到的境地和最终结果,它包括财务报表审计的总目标以及各类交易、账户余额、列报相关的具体审计目标两个层次。

《中国注册会计师审计准则第 1101 号——财务报表审计的目标和一般原则》规定,财务报表审计的目标是注册会计师通过执行审计工作,对财务报表的下列方面发表审计意见:

①财务报表是否按照适用的会计准则和相关会计制度的规定编制;

②财务报表是否在所有重大方面公允反映被审计单位的财务状况、经营成果和现金流量。

在被审计单位治理层的监督下,按照适用的会计准则和相关会计制度的规定编制财务报表是被审计单位管理层的责任。按照中国注册会计师审计准则的规定,对财务报表发表审计意见是注册会计师的责任。两种责任不能相互取代。

认定是指管理层对财务报表组成要素的确认、计量、列报作出的明确或隐含的表达。认定与审计目标密切相关,注册会计师的基本职责就是确定被审计单位管理层对其财务报表的认定是否恰当。注册会计师了解了认定,就很容易确定每个项目的具体审计目标,并以此作为评估重大错报风险以及设计和实施进一步审计程序的基础。

【阅读资料】

会计责任和审计责任的区别

在业务约定书中,一般都会谈到审计师按什么审计准则来做审计和出具报告,也会谈到被审计企业应该按什么会计准则来编制其会计报表。我就对这个做一下解释。

首先说一下会计责任和审计责任的区别。所谓会计责任,就是说企业自己要能够做出一份完整的会计报表,包括按照会计准则要求做出的各种披露和注释,并且能提供有关的总账、明细账和其他会计记录。而审计责任,指的是审计师根据企业提供的会计报表和会计记录来验证其正确性。审计师的这种"验证"工作做到什么程度,保留什么样的检查记录,是由审计准则来规定的。审计师一旦负有审计责任,就不应该再担当任何会计责任,否则,就成了自己检查自己的正确性了。这种自己检查自己,从来都是"老鼠看仓,看个精光"。

理想中的审计,应该是客户将会计报表及附注都准备好,然后审计师开始审计。现实中能这样做的客户不是太多,所以审计师只好既做裁判员,又做运动员,自己先把会计报表及附注做完,再开始审计。当然,做报表的原料都是客户的。这算不算"自己审计自己的工作",因而违反独立性原则呢?

不同国家对此规定不同。美国的审计准则认为这样做是违反审计师独立性的,企业自己的会计人员应该将会计报表及附注做好。我国的审计准则,可能是考虑到国内会计人员的总体水平还不高,就没有禁止这种做法。也许正因为如此,国家领导人题词的那一句"不做假账",就说不清楚是在提醒那些企业里做账的财务人员,还是在提醒不做账只审账的审计师了。要是让我给审计师题个词,我决定学习周星驰在电影《功夫》中向功夫片前辈致敬的手法,也模仿以前的题词给审计师题一句"不做账",以此来强调审计责任和会计责任的区别。

(资料来源:《让数字说话——审计,就这么简单》)

复习思考题

1. 财务报表审计总目标是什么?
2. 财务报表审计的责任是什么?管理层与治理层的责任是什么?两者有何关系?
3. 管理层的认定包括哪些内容?其与审计目标有何关系?
4. 为达到审计目标,审计过程可分为哪几个阶段?

第五章 Chapter 5

审计程序和审计方法

【学习要点及目标】

知识目标:通过本章的学习,使学生了解审计程序的概念与作用;理解审计具体程序;掌握各种类型的审计方法。

能力目标:能够运用审计基本技术方法从事简单业务的审查工作。

素质目标:培养学生分析思维和可靠性等方面的素质。

【案例导入】

2002年,当时全球"五大审计巨头"之一的安达信因陷入美国安然财务丑闻而宣告破产,引发了注册会计师行业的信任危机。当时的安达信执行总裁贝拉迪诺曾说:"我们不是第一个,也不会是最后一个陷入这种困境的会计师事务所。"正如其所说,之后不久,德勤遭遇了"科龙门"。有关专家提出了德勤在科龙审计过程中审计方法上存在的硬伤。

一是德勤对科龙电器各期存货及主营业务成本进行审计时,直接按照科龙电器期末存货盘点数量和各期平均单位成本确定存货期末余额,并推算出科龙电器各期主营业务成本。德勤在未对产品成本进行有效测试和充分抽样盘点的情况下,通过上述审计程序对存货和主营业务成本进行审计并予以确认,其审计方法和审计程序很不合理。

二是德勤在存货抽样盘点过程中缺乏必要的职业谨慎,确定的抽样盘点范围不适当,执行的审计程序不充分。

德勤在年报审计过程中实施抽样盘点程序时,未能确定充分、有效的抽样盘点范围,导致其未能发现科龙电器通过压库方式确认虚假销售收入的问题。实际上,科龙电器在底账上虚构出货记录,上述存货依然封存在仓库中,只是将账面数量结存为零。

> 三是德勤对科龙电器2003年度审计时,就存货已出库未开票项目向四家客户所发的询证函中,客户仅对询证函的首页盖章确认,但该首页没有对后附明细列表进行金额或数量的综述。此外,向另两家客户发询证函时,客户并没有将回函直接传真或邮寄给德勤,而是由科龙电器负责该项目的工作人员接收后转交德勤。
>
> 2002~2004年,德勤每年审计科龙10家电器分公司时,没有对各年末进入现场的分公司执行其必要审计程序,无法有效确认其主营业务收入实现的真实性及应收账款等资产的真实性。
>
> "德勤科龙劫"警示审计人员:确定恰当的审计目标,科学、合理地进行计划,执行适当的审计程序及审计方法是审计工作成败的关键。那么,在审计实务工作中,应如何解决上述关键审计问题呢?

第一节 审计程序

一、审计程序的涵义

审计作为一项独立的、完整的经济监督活动,在任何一个审计项目的审计过程中,先做什么工作,后做什么工作,必须按照一定的顺序进行。

所谓审计程序,是指审计工作从开始到结束的整个过程以及在该过程中各项具体工作的先后顺序、相互协调关系的总和。在审计监督活动中,审计机关和被审计单位双方都必须遵循一定的顺序、形式和期限,这是实现审计规范化,使审计监督有条不紊顺利进行的重要保证,也是依法审计和独立审计准则的具体要求。审计程序说明在一定时期内审查具体对象或项目所需要的步骤,一般包括三个阶段,即准备阶段、实施阶段和终结阶段。每个阶段又包括若干具体工作内容。

审计准备阶段是指从审计组织接受审计项目开始,到审计人员实施审计以前这一期间。审计实施阶段是指审计组经过充分准备以后,进驻被审计单位,按照审计方案所确定的审计范围、顺序、人员分工和进度期限,采取有效的方法对被审计项目进行检查、取证、分析和评价的阶段。审计终结阶段是指审计人员通过汇总对被审计单位的调查、分析和评价,出具审计报告,建立审计档案的阶段。这三个阶段具有一定的顺序,而且每个阶段的工作成果都成为下一个阶段工作的参考资料。因此,每个阶段的工作对整个项目的审计质量都会产生很大影响,审计组织和审计人员对此应予以充分重视。

二、审计程序的作用

规范而科学的审计程序,不仅是分配审计工作的具体依据,也是控制审计工作的有效工具。

1. 有利于保证审计质量

审计程序规定了为实现审计目的所必须实施的各项具体步骤,不仅可使审计负责人随时掌握审计工作的进度,还可以保证审计人员不至于忽略重要的审计步骤和主要事项,以便从审计程序的角度,保证审计工作质量。

2. 有利于提高工作效率

严格而灵活的审计程序,有利于提高工作效率,保证审计人员在较短的时间内,取得充分适当的审计证据,从而正确发表意见,作出恰当的审计结论,避免可能发生的失误。

3. 有助于提高熟练程度

规范而科学的审计程序,可以使审计工作有条不紊的进行,这对审计工作经验不多的审计人员来说,可以较好的把握审计工作的基本环节;对审计工作经验丰富的人员来说,可以节省更多的时间,考虑审计中随时可能遇到的更为复杂的问题。

4. 有利于审计工作规范化

规范而科学的审计程序,也是使审计工作逐步实现规范化、制度化、法制化的一项重要内容。法定的审计程序,是保证审计法律关系主体正确地行使权力、承担义务的基本保证,是贯彻依法审计原则的主要形式,审计人员和被审计单位必须严格遵循。正确地实施审计程序,是保证审计业务质量,提高审计工作信誉的前提条件。

三、注册会计师审计的具体程序

历史地看,注册会计师审计方法已从早期的账项基础审计演变到今天的风险导向审计。风险导向审计模式要求注册会计师在审计过程中,以重大错报风险的识别、评估和应对作为工作主线。相应的,审计过程大致可分为以下几个阶段。

（一）接受业务委托

会计师事务所应当按照执业准则的规定,谨慎决策是否接受或保持某客户关系和具体审计业务。在接受委托前,注册会计师应当初步了解审计业务环境,包括业务约定事项、审计对象特征、使用的标准、预期使用者的需求、责任方及其环境的相关特征,以及可能对审计业务产生重大影响的事项、交易、条件和惯例等其他事项。

只有在了解情况后,认为符合专业胜任能力、独立性和应有的关注等职业道德要求、并且拟承接的业务具备审计业务特征时,注册会计师才能将其作为审计业务予以承接。如果审计业务的工作范围受到重大限制,或者委托人试图将注册会计师的名字和审计对象不适当地联系在一起,则该项业务可能不具有合理的目的。接受业务委托阶段的主要工作包括:了解和评价审计对象的可审性;决策是否考虑接受委托;商定业务约定条款;签订审计业务约定书等。

（二）计划审计工作

计划审计工作十分重要,计划不周不仅会导致盲目实施审计程序,无法获得充分、适当的审计证据以将审计风险降至可接受的低水平,影响审计目标的实现;而且还会浪费有限的审计资源,增加不必要的审计成本,影响审计工作的效率。因此,对于任何一项审计业务,注册会计师在执行具体审计程序之前,都必须根据具体情况制定科学、合理的计划,使审计业务以有效的方式得到执行。一般来说,计划审计工作主要包括:在本期审计业务开始时开展的初步业务活动、制定总体审计策略、制定具体审计计划等。计划审计工作不是审计业务的一个孤立阶段,而是一个持续的、不断修正的过程,贯穿于整个审计业务的始终。

（三）实施风险评估程序

审计准则规定,注册会计师必须实施风险评估程序,以此作为评估财务报表层次和认定层次重大错报风险的基础。所谓风险评估程序,是指注册会计师实施的了解被审计单位及其环境并识别和评估财务报表重大错报风险的程序。风险评估程序是必要程序,了解被审计单位及其环境特别是为注册会计师在许多关键环节做出职业判断提供了重要基础;了解被审计单位及其环境是一个连续和动态地收集、更新与分析信息的过程,贯穿于整个审计过程的始终。注册会计师应当运用职业判断确定需要了解被审计单位及其环境的程度。一般来说,实施风险评估程序的主要工作包括:了解被审计单位及其环境、识别和评估财务报表层次以及各类交易、账户余额、列报认定层次的重大错报风险,包括确定需要特别考虑的重大错报风险(即特别风险)以及仅通过实质性程序无法应对的重大错报风险等。

（四）实施控制测试和实质性程序

注册会计师实施风险评估程序本身并不足以为发表审计意见提供充分、适当的审计证据,注册会计师还应当实施进一步审计程序,包括实施控制测试（必要时或决定测试时)和实质性程序。因此,注册会计师评估财务报表重大错报风险后,应当运用职业判断,针对评估的财务报表层次重大错报风险确定总体应对措施,并针对评估的认定层次重大错报风险设计和实施进一步审计程序,以将审计风险降至可接受的低水平。

（五）完成审计工作和编制审计报告

注册会计师在完成财务报表所有循环的进一步审计程序后,还应当按照有关审计准则的规定做好审计完成阶段的工作,并根据所获取的各种证据,合理运用专业判断,形成适当的审计意见。本阶段主要工作有:审计期初余额、比较数据、期后事项和或有事项、考虑持续经营问题和获取管理层声明、汇总审计差异,并提请被审计单位调整或披露、复核审计工作底稿和财务报表、与管理层和治理层沟通、评价审计证据、形成审计意见、编制审计报告等。

第二节　审计方法

审计方法是指审计人员在审计过程中,为收集审计证据,实现审计目标而采用的专门方法和措施的总称。其中包括对审计对象的审查和核对,对审计资料的收集、比较和分析并据以提出审计的意见和结论,保证审计报告的真实、合法和完整。

一、审计方法的分类

审计方法分为审计的战略方法和审计的技术方法。

(一)审计的战略方法

审计的战略方法是指根据被审计单位审计风险情况,按照审计准则选择适当的审计程序的过程和方法。主要包括:对内部控制制度的了解和评价、审计风险评估、重要性水平的确定、审计样本选择、审计证据的整理与评价、审计工作底稿的编制、审计报告的撰写、审计人员的选派方法等。

(二)审计的技术方法

审计的技术方法是指在审计实施过程中为了获得审计证据所采用的手段和措施。审计技术方法体系如图5.1所示:

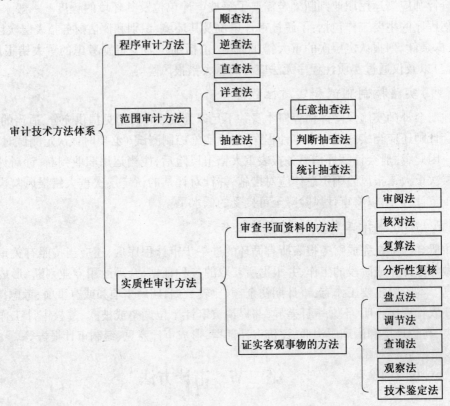

图5.1 审计技术方法体系

二、审计的技术方法

(一)程序审计方法

1. 顺查法

顺查法又称正查法,是按照会计核算的处理顺序,依次进行审查的一种方法。会计人员处理会计业务的顺序是:首先取得经济业务的原始凭证,审核无误后编制记账凭证;根据记账凭证分别记入明细账、日记账和总账;最后,根据账簿记录编制会计报表。顺查法审计顺序与会计业务处理顺序基本一致,具体步骤是:首先,审查原始凭证是否真实正确、合理合法,并与记账凭证核对;然后,再以记账凭证核对账簿,审查账证是否一致,总分类账余额同所属明细分类账余额合计是否一致;最后,以账簿核对会计报表,审查调整结账事项同所编制的报表是否一致。

顺查法主要运用了审阅和核对的技术方法。采用顺查法,方法简单,便于掌握运用,由于从原始凭证入手,审查内容全面、系统、很少有疏忽和遗漏之处,审计风险小。但顺查法费时、费力,审计工作量大,而且审计过程中事无巨细,重点不突出,审计成本高、效率低。因此该方法适用于①规模较小、业务量少、经济活动比较简单的单位;②内部控制制度比较薄弱、管理混乱、存在严重问题的单位;③特别重要或特别容易发生差错的被审计项目;④涉及性质严重的贪污舞弊等专案审计。

2. 逆查法

逆查法又称倒查法或反查法,是按照与会计核算相反的处理顺序依次进行审查的一种方法。其基本做法与顺查法相反,具体步骤是:首先,运用分析性复核等方法审核分析财务报表,找出数额较大或存在异常变动的项目,作为下一步审计的重点;其次,运用审阅法、核对法等方法进行账表核对、账账核对和账证核对,以便发现和确认可能存在的问题。

逆查法主要采用了审阅、核对和分析的技术方法,并根据重点和疑点,逐个进行追踪检查,直到水落石出。因此,逆查法比顺查法不仅取证范围小,而且有一定的审查重点,能够节省审计时间和精力,有利于提高审计工作效率。其缺点是:审查工作不够全面、系统,如果审计人员对审查的重点问题判断失误,就容易遗漏重点问题,影响审计质量。因此,逆查法主要适用于企业规模较大、业务较复杂、内部控制制度较为完善有效的被审计单位。

3. 直查法

直查法是指直接从有关明细账的审阅和分析开始,然后根据需要核对记账凭证及其所附原始凭证,或核对账账、账表,并审阅分析报表的方法。直查法既不从原始凭证的检查开始,也不从会计报表的检查开始,而是直接地有针对性地审核明细账记录,然后根据明细账审查结果再进行追踪检查。直查法灵活方便,可根据需要向两边延伸,并能抓住重点,既能克服顺查法下工作上的低效率,又能克服逆查法下因会计报表指标高度综合性而难于捕捉疑点和线索的局限性,因此,在实际工作中有着广泛的实用性。

需要提出的是，在具体运用时上述方法可结合采用，即凡审查的资料内容多且时间长时，宜运用逆查法或直查法，并局部兼用顺查法；凡范围小、时间短、资料少，而且需要了解的情况相对具体时，宜采用顺查法；直查法在多数情况下均能采用，且既要运用顺查法，也要运用逆查法。在实际审计工作中应将上述方法有机地结合起来运用，根据需要，交互使用，尽可能做到取长补短。不论是顺查是逆查，不一定都要完整地从一端查到另一端，只要同会计处理顺序和逆次的方向一致，从任何一个环节开始到任何一个环节结束都是可以的。

（二）范围审计方法

范围审计方法是指审计取证按照多大的范围进行审计的方法，主要包括详查法和抽查法。

1. 详查法

详查法又称精查法，它是指对被审计单位在审计期间的所有凭证、账簿和报表进行全部详细审查的一种审计方法。其特点是检查精细。通常要逐步核对，所以能掌握详细准确的全部情况并不易发生遗漏，审计质量能较大限度地得到保证。但其缺点是：除了不再重复抄写账目外，几乎是会计核算的一次重复，所以耗费时间长，审计成本高。详查法一般只适用于业务较少的特种项目和专项审查，如违反财经法纪专案审计及所有者权益类项目的审查。

详查法和顺查法一般结合得比较紧密，二者的优缺点和适用范围也大致相同，只是审计方法的角度不同而已。

2. 抽查法

抽查法又称抽样法，是指从被审计单位审查期内特定审计事项的全部会计记录的总体资料中采用一定的方法抽取少部分有代表性的样本进行测试，用以推断总体有无错弊的一种审计方法。这种方法是根据样本进行审查，省时省力，但是如果样本选择不当，就可能会做出错误的结论。所以，审计人员事先必须进行样本的设计，使设计对象总体与审计目标具有相关性和完整性，并根据审计目标及被审计单位的实际情况，确定抽样项目，选取适当的样本量。

抽查法一般可分为任意抽查法、判断抽查法和统计抽查法三种方法。

（1）任意抽查法，即不考虑样本的金额大小和取样的依据，以随意方式取得样本。由于这种方法缺乏科学依据，质量难以保证，它只是在抽样审计的初期采用过，现代审计已不再使用。

（2）判断抽样法，即审计人员根据审计的目的和被审计单位的具体情况，结合自身的经验和主观判断，有目的有重点地选择总体中的一部分经济活动作为样本进行审查的方法。

（3）统计抽样法，又称随机抽样法，主要是根据随机原则，任意地从总体中选取部分样本，而后，根据样本的特性，运用数理统计方法对总体进行推断，以得出一个与总体特征相吻合或相接近的审计结论的一种方法。

（三）实质性审计方法

1. 审查书面资料的方法

（1）审阅法。审阅法是对各种会计凭证、账簿、报表以及其他有关的书面文件进行审核查

阅的方法。通过审阅,找出问题和疑点,作为审计线索,据以进一步确定审计的重点和审计程序。具体来说包括以下几个方面:

1)会计凭证的审阅。会计凭证包括原始凭证和记账凭证。会计凭证的审阅以审阅原始凭证为重点。

①原始凭证的审阅。审阅时主要应注意:有无涂改或伪造现象、记录的经济业务是否符合会计管理的要求和有关会计制度的规定、是否有业务负责人的签字等。在检查有关会计记录有无合法的原始凭证时,应重点查看书写是否整洁,有无涂改、刮擦等情况、各种冲销更正记录是否正常等。这些方面都极易出问题,故应特别注意审阅。

②记账凭证的审阅。审阅时主要应注意是否符合《企业会计准则》及国家统一会计制度的规定,将审阅过的原始凭证同记账凭证上的会计科目、明细科目、金额对照观察,看其是否如实反映,有无错误掩饰,记账凭证上编制、复核、记账、批准等签字是否齐全。

2)账簿的审阅。账簿包括总账、明细账、日记账和各种辅助账簿等,账簿的审阅以审阅明细账和日记账为重点。总账除具有与明细账、日记账核对的作用外,其本身一般发现不了问题,因为总账的登记依据,主要是各种记账凭证汇总表,它所反映的是汇总数字,不容易发现问题。

3)报表的审阅。审阅报表应以审阅资产负债表、损益表、现金流量表等为重点。审阅时应注意:会计报表的编制是否符合《企业会计准则》及国家统一会计制度的规定,会计报表的附注是否对应予以揭示的重大问题作了充分的披露,会计资料反映的经济活动是否真实、正常、合法和合理。这是审阅的实质内容。检查有关资料,不局限于对资料本身的评价,更主要的是要对资料反映的经济活动过程和结果作出评价。每项经济活动,都有一定的活动范围,若超出了这个范围,则该项活动可能是不真实、不合法和不合理的。

各报表中有关项目是否对应相符,资产总额与负债及所有者权益总额是否相符,固定资产净值是否等于固定资产原值减累计折旧的差额等。审阅表与表之间的有关项目是否一致。

4)其他记录的审阅。其他记录虽然不是会计资料的重要部分,但有时也可以从中发现一些问题,提供审计线索。

(2)核对法。核对法是指将书面资料的相关记录之间,或是书面资料的记录与实物之间,进行相互核对以验证其是否相符的一种查账技术方法。核对法亦是查账技术方法中,较为重要的技术方法。按照复式记账的原理核算的结果,资料之间会形成一种相互制约关系,若被审计单位的有关人员,存在无意的工作差错或是故意的舞弊行为,都会使形成的制约关系失去平衡。因此,通过对相关资料之间的相互核对,就能发现可能存在的种种问题。

核对法的应用要点:

①证证核对。证证核对是指会计凭证之间的核对。它是核对法最重要的环节。其工作量最大,过程也比较复杂。由于会计凭证有很多种类,所以证证核对,也就包括很多方面的内容,包括原始凭证与相关原始凭证、原始凭证同原始凭证汇总表、记账凭证同原始凭证以及记账凭

证同汇总凭证之间的核对,主要根据其所列要素,核对其内容、数量、日期、单价、金额、借贷方向等是否相符。

②账证核对。根据记账凭证或汇总记账凭证,核对总分类账、明细分类账,查明账证是否相符,应看其内容、日期、金额、科目名称、借贷方向等是否相符。一切账户都是根据会计凭证登记的。明细分类账根据记账凭证登记,总分类账大多根据凭证汇总登记彼此应当完全相符,所以会计账簿与会计凭证就发生了直接的对应关系。通过会计账簿与会计凭证二者核对,可发现并查证有无多记、少记、重记、漏记、错记等会计错弊。

③账账核对。账账核对是指将有关的账簿记录相互进行核对。主要核对总分类账期末余额与所属明细分类账期末余额之和是否相符,总分类账的本期发生额、期初余额与其所属明细分类账的本期发生额之和、期初余额之和是否分别相符,以及核对总分类账、明细分类账与日记账有关记录是否相符。进行账账核对,需将发生对应关系账簿中的业务逐笔逐项进行核对,不仅要核对金额、数量、日期、业务内容是否相符,还要核查分析共同反映的经济业务是否合理、合法、是否在表面相符的情况下隐藏着营私舞弊行为。

④账表核对。账表核对是将报表与有关的账簿记录相核对。核对总分类账、明细分类账与各报表的相关项目数据是否一致,查明账表是否相符。账表核对的重点是对账与表所反映的金额进行核对。通过账表核对,可以发现或查证账表不符或虽相符却不合理、不合法的会计错弊。

⑤表表核对。表表核对是指报表之间的核对。包括不同报表中具有勾稽关系项目的核对,如本期报表期初余额与上期报表期末余额核对,资产负债表中的"未分配利润"与利润分配表中的"未分配利润"项目核对等;还包括同一报表中有关项目的核对,如核对资产负债资产总额与负债、所有者权益数之和是否一致等。表表核对的重点是核对本期报表与上期报表之间有关项目是否相符,如资产负债表的年初数是否根据上年决算批准后的期末数填列,二者数额是否相符;核对静态报表与动态报表之间有关项目是否相符,如资产负债表中流动负债的未付利润数额是否与利润分配表中可分配利润的应付利润数额相符,资产负债表中所有者权益的未分配利润数额是否与利润分配表中未分配利润数额相符;核对主表与附表的有关项目是否相符,如利润表中的主营业务收入、主营业务税金及附加等项目的数额是否与"主营业务利润"明细表中的主营业务收入、主营业务税金及附加等项目的数额相符。

(3)复算法。复算法又称验算法,它是指对会计凭证、账簿和报表中某些数据进行验算或重新计算,以验证其是否正确无误的一种方法。被审计单位的很多会计数据,都是通过运算得到的,所以虽然复算工作机械、繁琐,但却对验证报表重要项目的数据真实性起到了非常重要的作用。

审计时需要复算的内容很多,主要有两个方面:会计数据和其他数据。

①会计数据。会计数据主要包括凭证中数量单价的积数、小计和合计数;账簿中的小计、合计、累计数;报表中的合计、总计数;账簿中过次页、承前页的数字;有关项目数据的计算等。

②其他数据。其他数据主要是对提供会计核算的一些重要指标的验算,如工作时间的复核,生产任务完成情况的复核等。必要时,还应对有关预测、决策数据进行复核。

复算法虽然是一种较为简单的技术方法,但要取得良好的效果,必须善于抓住重点,找准关键的数据,小心谨慎,反复验算,决不可自信和轻信。

(4)分析性复核。分析性复核又称比较分析法。分析性复核是指通过对被审单位财务信息与前期可比信息、预计结果、类似行业信息等的比较,研究财务信息要素之间、财务与非财务信息之间可能存在的关系来评价财务信息。

分析性复核,关键是分析和复核(或比较),通俗地理解,分析性复核是对被审计单位重要的财务比率或趋势进行的分析,包括调查异常变动以及这些重要比率或趋势与预期数额和相关信息的差异,以发现存在的不合理因素,并以此确定审计重点,控制审计风险,提高工作效率,保证审计质量。在现代审计中,分析性复核将以其不可忽视的地位发挥着越来越重要的作用。

分析性复核常用的方法有绝对数的比较分析和相对数的比较分析两种方法。

①绝对数的比较分析是通过某一会计报表项目与其既定标准的比较,判断其差额的程度是否在正常合理范围,来获取审计证据的一种方法。绝对数比较分析中的既定标准,可以是本期的计划数、预算数或审计人员的计算结果,也可以是本期的同业标准。在绝对数的比较分析中,若发现可疑之处,则应扩大审查范围,证实存在差错或舞弊现象。

②相对数的比较分析是通过对会计报表中的某一项目同与其相关的另一项目相比所得的值与既定的标准进行比较分析,来获取审计证据的一种方法。相对数的比较分析通常主要是对被审计单位一些财务比率指标的比较分析。审计人员应结合被审计单位所处的行业背景、生产规模和经济环境等具体因素,判断所得的各项比率指标是否出现异常,并分析其产生的原因,决定是否有扩大相应审查范围的必要。

2. 证实客观事物的方法

(1)盘点法。盘点法就是运用度、量、衡等工具,通过点数,逐一确定被清查实物实有数的一种方法。这种方法适应范围较广,大多数财产物资都可采取这种方法。盘点的物资包括:现金、有价证券、原材料、在产品、库存商品或产成品、固定资产、低值易耗品、包装物和其他有形资产。

按具体做法不同,盘点法一般可分为直接盘点和监督盘点两种方法。

①直接盘点法是指审计人员直接对实物资产进行盘点的方法。盘点时必须有经办人员和主管负责人在场,以明确责任。盘点后应填写盘点记录,由有关人员共同签字。至于其他财产物资,由于一般数量较多,审计人员不可能亲自一一点清,一般应由经办人员清点,由审计人员抽查。

②监督盘点法是指审计人员在现场监督,由被审计单位的有关人员进行盘点,以证实书面资料同实物是否相符的审计方法。一般适用于数量较多的实物,如固定资产、材料、在产品、产

成品和其他财产物资等的盘点。审计人员除监督盘点外,还应抽查其中一部分物资,抽查比例应根据具体情况确定,一般为10%。如果发现问题较大,可以扩大抽查面,必要时还可以要求重新盘点。盘点结束,审计人员应会同被审计单位有关人员编制盘点清单,并根据盘点的短缺数,调整账面记录。盘点清单即作为审计报告的附件。审计人员监盘实物资产时,应对其质量及所有权予以关注。

盘点法还可以分为突击盘点和通知盘点。突击盘点是指事先不通知被审计单位,突然提出对某项资产进行盘点的方法。通知盘点是指事先通知被审计单位,由被审计单位协助对盘点事项进行周密规划的盘点方法。前者一般只适用于对现金、有价证券等的盘点;对其他实物资产的盘点一般采用通知盘点。

(2)调节法。调节法是以一定时点的数据为基础,结合因已经发生的正常业务而应增应减的因素,将其调节为所需要的数据,从而验证被查事项是否正确的方法。

调节法通常用来审查银行存款和存货的结存情况。根据所要证实的情况,调节法分为两种:

①未达账项调节。由于有些经济业务虽已发生,但尚未到达被审计单位或有关单位,因而被审计单位账面资料同有关单位寄来的资料不符,需要调节,使这些未达账目计入账内,并核查是否确属被审计单位占有。

如被审计单位已经编制调节表,查账人员可用核对法加以证实;如被审计单位尚未编制调节表,则可由查账人员利用调节法予以编制。例如编表时,应先取得银行寄来的对账单,并核对银行存款日记账,双方未注明核对符合的账目,在一般情况下属于"未达账",即双方已经发生的经济业务,由于入账时间的差异而使一方尚未获悉入账的账目。编制银行存款调节表时,主要是从调节表中计算被审计单位和银行双方余额计入应调节的未达账后,其余额是该日银行存款的真实余额。如两者相符,说明双方记账无误。如不符,说明一方或双方有问题,特别是被审计单位的错误,必须用审阅查询法,深入追查错弊情节,并予以纠正。双方调节后余额的算式如下:

企业存款应存额=企业存款日记账余额+银行已收被审计单位尚未接到通知因而尚未入账的款项(如存款利息等)-银行已付被审计单位尚未入账款项(如已付公用企业托收水电费等)

银行存款应存额=银行对账单余额+被审计单位已经送存因过银行所定入账间而银行尚未入账款项(如存入支票)-被审计单位已经发出支票银行尚未收到兑付的款项(如已开转账支票)

②财产物资调节。由于盘点日往往迟于结账日,因而必须将盘点日数据调节为结账日数据,以求核实查账目标是否确实占有。计算公式:

结账日存量=盘点日存量+结账日至盘点日发出量-结账日至盘点日收入量

以上算式,即从盘点日存量追溯到结账日存量。但应用这个调节算式前,必须将结账日后至盘点日止期间的收发业务经过审阅和核对。

调节后结账日存量如同该对账面存量相符,即以盘点日存量推论结账日存量。如账实相符,确系占有。如不符,应再采用审阅核对、查询等查账方法,进行核实。

(3)查询法。查询法又称"侧面查法",是指查账人员对审查过程中发现的疑点和问题,通过调查和询问被审计单位内外有关人员,了解书面资料未能详尽提供的信息以及书面资料本身存在的问题,弄清事实真相,取得审查证据的一种方法。查询法可分为面询和函询两种。

①面询法。面询法是由审计人员向被审计单位有关人员当面征询意见、核实情况的一种查账方法。可以是面谈,由审计人员做记录,也可以是书面回答。对于面询结果,审计人员和被询问人员均应在询问记录上签字盖章,明确责任以保证证据的可靠有效。

②函询法。函询法是指审计人员根据审计的具体需要,设计出已定格式的函件寄给有关单位和人员,根据对方的回答来获取有关资料,或对某些问题予以证实的一种查询方法。

(4)观察法。观察法是指审计人员深入现场进行实地观看的方法。由于有些书面资料容易造成假象,必须深入现场亲自观察才能查明真相。现代审计的特点之一就是把审计程序建立在内部控制制度的评审基础上,具有一定的科学性,但有些单位只是把制度写在书面上并不认真执行,形同虚设,审计人员只有经过现场的评审,采用调查表或流程图加以描述,才能证实其是否如实执行。

(5)技术鉴定法。技术鉴定法是对带有技术性的审计对象进行鉴定和识别的方法,许多项目如机器的性能、产品的质量、基建工程方案可行性的评价、某些专案审计中有关作案手段的判别、电算化会计系统的审查等不是一般的审计人员通过一般的审计方法就能取得证据的,往往需要技术人员协同审计人员共同进行审计。

第三节　审计抽样

一、审计抽样的概述

(一)审计抽样概念

审计抽样是指注册会计师对某类交易或账户余额中低于百分之百的项目实施审计程序,使所有抽样单元都有被选取的机会。审计抽样使注册会计师能够获取和评价与被选取项目的某些特征有关的审计证据,以形成或帮助形成对从中抽取样本的总体的结论。其中,抽样单元是指构成总体的个体项目;总体是指注册会计师从中选取样本并据此得出结论的整套数据。总体可分为多个层或子总体。每一层或子总体可予以分别检查。

(二)审计抽样基本特征

审计抽样应当具备三个基本特征:

①对某类交易或账户余额中低于百分之百的项目实施审计程序;
②所有抽样单元都有被选取的机会;
③审计测试的目的是为了评价该账户余额或交易类型的某一特征。

注册会计师通常知道某些账户余额和交易类型更可能发生错报,并在计划审计程序时加以考虑。对于这些账户余额或交易类型,注册会计师可以使用选取全部项目或选取特定项目的方法。但对于为实现审计目标需要进行测试的其他账户余额或交易类型,注册会计师通常缺乏特别的了解。在这种情形下,审计抽样特别有用。随着被审计单位的规模和经营复杂程度不断增加,为了控制审计技术、提高审计效率和保证审计效果,注册会计师在审计业务中使用审计抽样愈加普遍。

(三)注册会计师获取审计证据时可能使用三种目的的审计程序

注册会计师拟实施的审计程序将对运用审计抽样产生重大影响,有些审计程序可以使用审计抽样,有些审计程序则不宜使用审计抽样。

1. 风险评估程序

风险评估程序通常不涉及使用审计抽样和其他选取测试项目的方法。但如果注册会计师在了解控制的设计和确定其是否得到执行时,同时计划和实施控制测试,则会涉及审计抽样和其他选取测试项目的方法。

2. 控制测试

当控制的运行留下轨迹时,注册会计师可以考虑使用审计抽样和其他选取测试项目的方法实施控制测试。对这些未留下运行轨迹的控制实施测试时,注册会计师应当考虑实施询问、观察等审计程序,以获取有关控制运行有效性的审计证据,此时不涉及审计抽样和其他选取测试项目的方法。

3. 实质性程序

实质性程序包括对各类交易、账户余额、列报的实质性测试,以及实质性分析程序;在实施实质性测试时,注册会计师可以使用审计抽样和其他选取测试项目的方法获取审计证据,以验证有关财务报表金额的一项或多项认定(如应收账款的存在性),或对某些金额作出独立估计(如陈旧存货的价值)。在实施实质性分析程序时,注册会计师不宜使用审计抽样和其他选取测试项目的方法。

选取测试项目旨在帮助注册会计师确定实施审计程序的范围。审计程序的范围是指实施审计程序的数量,包括抽取的样本量,对某项控制活动的观察次数等。注册会计师可以根据具体情况,单独或综合使用选取测试项目的方法,但所使用的方法应当能够有效地提供充分、适当的审计证据,以实现审计程序的目标。在确定适当的选取测试项目的方法时,注册会计师应当考虑与所测试认定有关的重大错报风险和审计效率。

二、审计抽样的种类

1. 按照审计抽样决策的依据分类

审计抽样决策的依据可分为统计抽样和非统计抽样。

在对某类交易或账户余额使用审计抽样时,注册会计师可以使用统计抽样方法,也可以使用非统计抽样方法。统计抽样是指同时具备下列特征的抽样方法:

(1)随机选取样本;

(2)运用概率论评价样本结果,包括计量抽样风险。

统计抽样的样本必须具有这两个特征,不同时具备上述两个特征的抽样方法为非统计抽样。一方面,即使注册会计师严格按照随机原则选取样本,如果没有对样本结果进行统计评估,就不能认为使用了统计抽样。另一方面,基于非随机选样的统计评估也是无效的。

注册会计师应当根据具体情况并运用职业判断,确定使用统计抽样或非统计抽样方法,以最有效率地获取审计证据。例如,在控制测试中,与仅仅对偏差的发生进行定量分析相比,对偏差的性质和原因进行定性分析通常更为重要。在这种情况下,使用非统计抽样可能更为适当。

注册会计师在统计抽样与非统计抽样方法之间进行选择时主要考虑成本效益。统计抽样的优点在于能够客观地计量抽样风险,并通过调整样本规模精确地控制风险,这是与非统计抽样最重要的区别。另外,统计抽样还有助于注册会计师高效地设计样本,计量所获取证据的充分性,以及定量评价样本结果。但统计抽样又可能发生额外的成本。首先,统计抽样需要特殊的专业技能,因此,使用统计抽样需要增加额外的支出来培训注册会计师。其次,统计抽样要求单个样本项目符合统计要求,这些也可能需要支出额外的费用。非统计抽样如果设计适当,也能提供与设计适当的统计抽样方法同样有效的结果。注册会计师使用非统计抽样时,必须考虑抽样风险并将其降至可接受水平,但不能精确地测定出抽样风险。

不管统计抽样还是非统计抽样,两种方法都要求注册会计师在设计、实施抽样和评价样本时运用职业判断。另外,使用的抽样方法通常也不影响对选取的样本项目实施的审计程序。

2. 按照审计抽样总体特征分类

按照审计抽样总体特征不同可分为属性抽样和变量抽样

(1)属性抽样。属性抽样是一种用来对总体中某一事件发生率得出结论的统计抽样方法。属性抽样在审计中最常用的用途是测试某一控制的偏差率,以支持注册会计师评估的控制有效性。在属性抽样中,设定控制的每一次发生或偏离都被赋予同样的权重,而不管交易金额的大小。

(2)变量抽样。变量抽样是一种用来对总体金额得出结论的统计抽样方法。变量抽样通常回答下列问题:金额是多少?账户是否存在错报?变量抽样在审计中的主要用途是进行实质性测试,以确定记录金额是否合理。

三、抽样风险和非抽样风险

在获取审计证据时,注册会计师应当运用职业判断,评估重大错报风险,并设计进一步审计程序,以确保将审计风险降至可接受的低水平。使用审计抽样时,审计风险可能受到抽样风险和非抽样风险的影响。

（一）抽样风险

抽样风险是指注册会计师根据样本得出的结论,与对总体全部项目实施与样本同样的审计程序得出的结论存在差异的可能性。

抽样风险分为下列两种类型：

（1）在实施控制测试时,注册会计师推断的控制有效性高于其实际有效性的风险；或在实施实质性测试时,注册会计师推断某一重大错报不存在而实际上存在的风险。此类风险影响审计的效果,并可能导致注册会计师发表不恰当的审计意见。

（2）在实施控制测试时,注册会计师推断的控制有效性低于其实际有效性的风险；或在实施实质测试时,注册会计师推断某一重大错报存在而实际上不存在的风险。此类风险影响审计的效率。

也就是说,无论在控制测试还是在实质测试中,抽样风险都可以分为两种类型：一类是影响审计效果的抽样风险,另一类是影响审计效率的抽样风险。但在控制测试和实质测试中,这两类抽样风险的表现形式有所不同。

在实施控制测试时,注册会计师要关注的两类抽样风险是信赖过度风险和信赖不足风险。信赖过度风险是指推断的控制有效性高于其实际有效性的风险。信赖过度风险与审计的效果有关。如果注册会计师评估的控制有效性高于其实际有效性,从而导致评估的重大错报风险水平偏低,注册会计师可能不适当地减少从实质性程序中获取的证据,因此,审计的有效性下降。对于注册会计师而言,信赖过度风险更容易导致注册会计师发表不恰当的审计意见,因而更应予以关注。相反,信赖不足风险是指推断的控制有效性低于其实际有效性的风险。信赖不足风险与审计的效率有关。当注册会计师评估的控制有效性低于其实际有效性时,评估的重大错报风险水平偏高。为了弥补注册会计师根据评估的控制有效性而对重大错报风险评估的高水平,注册会计师可能会增加不必要的实质性程序。在这种情况下,审计效率可能降低。

在实施细节测试时,注册会计师也要关注两类抽样风险：误受风险和误拒风险。误受风险是指注册会计师推断某一重大错报不存在而实际上存在的风险。如果账面金额实际上存在重大错报而注册会计师认为其没有存在重大错报,注册会计师通常会停止对该账面金额继续进行测试,并根据样本结果得出账面金额无重大错报的结论。与信赖过度风险类似,误受风险影响审计效果,容易导致注册会计师发表不恰当的审计意见,因此,注册会计师更应予以关注。误拒风险是指注册会计师推断某一重大错报存在而实际上不存在的风险。与信赖不足风险类似,误拒风险影响审计效率。如果账面金额不存在重大错报而注册会计师认为其存在重大错报,注册会计师会扩大细节测试的范围并考虑获取其他审计证据,最终注册会计师会得出恰当的结论。在这种情况下,审计效率可能降低。

只要使用了审计抽样,抽样风险就总会存在。在使用统计抽样时,注册会计师可以准确地计量和控制抽样风险。在使用非统计抽样时,注册会计师无法量化抽样风险,只能根据职业判断对其进行定性的评价和控制。对特定样本而言,抽样风险与样本规模反方向变动:样本规模越小,抽样风险越大;样本规模越大,抽样风险越小。既然抽样风险只与被检查项目的数量有关,那么控制抽样风险的唯一途径就是控制样本规模。无论是控制测试还是实质性测试,注册会计师都可以通过扩大样本规模降低抽样风险。如果对总体中的所有项目都实施检查,就不存在抽样风险,此时审计风险完全由非抽样风险产生。

(二)非抽样风险

非抽样风险是指由于某些与样本规模无关的因素而导致注册会计师得出错误结论的可能性。非抽样风险包括审计风险中不是由抽样所导致的所有风险。注册会计师即使对某类交易或账户余额的所有项目实施某种审计程序,也可能仍未能发现重大错报或控制失效。

在审计过程中,可能导致非抽样风险的原因包括下列情况:

(1)注册会计师选择的总体不适合于测试目标。

(2)注册会计师未能适当地定义控制偏差或错报,导致注册会计师未能发现样本中存在的偏差或错报。

(3)注册会计师选择了不适于实现特定目标的审计程序。例如,注册会计师依赖应收账款函证来揭露未入账的应收账款。

(4)注册会计师未能适当地评价审计发现的情况。例如,注册会计师错误解读审计证据导致没有发现误差;对所发现误差的重要性的判断有误,从而忽略了性质十分重要的误差,也可能导致得出不恰当的结论。

(5)其他原因。非抽样风险是由人为错误造成的,因而可以降低、消除或防范。虽然在任何一种抽样方法中,注册会计师都不能量化非抽样风险,但通过采取适当的质量控制政策和程序,对审计工作进行适当的指导、监督与复核,以及对注册会计师实务的适当改进,可以将非抽样风险降至可以接受的水平。注册会计师也可以通过仔细设计审计程序尽量降低非抽样风险。如果可以从两种审计程序中加以选择,且两种程序均以大致相同的成本提供相同程度的保证,注册会计师应选择非抽样风险水平较低的程序。

四、审计抽样的步骤

注册会计师在控制测试和实质性测试中使用审计抽样方法,要分为三个阶段进行:第一阶段是样本设计阶段,旨在根据测试的目标和抽样总体,制定选取样本的计划。第二阶段是选取样本阶段,旨在按照适当的方法从相应的抽样总体中选取所需的样本。第三阶段是评价样本结果阶段,旨在根据对误差的性质和原因的分析,将样本结果推至总体,形成对总体的结论。

（一）样本设计

在设计审计样本时，注册会计师应当考虑审计程序的目标和抽样总体的属性。换言之，注册会计师首先应考虑拟实现的具体目标，并根据目标和总体的特点确定能够最好地实现该目标的审计程序组合，以及如何在实施审计程序时运用审计抽样。审计抽样中样本设计阶段的工作主要包括以下步骤：

1. 确定测试目标

审计抽样必须紧紧围绕审计测试的目标展开，因此，确定测试目标是样本设计阶段的第一项工作，一般而言，控制测试是为了获取关于某项控制的设计或运行是否有效的证据，而实质性测试的目的是确定某类交易或账户余额的金额是否正确，以提供与存在的错报有关的证据。

2. 定义总体与抽样单元

（1）总体。在实施抽样之前，注册会计师必须仔细定义总体，确定抽样总体的范围。总体可以包括构成某类交易或账户余额的所有项目，也可以只包括某类交易或账户余额中的部分项目。例如，如果应收账款中没有个别重大项目，注册会计师直接对应收账款账面余额进行抽样，则总体包括构成应收账款期末余额的所有项目。如果注册会计师已使用选取特定项目的方法将应收账款中的个别重大项目挑选出来单独测试，只对剩余的应收账款余额进行抽样，则总体只包括构成应收账款期末余额的部分项目。

注册会计师通常从代表总体的实物中选取样本项目。例如，如果注册会计师将总体定义为特定日期的所有应收账款余额，代表总体的实物就是打印的该日客户应收账款余额明细表。又如，如果总体是某一测试期间的销售收入，代表总体的实物就可能是记录在销售日记账中的销售交易，也可能是销售发票。由于注册会计师实际上是从该实物中选取样本，所有根据样本得出的结论只与该实物有关。如果代表总体的实物和总体不一致，注册会计师可能对总体做出错误的结论。因此，注册会计师必须详细了解代表总体的实物，确定代表总体的实物是否包括整个总体。注册会计师通常通过加总或计算来完成这一工作。例如，注册会计师可将发票金额总数与已记入总账的销售收入金额总数进行核对。如果注册会计师将选择的实物和总体比较之后，认为代表总体的实物遗漏了应包含在最终评价中的总体项目，注册会计师应选择新的实物，或对被排除在实物之外的项目实施替代程序。

（2）抽样单元。在定义抽样单元时，注册会计师应当使其与审计测试的目标保持一致。注册会计师在定义总体时通常都指明了适当的抽样单元。在控制测试中，抽样单元通常是能够提供控制运行证据的资料；而在实质测试中，抽样单元可能是一个账户余额、一笔交易或交易中的一项记录，甚至为每个货币单位。

（3）分层。如果总体项目存在重大的变异性，注册会计师应当考虑分层。分层是指将一个总体划分为多个子总体的过程，每个子总体由一组具有相同特征（通常为货币金额）的抽样单元组成。分层可以降低每一层中项目的变异性，从而在抽样风险没有成比例增加的前提下减小样本规模。注册会计师可以考虑将总体分为若干个离散的具有识别特征的子总体（层），以提高审计效率。注册会计师应当仔细界定子总体,以使每一抽样单元只能属于一个层。

当实施实质测试时,注册会计师通常按照货币金额对某类交易或账户余额进行分层,以将更多的审计资源投入到大额项目中。例如,在对被审计单位的财务报表进行审计时,为了函证应收账款,注册会计师可以将应收账款账户按其金额大小分为三层,即账户金额分别在 10 000 元以上的、5 000 元~10 000 元的、5 000 元以下的。然后,根据各层的重要性分别采取不同的选样方法。对于金额在 10 000 元以上的应收账款账户,应进行全部函证;对其余应收账款账户,则可采用适当的选样方法选取进行函证的样本。注册会计师也可以按照显示较高误差风险的某一特定特征对总体进行分层。例如,在测试应收账款坏账准备时,余额可以根据账龄分层。

对某一层中的样本项目实施审计程序的结果,只能用于推断构成该层的项目。如果对整个总体作出结论,注册会计师应当考虑与构成总体的其他层有关的重大错报风险。

3. 定义误差构成条件

注册会计师必须事先准确定义构成误差的条件,否则,执行审计程序时就没有识别误差的标准。在控制测试中,误差是指控制偏差。注册会计师应仔细定义所要测试的控制及可能出现偏差的情况;在实质性测试中,误差是指错报,注册会计师要确定什么情形构成错报。

注册会计师在定义误差构成条件时要考虑审计程序的目标。清楚地了解误差构成条件,对于确保在推断误差时仅将所有与审计目标相关的条件包括在内至关重要。例如,在对应收账款存在性的实质测试中(如函证),客户在函证日之前支付、被审计单位在函证日之后不久收到的款项不构成误差。而且,被审计单位在不同客户之间误登明细账并不影响应收账款账户的总额。因此,即使该情况可能对审计的其他方面(如对舞弊的可能性或坏账准备的适当性的评估)产生重要影响,在评价该程序的样本结果时将其判定为误差是不适当的。

(二)选取样本

1. 确定样本规模

样本规模是指从总体中选取样本项目的数量。在审计抽样中,如果样本规模过小,就不能反映出总体的特征,注册会计师就无法获取充分的审计证据,其审计结论的可靠性就会大打折扣,甚至可能得出错误的审计结论;相反,如果样本规模过大,则会增加审计工作量,造成不必要的时间和人力的浪费,降低审计效率,失去审计抽样的意义。在确定样本规模时,注册会计师应当考虑能否将抽样风险降至可接受的低水平。影响样本规模的因素包括:

注册会计师确定样本规模受到多种因素的影响,且在控制测试和实质测试中有所不同。

(1)可接受的抽样风险。样本规模受注册会计师可接受的抽样风险水平的影响;可接受的风险水平越低,需要的样本规模越大。注册会计师愿意接受的信赖过度风险越高,样本规模越小。

(2)可容忍误差。可容忍误差是指注册会计师能够容忍的最大误差。在其他因素既定的条件下,可容忍误差越大,所需的样本规模越小。

(3)预计总体误差。预计总体误差即注册会计师预期在审计过程中发现的误差。在控制测试中,预计总体误差是指预计总体偏差率。预计总体误差越大,可容忍误差也越大。在既定的可容忍误差下,当预计总体误差增加时,所需的样本规模更大。

(4)总体变异性。总体变异性是指总体的某一特征(如金额)在各项目之间的差异程度。在控制测试中,注册会计师在确定样本规模时一般不考虑总体变异性。在实质性测试中,注册会计师确定适当的样本规模时要考虑特征的变异性。总体项目的变异性越低,通常样本规模越小。注册会计师可以通过分层,将总体分为相对同质的组,以尽可能降低每一组中变异性的影响,从而减小样本规模。未分层总体具有高度变异性,其样本规模通常很大。最有效率的方法是根据预期会降低变异性的总体项目特征进行分层。在实质性测试中,分层的依据通常包括项目的账面金额,与项目处理有关的控制的性质,或与特定项目(如更可能包含错报的那部分总体项目)有关的特殊考虑等。分组后的每一组总体被称为一层,每层分别独立选取样本。

(5)总体规模。除非总体非常小,一般而言总体规模对样本规模的影响几乎为零。注册会计师通常将抽样单元超过5 000个的总体视为大规模总体。对大规模总体而言,总体的实际容量对样本规模几乎没有影响。对小规模总体而言,审计抽样比其他选择测试项目的方法的效率低。

表5.1列示了审计抽样中影响样本规模的因素,并分别说明了这些影响因素在控制测试和实质测试中的表现形式。

表5.1 影响样本规模的因素

影响因素	控制测试	实质测试	与样本规模的关系
可接受的抽样风险	可接受的信赖过度风险	可接受的误受风险	反向变动
可容忍误差	可容忍偏差率	可容忍错报	反向变动
预计总体误差	预计总体偏差率	预计总体错报	同向变动
总体变异性	——	总体变异性	同向变动
总体规模	总体规模	总体规模	影响很小

使用统计抽样方法时,注册会计师必须对影响样本规模的因素进行量化,并利用根据统计公式开发的专门的计算机程序或专门的样本量表来确定样本规模。在非统计抽样中,注册会计师可以只对影响样本规模的因素进行定性的估计,并运用职业判断确定样本规模。

2. 选取样本

在选取样本项目时,注册会计师应当使总体中的所有抽样单元均有被选取的机会。这是审计抽样的基本特征之一。因此,不管使用统计抽样或非统计抽样方法,所有的审计抽样均要求注册会计师选取的样本对总体而言具有代表性。否则,就无法根据样本结果推断总体。

选取样本的基本方法,包括使用随机数表或计算机辅助审计技术选样、系统选样和随意选样。

(1)使用随机数表或计算机辅助审计技术选样。使用随机数表或计算机辅助审计技术选样又称随机数选样。使用随机数选样需以总体中的每一项目都有不同的编号为前提。注册会计师可以使用计算机生成的随机数,如电子表格、随机数码生成、通用审计软件等计算机程序产生的随机数,也可以使用随机数表获得所需的随机数。

(2)系统选样。系统选样也称等距选样,是指按照相同的间隔从审计对象总体中等距离地选取样本的一种选样方法。采用系统选样法,首先要计算选样间距,确定选样起点,然后再根据间距顺序地选取样本。选样间距的计算公式如下:

$$选样间距 = 总体规模 \div 样本规模$$

例如,如果销售发票的总体范围是 652~3 151,设定的样本量是 125,那么选样间距为 20[(3 152-652)÷125]。注册会计师必须从 0 到 19 中选取一个随机数作为抽样起点。如果随机选择的数码是 9,那么第一个样本项目是发票号码为 661(652+9)的那一张,其余的 124 个项目是 681(661+20),701(681+20),…,依此类推直至第 3 141 号。

系统选样方法的主要优点是使用方便,比其他选样方法节省时间,并可用于无限总体。此外,使用这种方法时,对总体中的项目不需要编号,注册会计师只要简单数出每一个间距即可。但是,使用系统选样方法要求总体必须是随机排列的,否则容易发生较大的偏差,造成非随机的、不具代表性的样本。如果测试项目的特征在总体内的分布具有某种规律性,则选择的样本的代表性就可能较差。例如,应收账款明细表每页的记录均以账龄的长短按先后次序排列,则选中的 200 个样本可能多数是账龄相同的记录。

为克服系统选样法的这一缺点,可采用两种办法,一是增加随机起点的个数;二是在确定选样方法之前对总体特征的分布进行观察。如发现总体特征的分布呈随机分布,则采用系统选样法;否则,可考虑使用其他选样方法。

系统选样可以在非统计抽样中使用,在总体随机分布时也可适用于统计抽样。

(3)随意选样。随意选样也叫任意选样,是指注册会计师不带任何偏见地选取样本,即注册会计师不考虑样本项目的性质、大小、外观、位置或其他特征而选取总体项目。随意选样的主要缺点在于很难完全无偏见地选取样本项目,即这种方法难以彻底排除注册会计师的个人偏好对选取样本的影响,因而很可能使样本失去代表性。由于文化背景和所受训练等的不同,每个注册会计师都可能无意识地带有某种偏好。例如,从发票柜中取发票时,某些注册会计师可能倾向于抽取柜子中间位置的发票,这样就会使柜子上面部分和下面部分的发票缺乏相等的选取机会。因此,在运用随意选样方法时,注册会计师要避免由于项目性质、大小、外观和位置等的不同所引起的偏见,尽量使所选取的样本具有代表性。

三种基本方法均可选出代表性样本。但随机数选样和系统选样属于随机基础选样方法,即对总体的所有项目按随机规则选取样本,因而可以在统计抽样中使用,当然也可以在非统计抽样中使用。而随意选样虽然也可以选出代表性样本,但它属于非随机基础选样方法,因而不能在统计抽样中使用,只能在非统计抽样中使用。

3.对样本实施审计程序

注册会计师应当针对选取的每个项目,实施适合于具体审计目标的审计程序。对选取的样本项目实施审计程序旨在发现并记录样本中存在的误差。

如果选取的项目不适合实施审计程序，注册会计师通常使用替代项目。例如，注册会计师在测试付款是否得到授权时选取的付款单据中可能包括一个空白的付款单。如果注册会计师确信该空白付款单是合理的且不构成误差，可以适当选择一个替代项目进行检查。

如果因凭证缺失等原因导致注册会计师无法对所选取的项目实施已设计的审计程序，且不能针对该项目实施适当的替代审计程序，注册会计师通常考虑将该项目视作误差。

注册会计师通常对每一样本项目实施适合于特定审计目标的审计程序。有时，注册会计师可能无法对选取的抽样单元实施计划的审计程序（如由于原始单据丢失等原因）。注册会计师对未检查项目的处理取决于未检查项目对评价样本结果的影响。如果注册会计师对样本结果的评价不会因为未检查项目可能存在错报而改变，就不需对这些项目进行检查。如果未检查项目可能存在的错报会导致该类交易或账户余额存在重大错报，注册会计师就要考虑实施替代程序，为形成结论提供充分的证据。例如，对应收账款的积极式函证没有收到回函时，注册会计师必须审查期后收款的情况，以证实应收账款的余额。注册会计师也要考虑无法对这些项目实施检查的原因是否影响计划的重大错报风险评估水平或对舞弊风险的评估。如果注册会计师无法或者没有执行替代审计程序，则应将该项目视为一项误差。

（三）评价样本结果

1. 分析样本误差

注册会计师应当考虑样本的结果、已识别的所有误差的性质和原因，及其对具体审计目标和审计的其他方面可能产生的影响。

无论是统计抽样还是非统计抽样，对样本结果的定性评估和定量评估一样重要。即使样本的统计评价结果在可以接受的范围内，注册会计师也应对样本中的所有误差（包括控制测试中的控制偏差和实质测试中的金额错报）进行定性分析。

2. 推断总体误差

在实施控制测试时，由于样本的误差率就是整个总体的推断误差率，注册会计师无需推断总体误差率。

在控制测试中，注册会计师将样本中发现的偏差数量除以样本规模，就计算出样本偏差率。无论使用统计抽样或非统计抽样方法，样本偏差率都是注册会计师对总体偏差率的最佳估计，但注册会计师必须考虑抽样风险。

当实施实质测试时，注册会计师应当根据样本中发现的误差金额推断总体误差金额，并考虑推断误差对特定审计目标及审计的其他方面的影响。

3. 形成审计结论

注册会计师应当评价样本结果，以确定对总体相关特征的评估是否得到证实或需要修正。

五、审计抽样在控制测试中的应用

(一)在控制测试中影响样本规模的因素

1. 可接受的信赖过度风险

在实施控制测试时,注册会计师主要关注抽样风险中的信赖过度风险。可接受的信赖过度风险与样本规模反向变动。控制测试中选取样本旨在提供关于控制运行有效性的证据。由于控制测试是控制是否有效运行的主要证据来源,因此,可接受的信赖过度风险应确定在相对较低的水平上(通常,是指5%~10%的信赖过度风险)。在实务中,一般的测试是将信赖过度风险确定为10%,特别重要的测试则可以将信赖过度风险确定为5%。注册会计师通常对所有控制测试确定一个统一的可接受信赖过度风险水平,然后对每一测试根据计划的重大错报风险评估水平和控制有效性分别确定其可容忍偏差率。

2. 可容忍偏差率

可容忍偏差率是指注册会计师在不改变其计划评估的控制有效性,从而不改变其计划评估的重大错报风险水平的前提下,愿意接受的对于设定控制的最大偏差率。可容忍偏差率与样本规模反向变动。在确定可容忍偏差率时,注册会计师应考虑计划评估的控制有效性。计划评估的控制有效性越低,注册会计师确定的可容忍偏差率通常越高,所需的样本规模就越小。一个很高的可容忍偏差率通常意味着,控制的运行不会大大降低相关实质性测试的程度。在这种情况下,由于注册会计师预期控制运行的有效性很低,特定的控制测试可能不需进行。反之,如果注册会计师在评估认定层次重大错报风险时预期控制的运行是有效的,注册会计师必须实施控制测试。换言之,注册会计师在风险评估时越依赖控制运行的有效性,确定的可容忍偏差率越低,进行控制测试的范围越大,因而样本规模增加。

在实务中,注册会计师通常认为,当偏差率为3%~7%时,控制有效性的估计水平较高;可容忍偏差率最高为20%,偏差率超过20%时,由于估计控制运行无效,注册会计师不需进行控制测试。当估计控制运行有效时,如果注册会计师确定的可容忍偏差率较高就被认为不恰当。

3. 预计总体偏差率

《中国注册会计师审计准则第1314号——审计抽样和其他选取测试项目的方法》第二十四条第二款规定,在实施控制测试时,注册会计师通常根据对相关控制的设计和执行情况的了解,或根据从总体中抽取少量项目进行检查的结果,对拟测试总体的预计误差率进行评估。注册会计师可以根据上年测试结果和控制环境等因素对预计总体偏差率进行估计。考虑上年测试结果时,应考虑被审计单位内部控制和人员的变化。在实务中,如果以前年度的审计结果无法取得或认为不可靠,注册会计师可以在抽样总体中选取一个较小的初始样本,以初始样本的偏差率作为预计总体偏差率的估计值。如果预计总体偏差率很高,意味着控制有效性很低,这时注册会计师应考虑不进行控制测试,而实施更多的实质性程序。

在使用统计抽样时,注册会计师应当对影响样本规模的因素进行量化。

（二）控制测试中常用的抽样方法

实施控制测试时，注册会计师可能使用统计抽样方法，也可能使用非统计抽样方法。注册会计师在统计抽样中通常使用的抽样方法有三种：固定样本量抽样、停走抽样和发现抽样。

1. 固定样本量抽样

固定样本量抽样，是注册会计师对一个确定规模的样本实施检查，且等到某一确定规模的样本全部选取、审查完以后，才作出审计结论的一种抽样方法。采用固定样本量抽样时，如果预计总体偏差率大大高于实际偏差率，其结果将是选取了过多的样本，降低了审计工作效率。

2. 停走抽样

停走抽样是固定样本量抽样的一种特殊形式。停走抽样从预计总体偏差率为零开始，通过边抽样边评估来完成审计工作。注册会计师先抽取一定量的样本进行审查，如果结果可以接受，就停止抽样，给出结论，如果结果不能接受，就扩大样本量继续审查，直至得出结论。

3. 发现抽样

发现抽样是固定样本量抽样的另一种特殊形式，与固定样本量抽样的不同之处在于发现抽样将预计总体偏差率直接定为零，并根据可接受信赖过度风险和可容忍偏差率一起确定样本量。在对选出的样本进行审查时，一旦发现一个偏差就立即停止抽样。如果在样本中没有发现偏差，则可以得出总体可以接受的结论。发现抽样适合于查找重大舞弊或非法行为。

六、在实质性测试中使用统计抽样

注册会计师在实质测试中使用的统计抽样方法主要包括传统的变量抽样法和概率比例规模抽样法。由于概率比例规模抽样法在实际中较少使用，下面主要介绍变量抽样法。

变量抽样主要包括三种具体的方法：均值估计抽样、差额估计抽样和比率估计抽样。每种方法推断总体错报的方法各不相同。

（一）均值估计抽样

均值估计抽样是指通过抽样审查确定样本的平均值，再根据样本平均值推断总体的平均值和总值的一种变量抽样方法。使用这种方法时，注册会计师先计算样本中所有项目审定金额的平均值，然后用这个样本平均值乘以总体规模，得出总体金额的估计值。总体估计金额和总体账面金额之间的差额就是推断的总体错报。例如，注册会计师从总体规模为1 000、账面金额为1 000 000元的存货项目中选择了200个项目作为样本。在确定了正确的采购价格并重新计算了价格与数量的乘积之后，注册会计师将200个样本项目的审定金额加总后除以200，确定样本项目的平均审定金额为980元。然后计算估计的存货余额为980 000元（980元×1 000）。推断的总体错报就是20 000元（1 000 000元-980 000元）。

（二）差额估计抽样

差额估计抽样是以样本实际金额与账面金额的平均差额来估计总体实际金额与账面金额

的平均差额,然后再以这个平均差额乘以总体规模,从而求出总体的实际金额与账面金额的差额(即总体错报)的一种方法。差额估计抽样的计算公式如下:

平均错报=样本实际金额与账面金额的差额÷样本规模

推断的总体错报=平均错报×总体规模

使用这种方法时,注册会计师先计算样本项目的平均错报,然后根据这个样本平均错报推断总体。例如,注册会计师从总体规模为 1 000 的存货项目中选取了 200 个项目进行检查。总体的账面金额总额为 1 040 000 元。注册会计师逐一比较 200 个样本项目的审定金额和账面金额并将账面金额(208 000 元)和审定金额(196 000 元)之间的差异加总,本例中为 12 000 元。12 000 元的差额除以样本项目个数 200,得到样本平均错报 60 元。然后注册会计师用这个平均错报乘以总体规模,计算出总体错报为 60 000 元(60 元×1 000)。

(三)比率估计抽样

比率估计抽样是指以样本的实际金额与账面金额之间的比率关系来估计总体实际金额与账面金额之间的比率关系,然后再以这个比率去乘总体的账面金额,从而求出估计的总体实际金额的一种抽样方法。比率估计抽样法的计算公式如下:

比率=样本审定金额÷样本账面金额

估计的总体实际金额=总体账面金额×比率

推断的总体错报=估计的总体实际金额-总体账面金额

如果上例中注册会计师使用比率估计抽样,样本审定金额合计与样本账面金额的比例为 0.94(196 000 元÷208 000 元)。注册会计师用总体的账面金额乘以该比例 0.94,得到估计的存货余额 977 600 元(1 040 000 元×0.94)。推断的总体错报则为 62 400 元(1 040 000 元-977 600 元)。

如果未对总体进行分层,注册会计师通常不使用均值估计抽样,因为此时所需的样本规模可能太大,以至于对一般的审计而言不符合成本效益原则。比率估计抽样和差额估计抽样都要求样本项目存在错报。如果样本项目的审定金额和账面金额之间没有差异,这两种方法使用的公式所隐含的机理就会导致错误的结论。如果注册会计师决定使用统计抽样,且预计只发现少量差异,就不应使用比率估计抽样和差额估计抽样,而考虑使用其他的替代方法,如均值估计抽样或概率比例规模抽样。

本章小结

审计程序是指审计工作从开始到结束的整个过程以及在该过程中各项具体工作的先后顺序、相互协调关系的总和,一般包括三个阶段,即准备阶段、实施阶段和终结阶段。注册会计师通过接受业务委托、计划审计工作、实施风险评估程序、实施控制测试和实质性程序、完成审计工作和编制审计报告等审计过程来实现审计目标。

审计方法是指审计人员在审计过程中,为收集审计证据,实现审计目标而采用的专门方法和措施的总称。审计方法分为审计的战略方法和审计的技术方法。

审计抽样是指注册会计师对某类交易或账户余额中低于百分之百的项目实施审计程序,使所有抽样单元都有被选取的机会。审计抽样决策的依据可分为统计抽样和非统计抽样。在获取审计证据时,注册会计师应当运用职业判断,评估重大错报风险,并设计进一步审计程序,以确保将审计风险降至可接受的低水平。使用审计抽样时,审计风险可能受到抽样风险和非抽样风险的影响。

【阅读资料】

2002年12月20日上午,震惊国内外的财务造假大案——银广夏特大虚假利润案终于在宁夏银川开庭审理。银广夏的利润神话始于1998年。当时,天津广夏(子公司)接到了来自德国诚信贸易公司的第一张订单。根据银广夏的公告,天津广夏在1999年度向德国诚信公司出口萃取产品达5 610万马克(约人民币2.2亿元),其年报显示当年每股盈利达到前所未有的0.51元,利润总额1.58亿元,其中76%来自于天津广夏。当年12月30日,股价为13.97元。2000年,天津广夏宣称他们向德国诚信公司出口萃取产品达1.8亿马克(约人民币7.2亿元),几乎囊括了银广夏的全部利润。当年利润增长200%以上,股价到2000年4月19日涨至35.83元。2001年3月,银广夏再次发布公告,称与德国诚信公司签订了连续三年总金额为60亿元的萃取产品订货协议。银广夏董事局主席张吉生曾预测,未来三年内每年业绩连续翻番"不成问题"。

然而,《财经》杂志在当时遍访业内专家,专家们普遍认为,一则以天津广夏萃取设备的产能,即使通宵达旦运作,也生产不出其所宣称的数量;二则天津广夏萃取产品出口价格高到近乎荒谬。《财经》杂志记者在天津海关查到了最关键的证据:天津广夏1999年出口额仅480万美元,2000年度更是仅有3万美元,且按照现行税法,天津广夏应向有关部门办理至少几千万的出口退税,而天津进出口退税分局证实,天津广夏从未办理过出口退税。

1998年至2001年问题暴露,其间至少要经历会计师事务所的三次年度审计,但三次审计却未能发现银广夏的巨大漏洞,相反,还出具了无保留意见审计报告。调查证实,签字注册会计师根本没有履行必要的审计程序,或已履行的审计程序存在重大缺陷:第一,对应收账款和出口产品收入未能执行有效的函证程序;第二,对生产成本和收入未能执行有效的分析性程序;第三,对不符合税法规定的异常增值税和所得税政策、收集到的真假两种海关报关单、不符合商业惯例的销售合同及重大不良资产未予以应有的关注;第四,未收集和审查重要法律文件;第五,未贯彻三级复核制度。因此,会计师事务所及签字注册会计师均受到严厉制裁。

(资料来源:《审计质量与审计诚信机制》)

复习思考题

1. 什么是审计程序?独立审计各阶段的主要审计程序有哪些?
2. 什么是审计方法?审计方法有哪些类别?
3. 列举审计的技术方法,如何理解其含义及适用范围?
4. 审计抽样的步骤有哪些?影响样本规模的因素有哪些?

第六章

Chapter 6

审计证据与审计工作底稿

【学习要点及目标】

知识目标:通过本章的学习,使学生了解审计证据含义和种类、审计工作底稿的格式与包含的要素、审计工作底稿的归档;理解审计证据的特征、审计工作底稿的含义和编制目的。

能力目标:掌握证据收集、鉴定、综合和运用的方法;学会编制审计工作底稿。

素质目标:培养学生关注细节和独立性等方面的素质。

【案例导入】

自1997年2月28日海南民源现代农业发展股份有限公司(以下简称"琼民源")宣布停牌一年半之后,"琼民源案"的一审判决终于也在1998年年末公之于众,原董事长马玉和及有关人员都受到相应的刑事及行政处罚。至此,"琼民源"公司案终于有了一个说法,正可谓天网恢恢,疏而不漏。

"琼民源"公司,1988年7月在海口注册成立。1992年9月,在全国证券交易自动报价(STAQ)系统中募集法人股3000万股,实收股本3000万元。1993年4月30日,以琼民源A股的名义在深圳上市,成为当时在深圳上市的5家异地企业之一。上市后的第二年,"琼民源"公司便开始走下坡路,经营业绩不佳,其股票无人问津,在1995年公布的年报中,"琼民源"每股收益不足1厘,年报公布日(1996年4月30日)其股价仅为3.65元。从1996年7月1日起,"琼民源"的股价以4.45元起步,在短短几个月内股价已窜升至20元,翻了数倍。在被某些无形之手悉心把玩之后,"琼民源"成了创造1996年中国股市神话中的一匹"大黑马"。

经过一番精心包装之后,1997年1月22日,琼民源公司率先公布1996年年报。年报赫然显示:"琼民源"1996年每股收益0.867元,净利润比去年同比增长1290.68倍,分配方案为每10股转送9.8股;年报一公布,"琼民源"股价便赫然飙升至26.18元;股市掀起了一阵不小的波动,有人为买入"琼民源"股票而欢呼,有人为错失良机而顿足,还有些人则报以疑惑——短短一年内有如此骄人的业绩,琼民源的利润从何而来？为了消除股民的疑惑,坚定投资者的信心,"琼民源"公司两次登报声明,进一步说明琼民源公司年报的正确性。而对"琼民源"年报进行审计的海南中华会计师事务所也公开站出来,在媒介上表示报表的真实性不容置疑。

公司和事务所的"声明"使股市得到暂时的平静。然而,经过1997年2月28日罕见的、巨大的成交量之后,证交所突然宣布:"琼民源"公司于3月1日起停牌。时至今日,"琼民源"仍未复牌,成为至今为止中国股市停牌时间最长者之一。

被"琼民源"股票牢牢套住的众多中小投资者经过一年多的等待,终于在1998年4月29日等来了中国证监会对"琼民源"一案的处理决定。中国证监会对琼民源公司、会计师事务所以及相关机构作出了行政处罚。1998年11月12日,北京市第一中级人民法院也对此案作出了一审判决,追究直接责任人的刑事责任。

对"琼民源"公司在短短一年的时间内有如此惊人的业绩,略有会计常识的人都会提出怀疑。

首先,巨额利润令人疑惑。"琼民源"公司报表显示,公司1996年利润总额和净利润分别较1995年增长848倍和1290倍。

其次,巨额资本公积令人疑惑。公司新增加的6.57亿的资本公积是从何而来的呢？年报在资本公积这一栏是这样写的:"资本公积金增加的原因可参阅对本期数与上期数比较超过30%的解释。"然而在第11项"对本期数与上期数比较变化"的解释中,却只字不提资本公积金。

尽管"琼民源"的有关人员在这一案件中难逃其责任,而作为对"琼民源"年报进行审计的海南中华会计师事务所和出具资产评估报告的海南大正会计师事务所同样负有不可推御的责任。因为,面对"琼民源"1996年年报中利润和资本公积如此大幅度的增加,具有审计专业知识的注册会计师自然应该引起足够的注意,保持应有的职业谨慎。但事实是,注册会计师不但没有这样做,相反,在众多投资者对资本公积、盈余公积、未分配利润等项目提出疑问的情况下,海南中华会计师事务所还站出来为"琼民源"公司辩护,声称"报表的真实性不容置疑"。可见,"琼民源"案会造成如此严重后果,很大程度与注册会计师的失职及某种意义上的推波助澜有关。

按照独立审计准则的规定,对财务报表进行审计时,除了采用一般的检查、盘点、函证等取证方法外,还遵循最常用的分析性复核程序。所谓分析性复核程序,是指通过对被审计单位会计报表重要项目的各种数据比较分析,来检查报表项目中有否反常现象。如果一旦出现异常变动情况,注册会计师就必须追踪审核,并掌握异常变动的根本原因及其证据。这是年报审计工作的基本常识。如果"琼民源"案中的注册会计师能够按照独立审计准则的这些要求,对有异常变动的"资本公积"、"未分配利润"等项目进行实质性测试,并取得能够说明异常变动原因的可靠证据,或者说认真检查资本公积增加的相关会计记录和原始凭证,审核对资产评估是否经有关部门批准,估价方法是否合规,然后再发表有关声明,就不会出现上述后果。

或许注册会计师会为自己开脱辩称,由于成本效益原则,注册会计师不可能对每一个项目都进行实质性测试。但我们说,这个理由是不成立的。因为独立审计具体准则第5号——审计证据》第12条写到:"注册会计师获取证据时,可以考虑成本效益原则,但对于重要审计项目,不应将审计成本的高低或获取审计证据的难易程度作为减少必要审计程序的理由。"因此,我们认为在"琼民源"一案中,注册会计师负有不可推卸的责任。证监会和中注协对相关的注册会计师事务所和个人均做出了严厉的处罚,证明了他们在工作中确实存在严重的过失与错误。

第一节 审计证据

审计凭证据"说话"。要实现审计目标,必须收集和评价审计证据。审计人员得出审计结论、支撑审计意见都是以合理的证据为基础。审计人员应当获取充分、适当的审计证据,以得出合理的审计结论,作为形成审计意见的基础。

一、审计证据的含义

审计证据是指审计人员为了得出审计结论、形成审计意见而使用的所有信息,包括财务报表依据的会计记录中含有的信息和其他信息。审计证据不仅是审计理论的一个重要组成部分,而且是审计工作的核心问题。

依据会计记录编制财务报表是被审计单位管理层的责任,审计人员应当测试会计记录以获取审计证据。财务报表依据的会计记录一般包括对初始分录的记录和支持性记录,如支票、电子资金转账记录、发票、合同、总账、明细账、记账凭证和未在记账凭证中反映的对财务报表的其他调整,以及支持成本分配、计算、调节和披露的手工计算表和电子数据表。上述会计记录是编制财务报表的基础,构成审计人员执行财务报表审计业务所需获取的审计证据的重要部分。

会计记录中含有的信息本身并不足以提供充分的审计证据作为对财务报表发表审计意见的基础,审计人员还应当获取用作审计证据的其他信息。可用做审计证据的其他信息包括:审计人员从被审计单位内部或外部获取的会计记录以外的信息,如被审计单位会议记录、内部控制手册、询证函的回函、分析师的报告、与竞争者的比较数据等;通过询问、观察和检查等审计程序获取的信息,如通过检查存货获取存货存在性的证据等;自身编制或获取的可以通过合理推断得出结论的信息,如审计人员编制的各种计算表、分析表等。

财务报表依据的会计记录中包含的信息和其他信息共同构成了审计证据,两者缺一不可。如果没有前者,审计工作将无法进行;如果没有后者,可能无法识别重大错报风险。只有将两者结合在一起,才能将审计风险降至可接受的低水平,为审计人员发表审计意见提供合理基础。

二、审计证据的种类

审计证据可以按照不同的标准进行分类,它可以按其外形特征、证明力、来源进行分类。

(一)审计证据按其外形特征分类

审计证据按照其外形特征,可分为实物证据、书面证据、口头证据和环境证据。

1. 实物证据

实物证据是指通过实地观察或盘点所取得的,用以确定某些实物资产是否确实存在的证据。例如,库存现金、有价证券、各种存货、固定资产可以通过监盘或实地观察证明其是否确实存在。实物证据通常是证明实物资产是否存在的最有说服力的证据,但是实物证据并不能完全证明该项实物资产的价值及其所有权的归属。就实物资产价值的确定而言,它主要取决于实物资产的质量,而实物资产的质量不能完全依据它的外形和状态来确认。就实物资产的所有权而言,也许审计人员在盘存清点的实物中还包括外单位寄存的实物、委托加工的实物、被审计单位经营性租入的设备、已售出待发运的商品。这些实物的所有权与被审计单位毫不相干。因此,实物证据不能证实资产价值和所有权的认定,可以说是它的一种局限性,这种局限性需要通过另行审计并取得其他形式的审计证据方可得以完善补充。

2. 书面证据

书面证据是指审计人员所获取的各种以书面文件形式存在的证据。它包括与审计有关的各种原始凭证、会计记录(记账凭证、会计账簿和各种明细表)、各种会议记录和文件、各种合同、通知书、报告书及函件等。书面证据是审计人员收集的数量最多、范围最广的一种证据。审计人员发表审计意见基本上以书面证据为基础。因此,书面证据是审计证据的主要组成部分,也可称之为基本证据。

书面证据比较容易从被审计单位获取,但也容易被篡改或伪造。因而,审计人员在大量收集有关的书面证据时,还要注意对书面证据进行认真细致的鉴定和分析,运用专业判断,辨别真伪,充分正确地利用书面证据。

3. 口头证据

口头证据是指被审计单位人员或其他人员对审计人员的提问所做的口头答复形成的一类证据。这类证据,一般可能会带有个人成见和片面观点,可靠性较差,证明力较小,但它具有一定的旁证作用,必要时还应获得被询问者的签名确认。虽然口头证据可靠性较低,需要其他证据的支持和佐证,但如果不同的被询问人员对同一问题在同一时间所做的口头陈述一致时,其可靠性则显得较强,可以作为审计结论的依据。

通常,口头证据本身不能完全证明事实的真相,因为被调查或询问人可能有意隐瞒实情或由于对过去事情记忆上的模糊或遗漏而导致口头证据不准确、不完整。因此,获取口头证据的同时,还应实施其他审计程序以获取其他形式的审计证据。

4. 环境证据

环境证据亦称状况证据,是指对被审计单位产生影响的各种环境事实,包括被审计单位内部控制情况、管理人员素质、各种管理水平和管理条件等。环境证据一般不属于基本证据,不能用于直接证实有关被审事项,但它可以帮助审计人员了解被审事项所处的环境或发展的状况,为判断被审计事项和确认已收集其他证据的程度提供依据,因而,环境证据仍然是审计人员进行判断所必须掌握的资料。

通常,运用调查、询问和观察等手段是审计人员获取环境证据的有效途径。审计人员可以通过设计调查表、记录询问观察事项等方式来形成审计工作底稿,作为发表审计意见依据的环境证据。

(二)审计证据按其证明力分类

审计证据按照其证明力,可分为基本证据和辅助证据。

1. 基本证据

基本证据是指能够用来直接证实被审计事项的重要证据。它具有较强的证明力,是审计证据的主要部分。例如,证明账簿登记的正确性,登记账簿的记账凭证是基本证据。证明资产负债表各项数字的正确性,据以编表的各账户余额是基本证据。

2. 辅助证据

辅助证据是指对基本证据起辅助证明作用的证据。它是用来从侧面证明被审计事项的真实性和可靠性的证据。例如,记账凭证是证明账簿登记正确的基本证据,辅助证据就是记账凭证所附原始凭证,它们是支持记账凭证证明力的证据,是记账凭证的必要补充。

(三)审计证据按其来源分类

审计证据按照其来源,可以分为外部证据和内部证据。

1. 外部证据

外部证据指由被审计单位以外的机构或人士编制的书面证据。它一般具有较强的证明力。

外部证据分为两类,一类是由被审计单位以外的机构或人士编制,并由其直接递交审计人员的书面证据,如应收账款函证回函、保险公司、寄售企业、证券经纪人的证明等。这些外部书面证据一般由被审计单位以外的第三者直接提供给审计人员,而没有经过被审计单位职员之手,不存在被涂改和被伪造的可能性。因此,是证明力较强的一种审计证据。一类是由被审计单位以外的机构或人士编制,但为被审计单位持有并提交审计人员的书面证据,如银行对账单、购货发票、顾客订单等。这些证据是经被审计单位职员之手,在评价其可靠性时,审计人员应考虑被涂改或伪造的难易程度及其已被涂改的可能性。因此,审计人员评价其可靠性必须考虑这一因素,把这类证据确定为其证明力略低于第一类外部书面证据,但相对内部证据而言,它仍具有较高的可靠性。

此外,在外部证据中往往还包括审计人员为证明某个事项而自己动手编制的各种计算表、分析表。

2. 内部证据

内部证据是由被审计单位内部机构或职员编制和提供的书面证据。它包括被审计单位的会计记录、被审计单位管理当局声明书,以及其他各种由被审计单位编制和提供的有关书面文件。

一般而言,内部证据不如外部证据可靠。但如果内部证据在外部流转,并获取其他单位或个人的承认(如销货发票、付款支票等),则具有较强的可靠性。即使只在被审计单位内部流转的书面证据,其可靠程度也因被审计单位内部控制的好坏而异。若内部证据(如收料单与发料单)经过了被审计单位不同部门的审核、签章,且所有凭证预先都有连续编号并按序号依次处理,则这些内部证据也具有较强的可靠性;相反,若被审计单位的内部控制不健全,审计人员就不能过分地信赖其内部自制的书面证据。

三、审计证据的特性

审计人员在执行审计业务,应当在取得充分、适当的审计证据后,形成审计意见,出具审计报告。审计人员应当保持职业怀疑态度,运用职业判断,评价审计证据是否充分、适当。

(一)审计证据的充分性

审计证据的充分性是对审计证据数量的衡量,主要与审计人员确定的样本量有关。例如,对某个审计项目实施某一选定的审计程序,从 200 个样本中获得的证据要比从 100 个样本中获得的证据更充分。

审计人员需要获取的审计证据的数量受错报风险的影响。错报风险越大,需要的审计证据可能越多。具体来说,在可接受的审计风险水平一定的情况下,重大错报风险越大,审计人员就应实施越多的测试工作,将检查风险降至可接受水平,以将审计风险控制在可接受的低水平范围内。

(二)审计证据的适当性

审计证据的适当性是对审计证据质量的衡量,即审计证据在支持各类交易、账户余额、列报的相关认定或发现其中存在错报方面具有相关性和可靠性。相关性和可靠性是审计证据适当性的核心内容,只有相关且可靠的审计证据才是高质量的。

1. 审计证据的相关性

审计证据要有证明力,必须与审计人员的审计目标相关。例如,审计人员在审计过程中怀疑被审计单位发出存货却没有给顾客开票,需要确认销售是否完整。审计人员应当从发货单中选取样本,追查与每张发货单相应的销售发票副本,以确定是否每张发货单均已开具发票。如果审计人员从销售发票副本中选取样本,并追查至与每张发票相应的发货单,由此所获得的证据与完整性目标就不相关。

2. 审计证据的可靠性

审计证据的可靠性是指审计证据的可信程度。例如，审计人员亲自检查存货所获得的证据，就比被审计单位管理层提供给审计人员的存货数据更可靠。

审计证据的可靠性受其来源和性质的影响，并取决于获取审计证据的具体环境。审计人员在判断审计证据的可靠性时，通常会考虑下列原则：

(1)从外部独立来源获取的审计证据比从其他来源获取的审计证据更可靠。

(2)内部生成的审计证据在内部控制有效时比内部控制薄弱时更可靠。

(3)直接获取的审计证据比间接获取或推论得出的审计证据更可靠。

(4)以文件、记录形式(无论是纸质、电子或其他介质)存在的审计证据比口头形式的审计证据更可靠。

(5)从原件获取的审计证据比从传真件或复印件获取的审计证据更可靠。

审计人员在按照上述原则评价审计证据的可靠性时，还应当注意可能出现的重要例外情况。例如，审计证据虽是从独立的外部来源获得，但如果该证据是由不知情者或不具备资格者提供，审计证据也可能是不可靠的。同样，如果审计人员不具备评价证据的专业能力，那么即使是直接获取的证据，也可能不可靠。

3. 充分性和适当性之间的关系

充分性和适当性是审计证据的两个重要特征，两者缺一不可，只有充分且适当的审计证据才是有证明力的。审计人员需要获取的审计证据的数量也受审计证据质量的影响。审计证据质量越高，需要的审计证据数量可能越少。也就是说，审计证据的适当性会影响审计证据的充分性。例如，被审计单位内部控制健全时生成的审计证据更可靠，审计人员只需获取适量的审计证据，就可以为发表审计意见提供合理的基础。

第二节　审计工作底稿

一、审计工作底稿的含义和编制目的

1. 审计工作底稿的含义

审计工作底稿是指注册会计师为制定的审计计划、实施的审计程序、获取的相关审计证据，以及得出的审计结论作出的记录。审计工作底稿是审计证据的载体，是注册会计师在审计过程中形成的审计工作记录和获取的资料。它形成于审计过程，也反映整个审计过程。

2. 审计工作底稿的编制目的

注册会计师应当及时编制审计工作底稿，以实现下列目的：

(1)提供充分、适当的记录，作为审计报告的基础。审计工作底稿是注册会计师形成审计

结论,发表审计意见的直接依据。及时编制审计工作底稿有助于提高审计工作的质量,便于在出具审计报告之前,对取得的审计证据和得出的审计结论进行有效复核和评价。

(2)提供证据,证明其按照中国注册会计师审计准则的规定执行了审计工作。在会计师事务所因执业质量而涉及诉讼或有关监管机构进行执业质量检查时,审计工作底稿能够提供证据,证明会计师事务所是否按照审计准则的规定执行了审计工作。

二、审计工作底稿的内容

审计工作底稿通常包括总体审计策略、具体审计计划、分析表、问题备忘录、重大事项概要、询证函回函、管理层声明书、核对表、有关重大事项的往来信件(包括电子邮件),以及对被审计单位文件记录的摘要或复印件等。此外,审计工作底稿通常还包括业务约定书、管理建议书、项目组内部或项目组与被审计单位举行的会议记录、与其他人士(如其他注册会计师、律师、专家等)的沟通文件及错报汇总表等。

一般情况下,分析表主要是指对被审计单位财务信息执行分析程序的记录。例如,记录对被审计单位本年各月收入与上一年度的同期数据进行比较的情况,记录对差异的分析等。

问题备忘录一般是指对某一事项或问题的概要的汇总记录。在问题备忘录中,注册会计师通常记录该事项或问题的基本情况、执行的审计程序或具体审计步骤,以及得出的审计结论。例如,有关存货监盘审计程序或审计过程中发现问题的备忘录。

核对表一般是指会计师事务所内部使用的、为便于核对某些特定审计工作或程序的完成情况的表格,例如,特定项目(如财务报表列报)审计程序核对表、审计工作完成情况核对表等。它通常以列举的方式列出审计过程中注册会计师应当进行的审计工作或程序以及特别需要提醒注意的问题,并在适当情况下索引至其他审计工作底稿,便于注册会计师核对是否已按照审计准则的规定进行审计。

三、编制审计工作底稿的总体要求

注册会计师编制的审计工作底稿,应当使得未曾接触该项审计工作的有经验的专业人士清楚地了解:

①按照审计准则的规定实施的审计程序的性质、时间和范围;

②实施审计程序的结果和获取的审计证据;

③就重大事项得出的结论。

有经验的专业人士是指对下列方面有合理了解的人士:

①审计过程;

②相关法律法规和审计准则的规定;

③被审计单位所处的经营环境;

④与被审计单位所处行业相关的会计和审计问题。

四、审计工作底稿的格式、要素和范围

(一)确定审计工作底稿的格式、要素和范围时应考虑的因素

在确定审计工作底稿的格式、内容和范围时,注册会计师应当考虑下列因素:

(1)实施审计程序的性质。通常,不同的审计程序会使注册会计师获取不同性质的审计证据,由此注册会计师可能会编制不同格式、内容和范围的审计工作底稿。例如,注册会计师编制的有关函证程序的审计工作底稿(包括询证函及回函、有关不符事项的分析等)和存货监盘程序的审计工作底稿(包括盘点表、注册会计师对存货的测试记录等)在内容、格式及范围方面是不同的。

(2)已识别的重大错报风险。识别和评估的重大风险水平的不同可能导致注册会计师实施的审计程序和获取的审计证据不尽相同。例如,如果注册会计师识别出应收账款存在较高的重大错报风险,而其他应收款的重大错报风险较低,则注册会计师可能对应收账款实施较多的审计程序并获取较多的审计证据,因而对测试应收账款的记录会比针对测试其他应收款记录的内容多且范围广。

(3)在执行审计工作和评价审计结果时需要作出判断的范围。审计程序的选择和实施及审计结果的评价通常需要不同程度的职业判断。例如,运用非统计抽样的方法选取样本进行应收账款函证程序时,注册会计师可能基于应收账款账龄、以前的审计经验及是否为关联方欠款等因素,考虑哪些应收账款存在较高的重大错报风险,并运用职业判断在总体中选取样本,并对作出职业判断时的考虑事项进行适当的记录。因此,在作出职业判断时所考虑的因素及范围可能使注册会计师作出不同的内容和范围的记录。

(4)已获取审计证据的重要程度。注册会计师通过执行多项审计程序可能会获取不同的审计证据,有些审计证据的相关性和可靠性较高,有些质量则较差,注册会计师可能区分不同的审计证据进行有选择性的记录,因此,审计证据的重要程度也会影响审计工作底稿的格式、内容和范围。

(5)已识别的例外事项的性质和范围。有时注册会计师在执行审计程序时会发现例外事项,由此可能导致审计工作底稿在格式、内容和范围方面的不同。例如,某个函证的回函表明存在不符事项,如果在实施恰当的追查后发现该例外事项并未构成错报,注册会计师可能只在审计工作底稿中解释发生该例外事项的原因及影响。反之,如果该例外事项构成错报,注册会计师可能需要执行额外的审计程序并获取更多的审计证据,由此编制的审计工作底稿在内容和范围方面可能有很大不同。

(6)记录结论或结论基础的必要性。在某些情况下,特别是在涉及复杂的事项时,注册会计师仅将已执行的审计工作或获取的审计证据记录下来,很难使其他有经验的注册会计师通过合理的分析,得出审计结论或结论的基础。此时注册会计师应当考虑是否需要进一步说明并记录得出结论的基础(即得出结论的过程)及该事项的结论。

(7)使用的审计方法和工具。使用的审计方法和工具可能影响审计工作底稿的格式、内容和范围。例如,如果使用计算机辅助审计技术对应收账款的账龄进行重新计算时,通常可以针对总体进行测试,而采用人工方式重新计算时,则可能会针对样本进行测试,由此形成的审计工作底稿会在格式、内容和范围方面有所不同。

考虑以上因素有助于注册会计师确定审计工作底稿的格式、内容和范围是否恰当。注册会计师在考虑以上因素时需注意,根据不同情况确定审计工作底稿的格式、内容和范围均是为达到本准则第四条所述的编制审计工作底稿的目的,特别是提供证据的目的。例如,细节测试和实质性分析程序的审计工作底稿所记录的审计程序有所不同,但两类审计工作底稿都应当充分、适当地反映注册会计师执行的审计程序。

(二)审计工作底稿的要素

通常,审计工作底稿包括下列全部或部分要素:
① 被审计单位名称;
② 审计项目名称;
③ 审计项目时点或期间;
④ 审计过程记录;
⑤ 审计结论;
⑥ 审计标识及其说明;
⑦ 索引号及编号;
⑧ 编制者姓名及编制日期;
⑨ 复核者姓名及复核日期;
⑩ 其他应说明事项。

下面分别对以上所述要素中的第5～9项进行说明。

(三)审计结论

注册会计师恰当地记录审计结论非常重要。注册会计师需要根据所实施的审计程序及获取的审计证据得出结论,并以此作为对财务报表形成审计意见的基础。记录审计结论时需注意,在审计工作底稿中记录的审计程序和审计证据是否足以支持所得出的审计结论。

(四)审计标识及其说明

审计工作底稿中可使用各种审计标识,但应说明其含义,并保持前后一致。以下是注册会计师在审计工作底稿中列明标识并说明其含义的例子,供参考。在实务中,注册会计师也可以依据实际情况运用更多的审计标识。

∧:纵加核对

<:横加核对

B:与上年结转数核对一致

T:与原始凭证核对一致

G:与总分类账核对一致

S:与明细账核对一致

T/B:与试算平衡表核对一致

C:已发询证函

C\:已收回询证函

（五）索引号及编号

通常，审计工作底稿需要注明索引号及顺序编号，相关审计工作底稿之间需要保持清晰的勾稽关系。在实务中，注册会计师可以按照所记录的审计工作的内容层次进行编号。例如，固定资产汇总表的编号为C1，按类别列示的固定资产明细表的编号为C1-1，以及列示单个固定资产原值及累计折旧的明细表编号，包括房屋建筑物（编号为C1-1-1）、机器设备（编号为C1-1-2）、运输工具（编号为C1-1-3）及其他设备（编号为C1-1-4）。相互引用时，需要在审计工作底稿中交叉注明索引号。

（六）编制人员和复核人员及日期

在记录实施审计程序的性质、时间和范围时，注册会计师应当记录：

①审计工作的执行人员及完成该项审计工作的日期；

②审计工作的复核人员及复核的日期和范围。

在需要项目质量控制复核的情况下，还需要注明项目质量控制复核人员及复核的日期。通常，需要在每一张审计工作底稿上注明执行审计工作的人员和复核人员、完成该项审计工作的日期以及完成复核的日期。

在实务中，如果若干页的审计工作底稿记录同一性质的具体审计程序或事项，并且编制在同一个索引号中，此时可以仅在审计工作底稿的第一页上记录审计工作的执行人员和复核人员并注明日期。例如，应收账款函证核对表的索引号为L3-1-1/21，相对应的询证函回函共有20份，每一份应收账款询证函回函索引号以 L3-1-2/21，L3-1-3/21，…，L3-1-21/21 表示，对于这种情况，就可以仅在应收账款函证核对表上记录审计工作的执行人员和复核人员并注明日期。

五、审计工作底稿的归档

《会计师事务所质量控制准则第5101号——业务质量控制》和《中国注册会计师审计准则第1131号——审计工作底稿》对审计工作底稿的归档作出了具体规定，涉及归档工作的性质和期限、审计工作底稿保管期限等方面。

（一）审计工作底稿归档的性质

在出具审计报告前，注册会计师应完成所有必要的审计程序，取得充分、适当的审计证据并得出适当的审计结论。由此,在审计报告日后将审计工作底稿归整为最终审计档案是一项事务性的工作、不涉及实施新的审计程序或得出新的结论。

如果在归档期间对审计工作底稿作出的变动属于事务性的,注册会计师可以作出变动,主要包括:

①删除或废弃被取代的审计工作底稿;

②对审计工作底稿进行分类、整理和交叉索引;

③对审计档案归整工作的完成核对表签字认可;

④记录在审计报告日前获取的、与审计项目组相关成员进行讨论并取得一致意见的审计证据。

审计工作底稿通常不包括已被取代的审计工作底稿的草稿或财务报表的草稿、对不全面或初步思考的记录、存在印刷错误或其他错误而作废的文本,以及重复的文件记录等。由于这些草稿、错误的文本或重复的文件记录不直接构成审计结论和审计意见的支持性证据,因此,注册会计师通常无需保留这些记录,在审计工作底稿归档时予以清理。

归整审计档案时,有些会计师事务所将审计档案分为永久性档案和当期档案。这一分类主要是基于具体实务中对审计档案使用的时间。

(1)永久性档案。永久性档案是指那些记录内容相对稳定,具有长期使用价值,并对以后审计工作具有重要影响和直接作用的审计档案。例如,被审计单位的组织结构、批准证书、营业执照、章程、重要资产的所有权或使用权的证明文件复印件等。若永久性档案中的某些内容已发生变化,注册会计师应当及时予以更新。为保持资料的完整性以便满足日后查阅历史资料的需要,永久性档案中被替换下的资料一般也需保留。例如,被审计单位因增加注册资本而变更了营业执照及相关法律文件,被替换的旧营业执照及相关文件,可以汇总在一起,与其他有效的资料分开,作为单独部分归整在永久性档案中。

(2)当期档案。当期档案是指那些记录内容经常变化,主要供当期和下期审计使用的审计档案。例如,总体审计策略和具体审计计划。

(二)审计工作底稿归档的期限

注册会计师应当按照会计师事务所质量控制政策和程序的规定,及时将审计工作底稿归整为最终审计档案。审计工作底稿的归档期限为审计报告日后的60天内。如果注册会计师未能完成审计业务,审计工作底稿的归档期限为审计业务中止后的60天内。

如果针对客户的同一财务信息执行不同的委托业务,出具两个或多个不同的报告,会计师事务所应当将其视为不同的业务,根据会计师事务所内部制定的政策和程序,在规定的归档期限内分别将审计工作底稿归整为最终审计档案。

(三)审计工作底稿归档后的变动

(1)需要变动审计工作底稿的情形。一般情况下,在审计报告归档之后不需要对审计工作底稿进行修改或增加。注册会计师发现有必要修改现有审计工作底稿或增加新的审计工作底稿的情形主要有以下两种：

①注册会计师已实施了必要的审计程序,取得了充分、适当的审计证据并得出了恰当的审计结论,但审计工作底稿的记录不够充分;

②审计报告日后,发现例外情况要求注册会计师实施新的或追加审计程序,或导致注册会计师得出新的结论。

例外情况主要是指审计报告日后发现与已审计财务信息相关,且在审计报告日已经存在的事实,该事实如果被注册会计师在审计报告日前获知,可能影响审计报告。例如,注册会计师在审计报告日后才获知法院在审计报告日前已对被审计单位的诉讼、索赔事项作出最终判决结果。例外情况可能在审计报告日后发现,也可能在财务报表报出日后发现,注册会计师应当按照《中国注册会计师审计准则第1332号——期后事项》第四章"财务报表报出后发现的事实"的相关规定,对例外事项实施新的或追加的审计程序。

（2）变动审计工作底稿时的记录要求。在完成最终审计档案的归整工作后,如果发现有必要修改现有审计工作底稿或增加新的审计工作底稿,无论修改或增加的性质如何,注册会计师均应当记录下列事项：

①修改或增加审计工作底稿的时间和人员,以及复核的时间和人员;

②修改或增加审计工作底稿的具体理由;

③修改或增加审计工作底稿对审计结论产生的影响。

（四）审计工作底稿的保存期限

会计师事务所应当自审计报告日起,对审计工作底稿至少保存10年。如果注册会计师未能完成审计业务,会计师事务所应当自审计业务中止日起,对审计工作底稿至少保存10年。值得注意的是,对于连续审计的情况,当期归整的永久性档案虽然包括以前年度获取的资料（有可能是10年以前）,但由于其作为本期档案的一部分,并作为支持审计结论的基础。因此,注册会计师对于这些对当期有效的档案,应视为当期取得并保存10年。如果这些资料在某个审计期间被替换,被替换资料可以从被替换的年度起至少保存10年。

在完成最终审计档案的归整工作后,注册会计师不得在规定的保存期限届满前删除或废弃审计工作底稿。

本章小结

审计证据是指审计人员为了得出审计结论、形成审计意见而使用的所有信息,包括财务报表依据的会计记录中含有的信息和其他信息。审计证据不仅是审计理论的一个重要组成部分,而且是审计工作的核心问题。审计证据可以按照不同的标准进行分类,它可以按其外形特征、证明力、来源进行分类。审计证据的特征包括充分性和适当性。

审计工作底稿,是指注册会计师对制定的审计计划、实施的审计程序、获取的相关审计证据,以及得出的审计结论作出的记录。审计工作底稿是审计证据的载体,是注册会计师在审过程中形成的审计工作记录和获取的资料。它形成于审计过程,也反映整个审计过程。

【阅读资料一】

工作底稿索引

工作底稿索引是一个树状结构。工作底稿的索引,或者编号,是一个树状结构。打个比方说,就像生物学上的界、门、纲、目、科、属、种一样。比如,人就属于动物界-脊索动物门-哺乳纲-灵长目-人科-人属-智人种,而黑猩猩就属于动物界-脊索动物门-哺乳纲-灵长目-人科-黑猩猩属-黑猩猩种。同样的道理,比方说,我们将与损益相关的工作底稿都定为 D 类,将与长期资产相关的工作底稿都定为 E 类,则固定资产的主表就是 E1,好比是长期资产就是华山剑派,E1 就是华山大弟子令狐冲。在建工程的主表就是 E2,E2 好比华山派二弟子劳德诺一样。无形资产是 E3。而新增固定资产明细就是 E1-1,好比是大弟子令狐冲的外套,我们针对某些新增固定资产项目所做的测试的工作底稿的编号可以进一步是 E1-1-1,好比是令狐冲外套上的一个扣子。依此类推。

(注:这里的 D、E 的规定只是打比方,不同的事务所的习惯是不同的,这不是审计准则的规定。)

(资料来源:《让数字说话——审计,就这么简单》)

【阅读资料二】

用表格来说明问题是一种有条理的思考方法的体现

审计师在工作底稿里,要善于使用这样的表达方式。

有这样一个问题,说某家旅馆今天有 20 个房间有旅客住,其中每天 100 元的房间有 8 间,每天 150 元的房间有 7 间,每天 200 元的房间有 5 间,请问这家旅馆今天的收入是多少?

这是一个很简单的题目。其要点不在于答案,而在于如何表达你的计算过程。我曾经拿着这个问题在有近百名大学毕业生的教室里发问,得到的计算过程的表达方式全都是这样的:

$100×8+150×7+200×5=2850(元)$。

这不是一个令人高兴的结果。更好的表达方式如下表:

房间单价/元	房间数量/间	收入/元
A	B	C = A×B
100	8	800
150	7	1 050
200	5	1 000
合计	20	2 850

谁都能看出来,这种表达方式体现了一种数据库结构,而且非常有利于另外一个人来复查整个计算过程。

……

审计师为了让自己的思路尽量清楚,也为了让自己的工作能够让别人,例如合伙人,审阅起来简单易懂,表格是表述自己的思路的好方法之一。

商业世界中的一个基本原则是"客户的时间是宝贵的"。为了能在几秒钟内让别人、让客户明白你的意思,你必须要多花几个小时的时间,想出最简洁明快的表达方式,让别人,哪怕这个人智商只有50,也能一下子就明白你的意思。

(资料来源:《让数字说话——审计,就这么简单》)

复习思考题

1. 什么是审计证据?审计证据有哪些特性?
2. 审计证据有哪些类别?各种审计证据的证明力如何?
3. 获取审计证据的审计程序有哪些?
4. 什么是审计工作底稿?编制审计工作底稿编制目的是什么?
5. 编制审计工作底稿有哪些要求?
6. 审计工作底稿如何分类?永久性档案一般包括哪些内容?

第七章
Chapter 7

审计计划与审计风险

【学习要点及目标】

知识目标:通过本章的学习,使学生了解审计计划的作用与层次;理解总体审计策略和具体审计计划;掌握重要性与审计风险。

能力目标:能够编写总体审计策略与具体审计计划;能够从两个层次确定重要性水平;能够确定注册会计师可以接受的审计风险水平。

素质目标:培养学生诚实正直和压力承受等方面的素质。

【案例导入】

美国联区金融集团是一家从事金融服务的企业,公司有可公开交易的债券上市,美国证券交易所委员会要求它定期提供财务报表。经过7年的发展,联区金融集团租赁公司的雇员已经超过4万名,在全国各地设有10个分支机构,未收回的应收租赁款接近4亿美元,占合并总资产的35%。

1981年底,联区金融集团租赁公司进攻型市场策略的弊端开始显现出来,债务拖欠率逐渐升高,该公司不得不采用多种非法手段,来掩饰其财务状况已经恶化的事实。美国证券交易委员会指控联区金融集团租赁公司在其定期报送的财务报表中,始终没有对应收租赁款计提充足的坏账准备金。1981年以前,坏账准备率为1.5%,1981年调增至2%,1982年调增至3%。尽管这宗估计坏账损失的会计方法,美国证券交易委员会是认可的,但该联邦机构一再重申,联区金融集团租赁公司的管理当局应当早就知晓,他们所选用的固定比率,百分比实在太小了。事实上,截至1982年9月,该公司应收账款中拖欠期超过90天的金额,以高达20%以上。对坏账准备金缺乏应有的控制所引起的一个直接后果是,财务报表中该账户的金额被严重低估。

美国证券交易委员会对塔奇·罗丝会计师事务所在联区金融集团租赁公司1981年度审计中的表现极为不满。联邦机构指责该年度的审计"没有进行充分的计划和监督"。美国证券交易所委员会宣称,事务所在编制联区金融集团租赁公司1981年度的审计计划及设计审计程序时,没有充分考虑存在于该公司的大量审计风险因素。事实上,美国证券交易委员会发现,1981年度的审计计划"大部分是以前年度审计计划的延续"。该审计计划缺陷如下:

1. 塔奇·罗丝会计师事务所没有对超期应收租赁款账户的内部会计控制加以测试。由于审计计划没有测试公司的会计制度,是否能准确地确定应收租赁款的超期时间,审计人员无法判断从客户那里获取的账龄汇总表是否准确。

2. 塔奇·罗丝会计师事务所的审计计划只要求测试一小部分(8%)未收回的应收租赁款。由于把大部分注意力集中在金额超过5万美元、拖欠期达120天的超期应收租赁款上,塔奇·罗丝会计师事务所忽视了相当部分无法收回的应收租赁款上。

3. 尽管审计计划要求对客户坏账核销政策进行复核,但并没有要求外勤审计人员去确定该政策是否被实际执行。事实上,该公司并没有遵循其坏账核销政策。联区金融集团租赁公司实际采用的是一种核销坏账的预算方法,可以随时将大量无法收回的租赁款冲销坏账准备,而事先却根本没有对这些应收租赁款计提坏账准备金。据美国证券交易委员会称,某些无法收回的应收租赁款挂账多达几年。

4. 塔奇·罗丝会计师事务所无视联区金融集团租赁公司审计的复杂性以及非同寻常的高风险性,在所分派的执行1981年度审计聘约的审计人员中,大多数人对客户以及租赁行业的情况非常陌生。事实上,该公司的会计主管后来作证说,塔奇·罗丝会计师事务第一次分派了一些对租赁行业少有涉猎,或者缺乏经验甚至一无所知的审计人员来执行审计。

最后,美国证券交易委员会决定对该事务所进行惩罚,要求承担公司出具虚假报告所带来的损失。

第一节 审计计划

《中国注册会计师审计准则第1201号——计划审计工作》第三条规定,注册会计师应当计划审计工作,使审计业务以有效的方式得到执行。

一、审计计划的作用与层次

(一)审计计划的作用

在注册会计师的计划审计工作中,制定合理的审计计划不仅可以保证注册会计师顺利完成审计工作和控制审计风险,而且还有以下几个作用:

(1)合理的审计计划有助于增进会计师事务所与被审计单位之间的相互了解,尤其使被审计单位了解注册会计师的审计责任及需要提供的协助和合作。

（2）合理的审计计划可作为被审计单位评价审计业务完成情况，及会计师事务所检查被审计单位约定义务履行情况的依据。

（3）合理的审计计划有助于注册会计师关注重点的审计领域、及时发现和解决潜在问题，并对项目组成员进行恰当分工、监督与复核。

（4）合理的审计计划是当审计业务出现法律诉讼时，确定签约各方应负责任的重要证据。

（二）审计计划的层次

审计计划分为总体审计策略和具体审计计划两个层次，因此制定审计计划包括对具体审计业务制定总体审计策略和具体的审计计划两项工作，以保证将审计风险降低到注册会计师可以接受的水平。

二、初步业务活动

注册会计师在制定总体审计策略和具体审计计划前，要完成初步业务活动，初步业务活动也是注册会计师降低及控制审计风险的重要屏障。

（一）初步业务活动的目的

注册会计师通过开展初步业务活动确保在计划审计工作时达到以下要求：

(1)注册会计已具备执行业务所需要的独立性和专业胜任能力；

(2)不存在因管理层诚信问题而影响注册会计师保持该项业务意愿的情况；

(3)与被审计单位不存在对业务约定条款的误解。

（二）初步业务活动的内容

1. 针对保持客户关系和具体审计业务实施相应的质量控制程序

针对保持客户关系和具体审计业务实施质量控制程序，并根据实施相应程序的结果作出适当的决策是注册会计师控制审计风险的重要环节。在连续审计时，注册会计师通常执行"保持"的质量控制程序，而首次接受委托时，通常执行"建立和承接"的质量控制程序。

2. 评价遵守职业道德规范的情况

评价注册会计师遵守职业道德规范的情况，包括评价其独立性。注册会计师职业道德规范要求项目组成员恪守独立、客观、公正的原则，保持专业胜任能力和应有的关注，并对审计过程中获知的信息保密。对于遵守职业道德规范的评价是通过要求会计师事务所制定政策和程序以及项目负责人实施相应措施完成的。

需要说明的是以上两项活动贯穿审计业务的全过程，但仍需要安排在其他审计工作之前，以确保注册会计师的独立性和专业胜任能力，且不存在因管理层诚信问题而影响注册会计师保持该项业务意愿等情况发生。

3. 签订或修改审计业务约定书

审计业务约定书是指会计师事务所与被审计单位签订的，用以记录和确认审计业务的委托与受托关系、审计目标和范围、双方的责任以及报告的格式等事项的书面协议。

会计师事务所承接任何审计业务,都应与被审计单位签订审计业务约定书。《中国注册会计师审计准则第1111号——审计业务约定书》要求,注册会计师应当在审计业务开始前,与被审计单位就审计业务约定条款达成一致意见,并签订审计业务约定书,以避免双方对审计业务的理解产生分歧。如果被审计单位不是委托人,在签订审计业务约定书前,注册会计师应当与委托人、被审计单位就审计业务约定相关条款进行充分沟通,并达成一致意见。

审计业务约定书具有经济合同的性质,一经约定各方签字或盖章认可,即成为法律上生效的契约,对各方均具有法定约束力。

签署审计业务约定书的目的是为了明确约定各方的权利和责任义务,促使各方遵守约定事项并加强合作,保护签约各方的正当利益。审计业务约定书主要有以下作用:

(1)可增进会计师事务所与被审计单位之间的相互了解,尤其使被审计单位了解注册会计师的审计责任及需要提供的协助和合作;

(2)可作为被审计单位评价审计业务完成情况,及会计师事务所检查被审计单位约定义务履行情况的依据;

(3)出现法律诉讼时,是确定签约各方应负责任的重要证据。

(三)审计业务约定书的内容

①财务报表审计的目标;
②管理层对财务报表的责任;
③管理层编制财务报表采用的会计准则和相关会计制度;
④审计范围,包括指明在执行财务报表审计业务时遵守的中国注册会计师审计准则;
⑤执行审计工作的安排,包括出具审计报告的时间要求;
⑥审计报告格式和对审计结果的其他沟通形式;
⑦由于测试的性质和审计的其他固有限制,以及内部控制的固有局限性,不可避免地存在着某些重大错报可能仍然未被发现的风险;
⑧管理层为注册会计师提供必要的工作条件和协助;
⑨注册会计师不受限制地接触任何与审计有关的记录、文件和所需要的其他信息;
⑩管理层对其作出的与审计有关的声明予以书面确认;
⑪注册会计师对执业过程中获知的信息保密;
⑫审计收费,包括收费的计算基础和收费安排;
⑬违约责任;
⑭解决争议的方法;
⑮签约双方法定代表人或其授权代表的签字盖章,以及签约双方加盖的公章。

三、总体审计策略

总体审计策略用以确定审计范围、时间和方向,并指导制定具体审计计划。

(一)制定总体审计策略时需考虑的事项

在制定总体审计策略时,注册会计师应当考虑以下主要事项,同时这些事项也会影响具体审计计划。

1. 审计范围

注册会计师应当确定审计业务的特征,包括采用的会计准则和相关会计制度、特定行业的报告要求以及被审计单位组成部分的分布等,以确定审计范围。

2. 报告目标、时间安排及所需沟通

总体审计策略的制定应当包括明确审计业务的报告目标,以计划审计的时间安排和所需沟通的性质,包括提交审计报告的时间要求,预期与管理层和治理层沟通的重要日期等。

3. 审计方向

总体审计策略的制定应当包括考虑影响审计业务的重要因素,以确定项目组工作方向,包括确定适当的重要性水平,初步识别可能存在较高的重大错报风险的领域,初步识别重要的组成部分和账户余额,评价是否需要针对内部控制的有效性获取审计证据,识别被审计单位、所处行业、财务报告要求及其他相关方面最近发生的重大变化等。

(二)总体审计策略的内容

总体审计策略应能恰当地反映注册会计师考虑审计范围、时间和方向的结果,因此注册会计师应当在总体审计策略中清楚地说明下列内容:

①向具体审计领域调配的资源,包括向高风险领域分派有适当经验的项目组成员,就复杂的问题利用专家工作等;

②向具体审计领域分配资源的数量,包括安排到重要存货存放地观察存货盘点的项目组成员的数量,对其他注册会计师工作的复核范围,对高风险领域安排的审计时间预算等;

③何时调配这些资源,包括是在期中审计阶段还是在关键的截止日期调配资源等;

④如何管理、指导、监督这些资源的利用,包括预期何时召开项目组预备会和总结会,预期项目负责人和经理如何进行复核,是否需要实施项目质量控制复核等。

四、具体审计计划

(一)具体审计计划与总体审计策略的关系

制定总体审计策略和具体审计计划的过程紧密联系,并且两者的内容也紧密相关。

总体审计策略一经制定,注册会计师应当针对总体审计策略中所识别的不同事项,制定具体审计计划,并考虑通过有效利用审计资源以实现审计目标。值得注意的是,虽然编制总体审计策略的过程通常在具体审计计划之前,但是两项计划活动并不是孤立、不连续的过程,而是内在紧密联系的,对其中一项的决定可能会影响甚至改变对另外一项的决定。

在实务中,注册会计师将制定总体审计策略和具体审计计划相结合进行,可能会使计划审计工作更有效率及效果,并且注册会计师也可以采用将总体审计策略和具体审计计划合并为一份审计计划文件的方式,提高编制及复核工作的效率,增强其效果。

(二)具体审计计划的内容

具体审计计划比总体审计策略更加详细,其内容包括为获取充分、适当的审计证据以将审计风险降至可接受的低水平,项目组成员拟实施的审计程序的性质、时间和范围。

1. 风险评估程序

具体审计计划应当包括按照《中国注册会计师审计准则第1211号——了解被审计单位及其环境并评估重大错报风险》的规定,为了识别和评估财务报表重大错报风险,注册会计师应计划实施风险评估程序的性质、时间和范围。

2. 计划实施的进一步审计程序

具体审计计划应当包括按照《中国注册会计师审计准则第1231号——针对评估的重大错报风险实施的程序》的规定,针对评估的认定层次的重大错报风险,注册会计师应计划实施进一步审计程序的性质、时间和范围。通常,注册会计师计划的进一步审计程序可以分为进一步审计程序的总体方案和拟实施的具体审计程序(包括进一步审计程序的具体性质、时间和范围)两个层次。进一步审计程序的总体方案主要是指注册会计师针对各类交易、账户余额和列报决定采用的总体方案(包括实质性方案或综合性方案)。具体审计程序则是对进一步审计程序的总体方案的延伸和细化,它通常包括控制测试和实质性程序的性质、时间和范围。

在实务中,注册会计师通常单独编制一套包括这些具体程序的"进一步审计程序表",待具体实施审计程序时,注册会计师将基于所计划的具体审计程序,进一步记录所实施的审计程序及结果,并最终形成有关进一步审计程序的审计工作底稿。

3. 计划实施的其他审计程序

具体审计计划应当包括根据中国注册会计师审计准则的规定,注册会计师针对审计业务需要实施的其他审计程序。计划的其他审计程序可以包括上述进一步程序的计划中没有涵盖的、根据其他审计准则的要求注册会计师应当执行的既定程序。

在实务中注册会计师应根据被审计单位的具体情况确定特定项目并执行相应的审计程序。

五、对计划审计工作的记录

注册会计师应当记录总体审计策略和具体审计计划,以及在审计工作过程中作出的任何重大更改。

(一)记录的内容

1. 对总体审计策略的记录

注册会计师对总体审计策略的记录,应当包括为恰当计划审计工作和向项目组传达重大事项而作出的关键决策。例如,注册会计师可以以备忘录的形式记录总体审计策略,包括对审计的范围、时间及执行所作出的关键决策。

2. 对具体审计计划的记录

注册会计师对具体审计计划的记录,应当能够反映下列内容:

(1)计划实施的风险评估程序的性质、时间和范围;

(2)针对评估的重大错报风险计划实施的进一步审计程序的性质、时间和范围。

注册会计师对具体审计计划的记录可以使用标准的审计程序表或审计工作完成核对表,但应当根据具体审计业务的情况作出适当修改。

3. 对计划的重大修改的记录

计划审计工作并非审计业务的一个孤立阶段,而是一个持续的、不断修正的过程,贯穿于整个审计业务的始终。审计过程可以分为不同阶段,通常前一阶段的工作结果会对后一阶段的工作计划产生影响,而后一阶段的工作过程中又可能发现需要对已制定的相关计划进行相应的更新和修改。通常来讲,这些更新和修改涉及比较重要的事项。因此,注册会计师应当记录对总体审计策略和具体审计计划作出的重大更改及其理由,以及对导致此类更改的事项、条件或审计程序结果采取的应对措施。

由于原来的总体审计策略和具体审计计划已经制定(包括项目负责人的复核),在实务中,如果只是针对某一或某几方面更改审计计划,注册会计师可以保留原有的总体审计策略、具体审计计划,以及已经执行的审计程序的记录,并根据本准则的要求,将对审计计划的重大修改情况记录在进一步审计程序表和重大事项概要中。如果对计划的修改涉及整个计划的各个方面,以及多个类别的交易、账户余额和列报,为使整套审计工作底稿内容、脉络更清楚,此时注册会计师可以考虑重新编制总体审计策略和具体审计计划,并保留原有的总体审计策略和具体审计计划。

(二)记录的形式和范围

注册会计师对计划审计工作记录的形式和范围,取决于被审计单位的规模和复杂程度、重要性、具体审计业务的情况以及对其他审计工作记录的范围等事项。在小型被审计单位的审计中,全部审计工作可能由一个很小的审计项目组执行,项目组成员间容易沟通和协调,总体审计策略可以相对简单。

第二节 重要性

审计重要性是审计学的一个基本概念。审计重要性概念的运用贯穿于整个审计过程。

一、重要性的含义

《中国注册会计师准则第 1221 号——重要性》第三条指出,重要性取决于具体环境下对错报金额和性质的判断,如果一项错报单独或连同其他错报可能影响财务报表使用者依据财务报表作出的经济决策,则该项错报是重大的。

对于重要性的概念应从以下几个方面理解:

1. 重要性概念中的错报包含漏报

财务报表错报包括财务报表金额的错报和财务报表披露的错报。

2. 重要性包括对数量和性质两个方面的考虑

所谓数量方面,是指错报的金额大小,性质方面则是指错报的性质。一般而言,金额大的错报比金额小的错报更重要。在有些情况下,某些金额的错报从数量上看并不重要,但从性质上考虑,则可能是重要的,对于某些财务报表披露的错报,难以从数量上判断是否重要,应从性质上考虑其是否重要。

3. 重要性概念是针对财务报表使用者决策的信息需求而言

判断一项错报重要与否,应视其对财务报表使用者依据财务报表作出经济决策的影响程度而定。如果财务报表中的某项错报足以改变或影响财务报表使用者的相关决策,则该项错报就是重要的,否则就不重要。值得说明的是,在通用目的财务报表的审计中,注册会计师对重要性的判断是基于将财务报表使用者作为具有一定的理解能力并能理性地作出相关决策的一个集体来考虑的。所谓通用目的财务报表,是指被审计单位按照适用的会计准则和相关会计制度的规定编制的、用以满足广大使用者的共同信息需求的财务报表。

4. 重要性的确定离不开具体环境

由于不同的被审计单位面临不同的环境,不同的报表使用者有着不同的信息需求,因此注册会计师确定的重要性也不相同。某一金额的错报对某被审计单位的财务报表来说是重要的,而对另一个被审计单位的财务报表来说可能不重要。例如,错报 10 万元对一个小公司来说可能是重要的,而对一个集团公司来说则可能是不重要。

5. 对重要性的评估需要运用职业判断

注册会计师应当根据被审计单位面临的环境,并综合考虑其他因素,合理确定重要性水平,这就需要注册会计师运用自己的职业判断。不同的注册会计师在确定同一被审计单位财务报表层次和认定层次的重要性水平时,得出的结果可能不同。主要是因为对影响重要性的各因素的判断存在差异。因此,注册会计师需要运用职业判断来合理评估重要性。

需要注意的是,如果仅从数量角度考虑,重要性水平只是一个门槛或临界点。在该门槛或临界点之上的错报就是重要的;反之,该错报则不重要。重要性并不是财务信息的主要质量特征。

二、重要性的确定

（一）确定计划的重要性水平时应考虑的因素

在计划审计工作时，注册会计师应当确定一个可接受的重要性水平，以发现在金额上重大的错报。另外，注册会计师也应当考虑较小金额错报的累计结果可能对财务报表产生的重大影响。

注册会计师在确定计划的重要性水平时，应当考虑以下主要因素：

1. 对被审计单位及其环境的了解

被审计单位的行业状况、法律环境与监管环境等其他外部因素，以及被审计单位业务的性质，对会计政策的选择和应用，被审计单位的目标、战略及相关的经营风险，被审计单位的内部控制等因素，都将影响注册会计师对重要性水平的判断。

2. 审计的目标，包括特定报告要求

信息使用者的要求等因素影响注册会计师对重要性水平的确定。例如，对特定财务报表项目进行审计的业务，其重要性水平可能需要以该项目金额，而不是以财务报表的一些汇总性财务数据为基础加以确定。

3. 财务报表各项目的性质及其相互关系

财务报表使用者对不同的报表项目的关心程度不同。一般而言，如果认为流动性较高的项目出现较小金额的错报就会影响报表使用者的决策，注册会计师应当对此从严确定重要性水平。由于财务报表各项目之间是相互联系的，注册会计师在确定重要性水平时，需要考虑这种相互联系。

4. 财务报表项目的金额及其波动幅度

财务报表项目的金额及其波动幅度可能促使财务报表使用者作出不同的反应。因此，注册会计师在确定重要性水平时，应当深入研究这些项目的金额及其波动幅度。

总之，只要影响预期财务报表使用者决策的因素，都可能对重要性水平产生影响。注册会计师应当在计划阶段充分考虑这些因素，并采用合理的方法，确定重要性水平。

（二）两个层次的重要性水平

在审计过程中，注册会计师应当考虑财务报表层次和各类交易、账户余额、列报认定层次的重要性水平。

1. 财务报表层次的重要性水平

由于财务报表审计的目标是注册会计师通过执行审计工作，对财务报表发表审计意见，因此，注册会计师应当考虑财务报表层次的重要性。只有这样，才能得出财务报表是否公允反映的结论。确定多大错报会影响到财务报表使用者所作决策，而这个错报所反映的重要性水平是注册会计师运用职业判断的结果。

2. 各类交易、账户余额、列报认定层次的重要性水平

由于财务报表反映的信息由各类交易、账户余额、列报认定层次的信息汇集加工而成,因此注册会计师首先要对各类交易、账户余额、列报认定层次实施审计工作,才能得出财务报表是否公允反映的结论,这就使得注册会计师还应考虑各类交易、账户余额、列报认定层次的重要性水平。

各类交易、账户余额、列报认定层次的重要性水平又称为"可容忍错报"。可容忍错报的确定是以注册会计师对财务报表层次重要性水平的初步评估为基础的,是在不导致财务报表存在重大错报的情况下,注册会计师对各类交易、账户余额、列报确定的可以接受的最大错报上限。

(三)从数量和性质两个方面考虑重要性

1. 从数量方面考虑重要性

重要性水平在数量方面的确定通常依据注册会计师所在会计师事务所的惯例及自己的经验予以考虑。在实务中,注册会计师通常先选择一个恰当的基准,再选用适当的百分比乘以该基准,从而得出财务报表层次的重要性水平。

(1)基准的选择。在审计中,有许多汇总性财务数据可以用作财务报表层次重要性水平确定的基准,如总资产、净资产、销售收入、费用总额、毛利、净利润等。在选择适当的基准时,同时注册会计师还应当考虑的因素包括:

①财务报表的要素(如资产、负债、所有者权益、收入和费用等)、适用的会计准则和相关会计制度所定义的财务报表指标(如财务状况、经营成果和现金流量),以及适用的会计准则和相关会计制度提出的其他具体要求;

②对某被审计单位而言,是否存在财务报表使用者特别关注的财务报表项目(如特别关注与评价经营成果相关的信息);

③被审计单位的性质及所在行业;

④被审计单位的规模、所有权性质以及融资方式。

(2)适当百分比的选择。在确定恰当的基准后,注册会计师通常运用职业判断合理选择百分比,据以确定重要性水平。以下是一些参考数值的举例:

①对以盈利为目的的企业,来自经常性业务的税前利润或税后净利润的 5%,或总收入的 0.5%。在适当情况下,也可采用总资产或净资产的一定比例等;

②对非盈利组织,费用总额或总收入的 0.5%;

③对共同基金公司,净资产的 0.5%。

注册会计师执行具体审计业务时,可能认为采用比上述百分比更高或更低的比例是适当的,这取决于注册会计师的自身职业判断。

2. 从性质方面考虑重要性

金额不重要的错报从性质上看有可能是重要的。注册会计师在判断错报的性质是否重要

时应该考虑的具体情况包括:

(1)错报对遵守法律法规要求的影响程度。

(2)错报对遵守债务契约或其他合同要求的影响程度。

(3)错报掩盖收益或其他趋势变化的程度(尤其在联系宏观经济背景和行业状况进行考虑时)。

(4)错报对用于评价被审计单位财务状况、经营成果或现金流量的有关比率的影响程度。

(5)错报对财务报表中列报的分部信息的影响程度。例如,错报事项对分部或被审计单位其他经营部分的重要程度,而这些分部或经营部分对被审计单位的经营或盈利有重大影响。

(6)错报对增加管理层报酬的影响程度。例如,管理层通过错报来达到有关奖金或其他激励政策规定的要求,从而增加其报酬。

(7)错报对某些账户余额之间错误分类的影响程度,这些错误分类影响到财务报表中应单独披露的项目。例如,经营收益和非经营收益之间的错误分类,非盈利单位的受到限制资源和非限制资源的错误分类。

(8)相对于注册会计师所了解的以前向报表使用者传达的信息而言,错报的重大程度。

(9)错报是否与涉及特定方的项目相关。例如,与被审计单位发生交易的外部单位是否与被审计单位管理层的成员有关联。

(10)错报对信息漏报的影响程度。在有些情况下,适用的会计准则和相关会计制度并未对该信息作出具体要求,但是注册会计师运用职业判断,认为该信息对财务报表使用者了解被审计单位的财务状况、经营成果或现金流量很重要。

(11)错报对与已审计财务报表一同披露的其他信息的影响程度,该影响程度能被合理预期将对财务报表使用者作出经济决策产生影响。

需要指出的是,这些因素只是举例,不可能包括所有情况,也并非所有审计都会出现上述全部因素。注册会计师不能以存在这些因素为由而必然认为错报是重大的。这些因素仅供注册会计师参考。

(四)从两个时点考虑重要性

注册会计师应当在以下两个时点考虑重要性:一是在确定审计程序的性质、时间和范围时;二是在评价错报的影响时。

第三节 审计风险

审计风险是指财务报表存在重大错报而注册会计师发表不恰当审计意见的可能性。审计业务是一种保证程度高的鉴证业务,可接受的审计风险应当足够低,以使注册会计师能够合理保证所审计财务报表不含有重大错报。需要注意的是,审计风险并不包含这种情况,即财务报表不含有重大错报,而注册会计师错误地发表了财务报表含有重大错报的审计意见的风险。

一、审计风险的模型

审计风险取决于重大错报风险和检查风险。在既定的审计风险水平下,可接受的检查风险水平与认定层次重大错报风险的评估结果成反向关系。评估的重大错报风险越高,可接受的检查风险越低;评估的重大错报风险越低,可接受的检查风险越高。审计风险、重大错报风险和检查风险之间的关系可用模型表示为:

$$审计风险 = 重大错报风险 \times 检查风险$$

注册会计师应当实施适当的审计程序,评估重大错报风险,并根据评估结果设计和实施进一步审计程序,以控制检查风险。

针对某一认定,注册会计师将可接受的审计风险水平设定为 5%,注册会计师实施风险评估程序后将重大错报风险评估为 25%,则根据这一模型,可接受的检查风险为 20%。在实务中,注册会计师不一定用绝对数量表达这些风险水平,而选用"高"、"中"、"低"等文字描述。

二、重大错报风险

《中国注册会计师审计准则第 1211 号——了解被审计单位及其环境并评估重大错报风险》对注册会计师如何评估财务报表层次和各类交易、账户余额、列报(包括披露,下同)认定层次考虑重大错报风险提出了详细的要求。重大错报风险是指财务报表在审计前存在重大错报的可能性。在设计审计程序以确定财务报表整体是否存在重大错报时,注册会计师应当从财务报表层次和各类交易、账户余额、列报认定层次考虑重大错报风险。

(一)两个层次的重大错报风险

1. 财务报表层次

财务报表层次重大错报风险与整体的财务报表存在着广泛的联系,它可能会影响多项认定。此类风险通常与企业的控制环境有关,如管理层缺乏诚信、治理层形同虚设而不能对管理层进行有效监督等;同时也可能与其他因素有关,如经济萧条、企业所属行业处于衰退期等等。这类风险难以被界定于某类交易、账户余额、列报的具体认定中,相反,这类风险增大了一个或多个不同认定发生重大错报的可能性。因此当注册会计师评价由舞弊引起的风险时应予以重点考虑。

2. 各类交易、账户余额、列报认定层次

注册会计师应同时考虑各类交易、账户余额、列报认定层次的重大错报风险,考虑的结果直接有利于注册会计师确定认定层次上实施的进一步审计程序的性质、时间和范围。注册会计师在各类交易、账户余额、列报认定层次获取审计证据,以便在审计工作完成时,以可接受的低审计风险水平对财务报表整体发表意见。在《中国注册会计师审计准则第 1231 号——针对评估的重大错报风险实施的程序》中,针对评估的认定层次重大错报风险,如何设计和实施进一步的审计程序,都对注册会计师提出了详细的要求。

(二) 固有风险和控制风险

认定层次的重大错报风险又可进一步细分为固有风险和控制风险。由于固有风险和控制风险不可分割地交织在一起，有时无法单独进行评估。审计准则通常不再单独提到固有风险和控制风险，而只是将这两者合并称为"重大错报风险"。但这并不意味着，注册会计师不可以单独对固有风险和控制风险进行评估。相反，注册会计师既可以对两者分别进行评估，也可以合并评估。具体采用的评估方法取决于会计师事务所偏好的审计技术和方法及实务上的考虑。

1. 固有风险

固有风险是指假设不存在相关的内部控制，某一认定发生重大错报风险的可能性，无论该错报单独考虑，还是连同其他错报构成重大错报。某些类别的交易、账户余额、列报及其认定，固有风险很高。

例如，复杂的计算比简单的计算更可能出错；受重大计量不确定性影响的会计估计发生错报的可能性较大。产生经营风险的外部因素也可能影响固有风险，比如，技术进步可能导致某项产品陈旧，进而导致存货易于发生高估错报（计价认定）。被审计单位及其环境中的某些因素还可能与多个甚至所有类别的交易、账户余额、列报有关，进而影响多个认定的固有风险。这些因素包括维持经营的流动资金匮乏、被审计单位处于夕阳行业等。

2. 控制风险

控制风险是指某项认定发生了重大错报，无论该错报单独考虑，还是连同其他错报构成重大错报，而该错报没有被单位的内部控制及时防止、发现和纠正的可能性。控制风险取决于与财务报表编制有关的设计和运行的有效性。由于控制的固有局限性，某种程序的控制风险始终存在。

三、检查风险

检查风险是指某一认定存在错报，该错报单独或连同其他错报是重大的，但注册会计师未能发现这种错报的可能性。检查风险取决于审计程序设计的合理性和执行的有效性。由于注册会计师通常并不对所有的交易、账户余额和列报进行检查或者其他原因，检查风险不可能降低为零。其他原因包括注册会计师可能选择了不恰当的审计程序、审计程序执行不当或者错误理解了审计结论。这些其他因素可以通过适当计划、在项目组成员之间进行恰当的职责分配、保持职业怀疑态度以及监督、指导和复核助理人员所执行的审计工作中得以解决。

四、重要性与审计风险的关系

重要性与审计风险之间存在反向关系。重要性水平越高，审计风险越低；重要性水平越低，审计风险越高。这里所说的重要性水平高低指的是金额的大小。通常 3 000 元的重要性水平比 1 000 元的重要性水平高。

在理解两者之间的关系时,必须注意,重要性水平是注册会计师从财务报表使用者的角度进行判断的结果。如果重要性水平是 3 000 元,则意味着低于 3 000 元的错报不会影响到财务报表使用者的决策,此时注册会计师需要通过执行有关审计程序合理保证能发现高于 3 000 元的错报。如果重要性水平是 1 000 元,则金额在 1 000 元以上的错报就会影响财务报表使用者的决策,此时注册会计师需要通过执行有关审计程序合理保证能发现金额在 1 000 元以上的错报。

显然,重要性水平为 1 000 元时审计不出这样的重大错报的可能性即审计风险,要比重要性水平为 3 000 元时的审计风险高。审计风险越高,越要求注册会计师收集更多更有效的审计证据,以将审计风险降至可接受的低水平。因此,重要性和审计证据之间也是反向变动关系。

值得注意的是,注册会计师不能通过不合理地人为调高重要性水平,降低审计风险;因为重要性是依据重要性概念中所述的判断标准确定的,而不是由主观期望的审计风险水平决定。

由于重要性和审计风险存在上述反向关系,而且这种关系对注册会计师将要执行的审计程序的性质、时间和范围有直接的影响,因此,注册会计师应当综合考虑各种因素,合理确定重要性水平。

本章小结

《中国注册会计师审计准则第 1201 号——计划审计工作》第三条规定,注册会计师应当计划审计工作,使审计业务以有效的方式得到执行。

注册会计师在制定总体审计策略和具体审计计划前,要完成初步业务活动,初步业务活动也是注册会计师降低及控制审计风险的重要屏障。总体审计策略用以确定审计范围、时间和方向,并指导制定具体审计计划。

《中国注册会计师准则第 1221 号——重要性》第三条指出,重要性取决于具体环境下对错报金额和性质的判断,如果一项错报单独或连同其他错报可能影响财务报表使用者依据财务报表作出的经济决策,则该项错报是重大的。

审计风险是指财务报表存在重大错报而注册会计师发表不恰当审计意见的可能性。审计业务是一种保证程度高的鉴证业务,可接受的审计风险应当足够低,以使注册会计师能够合理保证所审计财务报表不含有重大错报。

【阅读资料】
审计师勤勉尽责要到什么程度

审计师做多少工作合适呢? 要是一个一般的职业,拿多少钱干多少活呗! 可是审计师这个行业有其特殊性,它有"风险"。审计师做工作,第一位考虑的不是能拿多少钱,而是能否控制风险。

审计师的作用,主要就是资本市场的"看门狗"(watch dog)。风险呢,就是被别人起诉,说你没做好"看门狗"的工作。

我们来设想一下,审计师一旦被人起诉,上了法庭,怎么样为自己辩护才能脱身呢?

首先,既然是被起诉了,肯定是人家认为,审计师该发现的一些问题而没有发现。这时候,从逻辑上说,审计师可以做如下申辩:

一是贬低自己,说自己智障,所以没发现问题。这就好像很多犯罪嫌疑人都说自己是精神病一样。但这一手大概过不去,法官也好,陪审团也好,社会公众也好,很难相信能考取注册会计师'执照'的人是智障。

二是抬高对手,说我们已经尽力了,"不是我们不小心,实在是敌人太狡猾"。这样的说法,有点儿丢面子。不过,如果社会公众能接受这样的说法,这一个坎也算过去了。

怎么样才能让社会公众承认"不是审计师不小心,实在是敌人太狡猾"呢?这很大程度上取决于社会公众对审计师的期望。要是社会公众对审计师的期望是审计师个个都像007一样神通广大,像包公一样铁面无私,那还真就麻烦了。"抬高对手"这一招就不灵了——你想啊,人家都把你当007了,还有谁比你还牛啊?

所以,在美国,注册会计师协会自己给自己设定的职能之一就是多与公众交流,调整公众对审计师的期望。得不断地告诉公众:审计师也是人,不是神呐!按照审计准则的不成文的假设前提,审计师也就是一些智商略高于社会一般水平的人,因天天把大量的时间花费在财务会计和审计领域上而成为专家。在执行项目审计的时候,审计师每天工作8~10个小时,认认真真,兢兢业业,把自己的专业知识和精力都用在工作上。一般老百姓看了,会觉得,一个孝子给爹妈干活,也不过如此。

要是已经这样做了,仍然被人家骗了,没发现问题,这也真不能怪审计师了。要是还怪审计师,他就该急了,"我给亲爹妈干活,也没这么尽心过呀?还起诉我?!你不看一看,这个骗局设计得多棒啊,都赶得上福尔摩斯探案集的水平。再有名的医生治病,还有治不了的呐。有本事你来做一遍这审计,我就不信你比我强!"

在圣经故事里,耶稣曾对群情激愤要打死一个罪妇的众人说,你们谁要是自己身上没有犯过错,就上前来打死她。听了这话,大家都不再向前了。

我估计,审计师要真那样嚷嚷出来的话,要起诉审计师的人也应该扪心自问,"这个骗局设计得确实不错,让人大开眼界,比好莱坞大片还精彩。我去做这个审计,估计也发现不了这个问题,可能还不如这个可怜的审计师呢。看样子,不是审计师不小心,实在是敌人太狡猾了"。

不过,要是控方律师能够轻易地拆穿企业的骗术,让社会大众觉得,"不过瘾,不过如此",而审计师还蒙在鼓里的话,社会大众就会觉得,"这个审计师,不是笨就是懒。天生笨或懒不是你的错,但这样子还出来混审计师这碗饭就是你的错了。那么简单的问题都发现不了,不起诉你太对不起社会了。"

(资料来源:《让数字说话——审计,就这么简单》)

复习思考题

1. 制定审计计划的作用是什么?
2. 总体审计策略与具体审计计划各包括哪些内容?其关系如何?
3. 什么是审计重要性?确定重要性需要考虑哪些因素?
4. 什么是审计风险?其与重要性的关系如何?

第三篇　实务篇

本篇讲授的内容是审计工作的主体,包括内部控制审计、销售与收款业务循环审计、采购与付款业务循环审计、存货与仓储循环审计、筹资与投资循环审计、货币资金审计和审计报告等内容。

本篇内容除审计报告之外,均为外勤审计工作的内容,而审计报告又是对外勤审计工作结果的综合与表示,因此本篇的内容对于培养学生分析和综合、定性和处理、报告的能力相当重要。

进行审计实务的控制测试是一项重要的审计工作,因此应对被审计单位的内部控制制度进行评审,以便确定审计的重点,减少审计风险;掌握各业务循环审计业务,不仅涉及会计实务、审计意识,还涉及对错误的账务处理进行审计调整,因此对本篇内容的学习存在着一定的难度。

第八章
Chapter 8

内部控制审计

【学习要点及目标】

知识目标：通过本章的学习，使学生了解企业内部控制的涵义与作用、内部控制的分类；理解内部控制的局限性、了解和评价内部控制；掌握内部控制整体框架的内容、控制测试的方法。

能力目标：能够对企业的内部控制制度执行情况进行实质性测试。

素质目标：培养学生主动性和分析思维等方面的素质。

【案例导入】

1945年，雷创办了美国芝加哥第一家证券公司。在经过数十年的苦心经营之后，雷却突然与1968年6月4日的早上自杀。在遗书中雷承认，30多年来他一直窃取客户们的资金进行证券投机炒作，现因资金周转不灵，使许多客户蒙受巨大损失，因无法交代而不得不自杀。受到损失的投资者们起诉了厄斯特会计师事务所，30多年来，芝加哥第一证券公司一直由他们审计。原告的诉讼理由是：厄斯特会计师事务所帮助和纵容了雷的欺诈，因为他们没有发现和揭露芝加哥第一家证券公司中的内部控制弱点，以至于雷能长期私自挪用公司资金，欺骗投资者。原告称，如果厄斯特会计师事务所发现了这些内部控制弱点后，就会进行调查，那么调查就会导致虚假投资计划的发现，从而使欺骗终止。会计师事务所对此进行了抗辩，认为会计师事务所的责任是审核财务报表，而不是设计内部控制制度。美国法庭经过一审、二审、三审，均得出不同的判决结果，此案至今还存在不同争议。

第一节 内部控制概述

一、企业内部控制的涵义

内部控制是企业内部管理的重要组成部分,它是由内部牵制制度发展而来的,经历了内部牵制、内部控制制度、内部控制结构和内部控制整体框架四个阶段。

(一)企业内部控制的定义

企业内部控制是指被审计单位为了合理保证财务报告的可靠性、经营的效率和效果以及对法律法规的遵循,由治理层、管理层和其他人员设计和执行的政策和程序。

内部控制可以从以下几个方面理解:

(1)内部控制的目标是合理保证:

①财务报告的可靠性,这一目标与治理层和管理层履行财务报告编制责任密切相关;

②经营的效率和效果,即经济有效地使用企业资源,以最优方式实现企业的目标;

③在经营活动中不违反法律法规的要求,即在法律法规的框架下经营。这里所说的合理保证,不是绝对保证。

(2)设计和实施内部控制的责任主体是治理层、管理层和其他人员,组织中的每一个人都应该对内部控制负责。

(3)实现内部控制目标的手段是设计和执行控制政策和程序。内部控制是在内部牵制的基础上,由企业管理人员在经营管理实践中创造、经过审计人员的理论总结而逐步完善的自我监督和自行调整体系。内部控制贯穿于企业经营活动的各个方面,只要存在企业经济活动和经营管理,就需要有相应的内部控制。审计人员应当了解与审计相关的内部控制以识别潜在错报的类型,考虑导致重大错报风险的因素,以及设计和实施进一步审计程序的性质、时间和范围。

(二)内部控制的作用

1. 保证企业目标的实现

企业的目标就是追求利润最大化,而要实现这一目标,企业的供、产、销各个环节,人、财、物各个方面都必须健康有序有效地运行。健全的内部控制制度就为企业管理机制自我调节、自我控制功能的充分发挥提供了前提条件和保障。当企业的经济活动在某一环节或某一方面发生了偏差或失控,企业的职能部门就可以及时地采取措施进行处理,从而保证企业目标的实现。

2. 保证会计及其他信息资料的可靠和正确

企业建立了一套健全有效的内部控制制度,就能对企业各项经济行为进行约束,就能对会计处理各个环节进行控制,从而减少差错与舞弊的发生,保证会计和其他信息可信度的提高。

3. 保护企业资产的安全完整

企业有一整套健全的内部控制制度,就能做到分工明确、责任落实,使各项财产物资收入、保管、发出和使用等各个环节都受到全面而严格的监督,从而避免或减少损失浪费以及舞弊行为的发生,保护财产安全完整。

4. 为审计效率和效果的提高提供必要条件

审计的重要职能是经济鉴证,即对被审计单位的会计报表及其他经济资料,通过检查和验证,确定其财务状况和经营成果是否真实、公允、合法和合规。而企业只有建立了良好的内部控制,才有可能提高会计报表及其他经济资料的准确程度,并提高各种业务活动的合法合规程度。因此,在企业内部控制健全的情况下,只要审查验证被审计单位内部控制是否有效运行就能对被审计事项做出总体恰当评价,并能从中发现薄弱环节实施重点审计,达到提高审计效率和审计效果的作用。

二、内部控制的分类

(一)按控制功能分类

1. 预防性控制

预防性控制通常用于正常业务流程的每一项交易中,以防止错报的发生。在流程中防止错报是信息系统的重要目标。缺少有效的预防性控制增加了数据发生错报的可能性,特别是在相关账户及其认定存在较高重大错报风险时,更是如此。

预防性控制可能是人工的,也可能是自动化的。表 8.1 是预防性控制及其能防止错报的例子。

表 8.1 预防性控制示例表

对控制的描述	控制用来防止的错报
生成收货报告的计算机程序,同时也更新采购档案	防止出现购货漏记账的情况
在更新采购档案之前必须先有收货报告	防止记录了未收到购货的情况
销货发票上的价格根据价格清单上的信息确定	防止销货计价错误
计算机将各凭证上的账户号码与会计科目表对比,然后进行一系列的逻辑测试	防止出现分类错报

2. 检查性控制

建立检查性控制的目的是发现流程中可能发生的错报(尽管有预防性控制还是会发生的错报)。被审计单位通过检查性控制,监督其流程和相应的预防性控制能否有效地发挥作用。检查性控制通常是管理层用来监督实现流程目标的控制。检查性控制可以由人工执行,也可以由信息系统自动执行。

检查性控制通常并不适用于业务流程中的所有交易,而适用于一般业务流程以外的已经处理或部分处理的某类交易,可能一年只运行几次,如每月将应收账款明细账与总账比较;也可能每周运行,甚至一天运行几次。与预防性控制相比,不同被审计单位之间检查性控制差别很大。许多检查性控制取决于被审计单位的性质、执行人员的能力、习惯和偏好。检查性控制可能是正式建立的程序,如编制银行存款余额调节表,并追查调节项目或异常项目,也可能是非正式的程序。

表 8.2 是检查性控制及其可能查出的错报的例子

表 8.2 检查性控制示例表

对控制的描述	设计控制预期查出的错报
定期编制银行存款余额调节表,跟踪调查挂账的项目。	在对其他项目进行审核的同时,查找存入银行但没有记入日记账的现金收入,未记录的现金支付或虚构入账的不真实的银行现金收入或支付,未及时入账或未正确汇总分类的银行现金收入或支付。
将预算与实际费用的差异列入计算机编制的报告中并由部门经理复核。记录所有超过预算2%的差异情况和解决措施。	在对其他项目进行审核的同时,查找本月发生的重大分类错报或没有记录及没有发生的大笔收入、支出以及相关联的资产和负债项目。
计算机每天比较运出货物的数量和开票数量。如果发现差异,产生报告,由开票主管复核和追查。	查找没有开票和记录的出库货物,以及与真实发货无关的发票。
每季度复核应收账款贷方余额并找出原因。	查找没有记录的发票和销售与现金收入中的分类错误。

(二)按控制目的分类

1. 财产物资控制

财产物资控制是为了确保财产物资的安全所实施的控制。如材料的验收和领用制度、固定资产的定期盘点制度等。

2. 会计信息控制

会计信息控制是为了确保会计信息的真实、正确和可靠所实施的控制。如会计记录的定期核对制度、会计凭证的复核制度等。

3. 经营决策控制

经营决策控制是为了确保经营决策的贯彻执行所实施的控制。如预算控制、计划控制、质量控制等。

(三)按控制时间分类

1. 事前控制

事前控制是在业务发生之前所实施的控制。如对销售计划、预算方案的制订等。

2. 事中控制

事中控制是在业务发生过程中所实施的控制。如对成品生产过程的检查,固定资产建造过程中的监控措施等。

3. 事后控制

事后控制是经济业务发生后所实施的控制。如工程项目的决算控制等。

三、内部控制的固有局限性

无论如何设计和执行,内部控制只能对财务报告的可靠性提供合理的保证。内部控制存在的固有局限性,包括:

(1)在决策时,人为判断可能出现错误和由于人为失误而导致内部控制失效。例如,被审计单位信息技术工作人员没有完全理解系统如何处理销售交易,为使系统能够处理新型产品的销售,可能错误地对系统进行更改;或者对系统的更改是正确的,但是程序员没能把此次更改转化为正确的程序代码。

(2)可能由于两个或更多的人员进行串通或管理层凌驾于内部控制之上而被规避。例如,管理层可能与客户签订背后协议,对标准的销售合同作出变动,从而导致收入确认发生错误。再如,软件中的编辑控制旨在发现和报告超过赊销信用额度的交易,但这一控制可能被逾越或规避。

此外,如果被审计单位内部行使控制职能的人员素质不适应岗位要求,也会影响内部控制功能的正常发挥。被审计单位实施内部控制的成本效益问题也会影响其职能,当实施某项控制成本大于控制效果而发生损失时,就没有必要设置该控制环节或控制措施。内部控制一般都是针对经常而重复发生的业务而设置的,如果出现不经常发生或未预计到的业务,原有控制就可能不适用。

四、与审计相关的内部控制

内部控制的目标旨在合理保证财务报告的可靠性、经营的效率和效果以及对法律法规的遵守。注册会计师审计的目标是对财务报表是否不存在重大错报发表审计意见,尽管要求注册会计师在财务报表审计中考虑与财务报表编制相关的内部控制,但目的并非对被审计单位内部控制的有效性发表意见。注册会计师需要了解和评价的内部控制只是与财务报表审计相关的内部控制,并非被审计单位所有的内部控制。

1. 为实现财务报告可靠性目标设计和实施的控制

与审计相关的控制,包括被审计单位为实现财务报告可靠性目标设计和实施的控制。注册会计师应当运用职业判断,考虑一项控制单独或连同其他控制是否与评估重大错报风险以及针对评估的风险设计和实施进一步审计程序有关。

在运用职业判断时,注册会计师应当考虑下列因素:

①注册会计师确定的重要性水平;
②被审计单位的性质,包括组织结构和所有制性质;
③被审计单位的规模;
④被审计单位经营的多样性和复杂性;
⑤法律法规和监管要求;
⑥作为内部控制组成部分的系统(包括利用服务机构)的性质和复杂性。

2. 其他与审计相关的控制

如果在设计和实施进一步审计程序时拟利用被审计单位内部生成的信息,注册会计师应当考虑用以保证该信息完整性和准确性的控制可能与审计相关。注册会计师以前的经验以及在了解被审计单位及其环境过程中获得的信息,可以帮助注册会计师识别与审计相关的控制。

如果用以保证经营效率、效果的控制以及对法律法规遵守的控制与实施审计程序时评价或使用的数据相关,注册会计师应当考虑这些控制可能与审计相关。例如,对于某些非财务数据(如生产统计数据)的控制,如果注册会计师在实施分析程序时使用这些数据,这些控制就可能与审计相关。又如,某些法规(如税法)对财务报表存在直接和重大的影响(影响应交税费和所得税)。为了遵守这些法规,被审计单位可能设计和执行相应的控制,这些控制也与注册会计师的审计相关。

被审计单位通常有一些与审计无关的控制,注册会计师无需对其加以考虑。例如,被审计单位可能依靠某一复杂的自动控制系统提高经营活动的效率和效果(如航空公司用于维护航班时间表的自动控制系统),但这些控制通常与审计无关。

用以保护资产的内部控制可能包括与实现财务报告可靠性和经营效率、效果目标相关的控制。注册会计师在了解保护资产的内部控制各项要素时,可仅考虑其中与财务报告可靠性目标相关的控制。例如,保护存货安全的控制可能与审计相关,但在生产中防止材料浪费的控制通常就与审计不相关,只有所用材料的成本没有在财务报表中如实反映,才会影响财务报表的可靠性。

第二节 内部控制整体框架的内容

美国 COSO 委员会于 1992 年发布了《内部控制——整体框架》的研究报告,这是内部控制发展史上又一里程碑。COSO 委员会于 1994 年提出对此报告的修改篇,扩大了内部控制涵盖范围,增加了与保障资产安全有关的控制,得到了美国审计署的认可,同时 AICPA 则全面接受了 COSO 报告的内容,于 1995 年发布了《审计准则公告第 78 号》,并自 1997 年 1 月起取代了《审计准则公告第 55 号》。

COSO 报告指出:内部控制是一个过程,受企业董事会、管理层和其他员工影响,旨在保证财务报告的可靠性、经营的效果和效率以及现行法规的遵循。它认可内部控制整体框架主要由控制环境、风险评估过程、信息系统与沟通、控制活动和对控制的监督五个要素组成。

一、控制环境

控制环境包括治理职能和管理职能,以及治理层和管理层对内部控制及其重要性的态度、认识和措施。控制环境设定了被审计单位的内部控制基调,影响员工对内部控制的认识和态度。良好的控制环境是实施有效内部控制的基础。防止或发现并纠正舞弊和错误是被审计单位治理层和管理层的责任。在评价控制环境的设计和实施情况时,注册会计师应当了解管理层在治理层的监督下,是否营造并保持了诚实守信和合乎道德的文化,以及是否建立了防止或发现并纠正舞弊和错误的恰当控制。具体包括以下内容:

(1)对诚信和道德价值观念的沟通与落实。
(2)对胜任能力的重视。
(3)治理层的参与程度。
(4)管理层的理念和经营风格。
(5)组织结构。
(6)职权与责任的分配。
(7)人力资源政策与实务。

二、风险评估过程

任何经济组织在经营活动中都会面临各种各样的风险,风险对其生存和竞争能力产生影响。很多风险并不为经济组织所控制,但管理层应当确定可以承受的风险水平,识别这些风险并采取一定的应对措施。

可能产生风险的事项和情形包括:

(1)监管及经营环境的变化。监管和经营环境的变化会导致竞争压力的变化以及重大的相关风险。
(2)新员工的加入。新员工可能对内部控制有不同的认识和关注点。
(3)新信息系统的使用或对原系统进行升级。信息系统的重大变化会改变与内部控制相关的风险。
(4)业务快速发展。快速的业务扩张可能会使内部控制难以应对,从而增加内部控制失效的可能性。
(5)新技术。将新技术运用于生产过程和信息系统可能改变与内部控制相关的风险。
(6)新生产型号、产品和业务活动。进入新的业务领域和发生新的交易可能带来新的与内部控制相关的风险。
(7)企业重组。重组可能带来裁员以及管理职责的重新划分,将影响与内部控制相关的风险。

(8)发展海外经营。海外扩张或收购会带来新的并且往往是特别的风险,进而可能影响内部控制,如外币交易的风险。

(9)新的会计准则。采用新的或变化了的会计准则可能会增大财务报告发生重大错报的风险。

风险评估过程的作用是识别、评估和管理影响被审计单位实现经营目标能力的各种风险。而针对财务报告目标的风险评估过程则包括识别与财务报告相关的经营风险,评估风险的重大性和发生的可能性,以及采取措施管理这些风险。例如,风险评估可能会涉及被审计单位如何考虑对某些交易未予记录的可能性,或者识别和分析财务报告中的重大会计估计发生错报的可能性。与财务报告相关的风险也可能与特定事项和交易有关。

被审计单位的风险评估过程包括识别与财务报告相关的经营风险,以及针对这些风险所采取的措施。注册会计师应当了解被审计单位的风险评估过程和结果。

三、信息系统与沟通

1. 与财务报告相关的信息系统

与财务报告相关的信息系统,包括用以生成、记录、处理和报告交易、事项和情况,对相关资产、负债和所有者权益履行经营管理责任的程序和记录。交易可能通过人工或自动化程序生成。记录包括识别和收集与交易、事项有关的信息。处理包括编辑、核对、计量、估价、汇总和调节活动,可能由人工或自动化程序来执行。报告是指用电子或书面形式编制财务报告和其他信息,供被审计单位用于衡量和考核财务及其他方面的业绩。

与财务报告相关的信息系统应当与业务流程相适应。业务流程是指被审计单位开发、采购、生产、销售、发送产品和提供服务、保证遵守法律法规、记录信息等一系列活动。与财务报告相关的信息系统所生成信息的质量,对管理层能否作出恰当的经营管理决策以及编制可靠的财务报告具有重大影响。与财务报告相关的信息系统通常包括下列职能:

①识别与记录所有的有效交易;

②及时、详细地描述交易,以便在财务报告中对交易作出恰当分类;

③恰当计量交易,以便在财务报告中对交易的金额作出准确记录;

④恰当确定交易生成的会计期间;

⑤在财务报表中恰当列报交易。

2. 与财务报告相关的沟通

与财务报告相关的沟通包括使员工了解各自在与财务报告有关的内部控制方面的角色和职责、员工之间的工作联系,以及向适当级别的管理层报告例外事项的方式。

公开的沟通渠道有助于确保例外情况得到报告和处理。沟通可以采用政策手册、会计和财务报告手册及备忘录等形式进行,也可以通过发送电子邮件、口头沟通和管理层的行动来进行。

四、控制活动

控制活动是指有助于确保管理层的指令得以执行的政策和程序。包括与授权、业绩评价、信息处理、实物控制和职责分离等相关的活动。

1. 授权

注册会计师应当了解与授权有关的控制活动,包括一般授权和特别授权。授权的目的在于保证交易在管理层授权范围内进行。一般授权是指管理层制定的要求组织内部遵守的普遍适用于某类交易或活动的政策。特别授权是指管理层针对特定类别的交易或活动逐一设置的授权,如重大资本支出和股票发行等。特别授权也可能用于超过一般授权限制的常规交易。例如,同意因某些特别原因,对某个不符合一般信用条件的客户赊销商品。

2. 业绩评价

注册会计师应当了解与业绩评价有关的控制活动,主要包括被审计单位分析评价实际业绩与预算(或预测前期业绩)的差异,综合分析财务数据与经营数据的内在关系,将内部数据与外部信息来源相比较,评价职能部门、分支机构或项目活动的业绩(如银行客户信贷经理复核各分行、地区和各种贷款类型的审批和收回),以及对发现的异常差异或关系采取必要的调查与纠正措施。

通过调查非预期的结果和非正常的趋势,管理层可以识别可能影响经营目标实现的情形。管理层对业绩信息的使用(如将这些信息用于经营决策,还是同时用于对财务报告系统报告的非预期结果进行追踪),决定了业绩指标的分析是只用于经营目的,还是同时用于财务报告目的。

3. 信息处理

注册会计师应当了解与信息处理有关的控制活动,包括信息技术的一般控制和应用控制。

被审计单位通常执行各种措施,检查各种类型信息处理环境下的交易的准确性、完整性和授权。信息处理控制可以是人工的、自动化的,或是基于自动流程的人工控制。信息处理控制分为两类,即信息技术的一般控制和应用控制。

信息技术一般控制是指与多个应用系统有关的政策和程序,有助于保证信息系统持续恰当地运行(包括信息的完整性和数据的安全性),支持应用控制作用的有效发挥,通常包括数据中心和网络运行控制,系统软件的购置、修改及维护控制,接触或访问权限控制,应用系统的购置、开发及维护控制。例如,程序改变的控制、限制接触程序和数据的控制、与新版应用软件包实施有关的控制等都属于信息系统一般控制。

信息技术应用控制是指主要在业务流程层次运行的人工或自动化程序,与用于生成、记录、处理、报告交易或其他财务数据的程序相关,通常包括检查数据计算的准确性,审核账户和试算平衡表,设置对输入数据和数字序号的自动检查,以及对例外报告进行人工干预。

4. 实物控制

注册会计师应当了解实物控制,主要包括了解对资产和记录采取适当的安全保护措施,对访问计算机程序和数据文件设置授权,以及定期盘点并将盘点记录与会计记录相核对。例如,现金、有价证券和存货的定期盘点控制。实物控制的效果影响资产的安全,从而对财务报表的可靠性及审计产生影响。

5. 职责分离

注册会计师应当了解职责分离,主要包括了解被审计单位如何将交易授权、交易记录以及资产保管等职责分配给不同员工,以防范同一员工在履行多项职责时可能发生的舞弊或错误。当信息技术运用于信息系统时,职责分离可以通过设置安全控制来实现。

五、对控制的监督

对控制的监督是指被审计单位评价内部控制在一段时间内运行有效性的过程,该过程包括及时评价控制的设计和运行,以及根据情况的变化采取必要的纠正措施。例如,管理层对是否定期编制银行存款余额调节表进行复核;内部审计人员评价销售人员是否遵守公司关于销售合同条款的政策;法律部门定期监控公司的道德规范和商务行为准则是否得以遵循等。监督对控制的持续有效运行十分重要。例如没有对银行存款余额调节表是否得到及时和准确的编制进行监督,该项控制可能无法得到持续的执行。

以上五个要素实际内容广泛、相互联系。控制环境是其他控制要素的基础,控制环境不理想,企业的内部控制就不可能有效;在规划控制活动时必须对企业可能面临的风险有全面地了解;控制活动、控制政策和程序必须在组织内部有效地沟通;内部控制的设计和执行必须受到有效地监控。审计人员在审计财务报告时,应该对内部控制的有关要素都给予充分地考虑。

第三节　了解和评价内部控制

一、了解内部控制

了解被审计单位的内部控制是审计人员检查内部控制的首要步骤。主要包括以下内容:

1. 询问被审计单位的有关人员,并检查内部控制相关文件

注册会计师需要通过询问被审计单位的管理当局、会计人员和处理业务的职员来明确被审计单位内部控制的基本情况,也可以通过查阅内部控制文件了解被审计单位的组织结构、规章制度、业务处理流程等方面的信息。

2. 检查内部控制生成的凭证和记录

在实施内部控制的过程中,会产生一系列凭证和记录。例如,发生赊销业务时,应该有负责批准赊销业务的人员的签字,表明顾客信用状况已经过审核并同意向该顾客赊销货物。通过检查这种审批痕迹,审计人员可以了解该项控制程序的执行情况。

3. 观察被审计单位的业务活动和内部控制的运行状况

在审计过程中,注册会计师可以观察被审计单位正在进行的各项业务活动,以了解业务的执行是否遵循相关的内部控制要求。例如,观察会计部门的账务处理过程,可以了解会计岗位是否存在充分的职务分离;观察仓库的发货过程,可以了解货物的发出是否均与销售单核对,并出具出库单。

4. 选择若干具有代表性的交易和事项进行穿行测试

穿行测试是指测试一项业务的整个处理流程。例如,对销售业务的穿行测试就是抽取几笔销售业务,分别审查这几笔销售业务从顾客订单直至登记在库存商品明细账、应收账款明细账等账簿的整个业务流程是否符合被审计单位内部控制的规定。通过穿行测试,注册会计师可以了解被审计单位各项业务的处理流程,并有可能发现其中存在的缺陷。

二、记录对内部控制的了解情况

在询问过程中,注册会计师可以检查并在适当的情况下保存部分被审计单位文件(如流程图、程序手册、职责描述、文件、表格等)的复印件,以帮助其了解交易流程。通常,为了有助于理解,注册会计师应当考虑在图表及流程图上加入自己的文字表述,归纳总结被审计单位提供的有关资料。

如果可行的话,流程图或文字表述应反映所有相关的处理程序,无论这些处理程序是人工还是自动完成的。流程图或文字表述应足够详细,以帮助注册会计师确定在什么环节可能会发生重大错报。因此,流程图或文字表述通常会反映业务流程中数据发生、入账或修改的活动。在较为复杂的环境中,一份流程图可能需要其他的流程图和文字表述予以支持。注册会计师可以通过备忘录、笔记或复印被审计单位相关资料而逐步使信息趋于完整。

由于获取此类资料的最根本目的是帮助注册会计师确定哪个环节可能发生错报,因此,注册会计师要注意记录以下信息:

①输入信息的来源;

②所使用的重要数据档案,如客户清单及价格信息记录;

③重要的处理程序,包括在线输入和更新处理;

④重要的输出文件、报告和记录;

⑤基本的职责划分,即列示各部门所负责的处理程序。

如果注册会计师对重要业务流程的记录符合下列条件,可以认为其是充分的:

①该记录识别了所有重要交易类别;

②该记录指出在业务处理流程中"在什么环节可能出错",即在什么环节需要控制;

③该记录描述了针对"在什么环节可能出错"建立的预防性控制与检查性控制,而且指出这些控制由谁执行以及如何执行。

注册会计师通常只是针对每一年的变化,修改记录流程的工作底稿,除非被审计单位的交易流程发生重大改变。然而,无论业务流程与以前年度相比是否有变化,注册会计师每年都需要考虑上述注意事项,以确保对被审计单位的了解是最新的,并已包括被审计单位交易流程中相关的重大变化。

三、对内部控制的初步评价和风险评估

在识别和了解内部控制后,根据执行上述程序和获取的审计证据,注册会计师需要评价控制设计的合理性并确定其是否得到执行。

注册会计师对控制的评价结论可能是:
①所设计的内部控制单独或连同其他控制能够防止或发现并纠正重大错报,并得到执行;
②控制本身的设计是合理的,但没有得到执行;
③控制本身的设计就是无效的或缺乏必要的控制。

由于对内部控制的了解和评价是在穿行测试完成后,但又在测试控制运行有效性之前进行的,因此,上述评价结论只是初步结论,仍可能在控制测试后或随实施实质性程序的结果变化而发生变化。

在对内部控制进行初步评价后,注册会计师需要利用实施上述程序获得的信息,回答以下问题:

(1)控制本身的设计是否合理。注册会计师需要根据上述的考虑因素判断,如果识别的控制设计合理,该控制在重要业务流程中单独或连同其他控制能否有效地实现特定控制目标。

(2)控制是否得到执行。如果设计合理的控制没有得到执行,就不会发挥应有的作用。因此,注册会计师需要获取审计证据,评价这类控制是否确实存在,且正在被使用。

(3)是否更多地信赖控制并拟实施控制测试。如果认为被审计单位控制设计合理并得到执行,能够有效防止或发现并纠正重大错报,那么,注册会计师通常可以信赖这些控制,减少拟实施的实质性程序。如果拟更多地信赖这些控制,需要确信所信赖的控制在整个拟信赖期间都有效地发挥了作用,即注册会计师应对这些控制在该期间内是否得到一贯运行进行测试。拟信赖该控制的期间可能是整个年度,也可能是其中某一时段。如果控制测试的结果进一步证实内部控制是有效的,注册会计师可以认为相关账户及认定发生重大错报的可能性较低,对相关账户及认定实施实质性程序的范围也将减少。

有时,注册会计师也可能认为控制是无效的,包括控制本身设计不合理,不能实现控制目标,或者尽管控制设计合理,但没有得到执行。那么注册会计师不需要测试控制运行的有效性,而直接实施实质性程序。但在评估重大错报风险时,需要考虑控制失效对财务报表及其审计的影响。

需要再次指出的是,除非存在某些可以使控制得到一贯运行的自动化控制,注册会计师对控制的了解和评价并不能够代替对控制运行有效性的测试。例如,注册会计师获得了某一人

工控制在某一时点得到执行的审计证据,但这并不能证明该控制在被审计期间内的其他时点也得到有效执行。

第四节　控制测试

一、控制测试的含义

控制测试指的是测试控制运行的有效性。控制运行的有效性强调的是控制能够在不同的时点按照既定设计得以一贯执行。在进行控制测试时,审计人员应当从以下方面获取关于控制是否有效运行的审计证据:

(1)控制在所审计期间的不同时点是如何运行的。
(2)控制是否得到一贯执行。
(3)控制由谁执行。
(4)控制以何种方式运行。

审计人员在测试控制运行有效性时,要抽取足够数量的交易进行检查或对多个时点进行观察。审计人员可以考虑在评价控制设计和获取其得到执行的审计证据的同时测试控制运行的有效性,以提高审计效率,并同时考虑这些审计证据是否可以实现控制测试的目的。

二、控制测试的要求

控制测试并非在任何情况下都需要实施。当存在下列情况之一时,审计人员应当实施控制测试:

(1)在评估认定层次重大错报风险时,预期控制的运行是有效的。
(2)仅实施实质性程序不足以提供认定层次充分、适当的审计证据。

只有在认为控制设计合理、能够防止或发现并纠正认定层次的重大错报时,审计人员才有必要对控制运行的有效性实施测试。如果在评估认定层次重大错报风险时,预期控制的运行是有效的,审计人员应当实施控制测试,就控制在相关期间或时点的运行有效性获取充分、适当的审计证据。

如果认为仅实施实质性程序获取的审计证据无法将认定层次重大错报风险降至可接受的低水平,审计人员可以实施相关的控制测试,以获取控制运行有效的审计证据。

三、控制测试的范围

控制测试的范围主要是指某项控制活动的测试次数。从理论上讲,控制测试的范围越大,所能提供的有关控制政策和程序执行有效性的证据就越充分。在审计实务中,审计人员执行控制测试的范围并不是越大越好,而是要求审计人员从最经济有效地实现审计目标的总体要

求出发,合理地确定控制测试的范围。审计人员在确定某项控制测试的范围时通常考虑以下因素:

(1)在整个拟信赖的期间,被审计单位执行控制测试的频率。控制执行的频率越高,控制测试的范围越大。

(2)在所审计期间,审计人员拟信赖控制运行有效性的时间长度。拟信赖期间越长,控制测试的范围越大。

(3)为证实控制能够防止或发现并纠正认定层次的重大错报,所需获取审计证据的相关性和可靠性。对审计证据的相关性和可靠性要求越高,控制测试的范围越大。

(4)通过测试与认定相关的其他控制获取的审计证据的范围。当针对其他控制获取的审计证据的充分性和适当性较高时,测试该控制的范围可适当缩小。

(5)在了解内部控制时拟信赖控制运行有效性的程度。审计人员在了解内部控制时,对控制运行有效性的拟信赖程度越高,需要实施控制测试的范围越大。

(6)控制的预期偏差。控制的预期偏差率越高,需要实施控制的范围越大。如果控制的预期偏差率过高,审计人员应当考虑控制可能不足以将认定层次的重大错报风险降至可接受的低水平,从而针对某一认定实施的控制测试可能是无效的。

四、控制测试的性质和时间

控制测试的性质是指控制测试所使用的审计程序的类型及其组合。一般而言,控制测试所使用的审计程序包括:询问、观察、检查、重新执行和穿行测试。

控制测试的时间包含两层含义:一是何时实施控制测试;二是测试所针对的控制适用的时点或期间。其基本原理是,如果测试特定时点的控制,审计人员仅需得到该时点运行有效性的审计证据;如果测试某一期间的控制,审计人员可获取控制在该期间有效运行的审计证据。审计人员应当根据控制测试的目的确定控制测试的时间,并确定拟信赖的相关控制的时点或期间。

五、对风险评估的修正

注册会计师对认定层次重大错报风险的评估应以获取的审计证据为基础,并可能随着不断获取审计证据而作出相应的变化。

例如,注册会计师对重大错报风险的评估可能基于预期控制运行有效这一判断,即相关控制可以防止或发现并纠正认定层次的重大错报。但在测试控制运行的有效性时,注册会计师获取的证据可能表明相关控制在被审计期间并未有效运行。同样,在实施实质性程序后,注册会计师可能发现错报的金额和频率比在风险评估时预计的金额和频率要高。因此,如果通过实施进一步审计程序获取的审计证据与初始评估获取的审计证据相矛盾,注册会计师应当修正风险评估结果,并相应修改原计划实施的进一步审计程序。

因此，评估重大错报风险与了解被审计单位及其环境一样，也是一个连续和动态地收集、更新与分析信息的过程，贯穿于整个审计过程的始终。

本章小结

内部控制是企业内部管理的重要组成部分，它是由内部牵制制度发展而来的，经历了内部牵制、内部控制制度、内部控制结构和内部控制整体框架四个阶段。企业内部控制是指被审计单位为了合理保证财务报告的可靠性、经营的效率和效果以及对法律法规的遵循，由治理层、管理层和其他人员设计和执行的政策和程序。内部控制存在固有局限性，无论如何设计和执行，只能对财务报告的可靠性提供合理的保证。

内部控制整体框架主要由控制环境、风险评估过程、信息系统与沟通、控制活动和对控制的监督五个要素组成。

了解被审计单位的内部控制是审计人员检查内部控制的首要步骤。在询问过程中，注册会计师可以检查并在适当的情况下保存部分被审计单位文件（如流程图、程序手册、职责描述、文件、表格等）的复印件，以帮助其了解交易流程。在识别和了解内部控制后，根据执行上述程序和获取的审计证据，注册会计师需要评价控制设计的合理性并确定其是否得到执行。

控制测试指的是测试控制运行的有效性。控制运行的有效性强调的是控制能够在不同的时点按照既定设计得以一贯执行。控制测试并非在任何情况下都需要实施。控制测试的范围主要是指某项控制活动的测试次数。控制测试的性质是指控制测试所使用的审计程序的类型及其组合。

【阅读资料】

中国"萨班斯法案"实施在即

有着中国"萨班斯法案"之称的中国企业内部控制规范体系，将于2011年1月1日起在我国正式实施。业内人士指出，企业应充分认识这一体系的重要性，抓住实施前的时机加快建立和完善企业内部控制体系，为"后危机时代"企业防范风险筑起有效的"防火墙"。

2002年连续发生"安然"、"世界通讯"等财务欺诈事件，对国际投资市场造成了重大损害。为此，美国国会出台了《萨班斯法案》，加强对企业会计执业、公司治理和证券市场等方面的监管，这一法案对全世界公司风险防控和上市公司治理都产生重要影响。

为了吸取安然事件的教训，我国也加强了企业风险控制。2010年4月26日，财政部会同证监会、审计署、国资委、银监会、保监会等部门发布了我国首部《企业内部控制配套指引》，该配套指引连同2008年5月发布的《企业内部控制基本规范》，共同构建了中国企业内部控制规范体系。

根据五部门制定的实施时间表，《企业内部控制配套指引》将自2011年1月1日起首先在境内外同时上市的公司施行，自2012年1月1日起扩大到在上海证券交易所、深圳证券交易所主板上市的公司施行；在此基础上，择机在中小板和创业板上市公司施行；同时，鼓励非上市大型企业提前执行。

"企业内部控制规范体系是我国继实施与国际接轨的企业会计准则和审计准则之后，在会计审计领域推出的又一与国际接轨的重大改革,也是我国应对国际金融危机的重要制度安排。"财政部会计司司长刘玉廷指出,这一体系以防范风险和控制舞弊为中心,有助于全面提升上市公司和非上市大中型企业的经营管理水平。

据了解,由于我国资本市场以往没有统一的企业内部控制规范,加上一些公司内部控制意识淡薄,曾出现了一些企业内部控制失效甚至舞弊的案件,在市场上造成了恶劣影响。因此,越来越多的企业已经认识到构建内控体系的重要性。

新华人寿股份有限公司负责内部审计业务的李海滢说,我国以往发生的类似中航油海外交易巨亏、邯郸农行巨额现金失窃等案件,最直接的原因是企业基本内控没有做好,包括现金定期盘点、监察等基本制度没有建立。因此,企业应充分吸取教训,抓住此次国家推出内控体系的契机,加快构建并完善企业基本内控制度。

"企业内控制度体系的实施,为国内民营企业健康规范发展和防堵管理漏洞提供了明确指引。"北京探路者户外用品股份有限公司 CFO 张成说。作为去年在创业板第一批上市的公司,探路者尽管没有列入未来两年必须执行内控体系的企业名单,但从防范企业风险的角度,这家公司已经开始按照新出台的指引建立自己的内控制度。

山东省财政厅副厅长张洪军说,随着市场经济的发展和企业环境的变化,单纯依靠会计控制已难以应对企业面临的市场风险,会计控制必须向企业风险控制发展,并对企业内部控制实施自我评估和外部评估,这势必要求企业内部控制规范建设要有一个质的提升。

值得关注的是,作为与国际接轨的会计审计体系,我国企业内控规范体系与包括科索报告、《萨班斯法案》在内的世界领先内控制度在主要方面保持了一致。不少驻华外资企业代表认为,国内企业构建这一内控体系,有助于在海外更好树立中国企业形象,帮助更多中国企业走出去。

上海惠普大连公司内审部经理朱歌说,作为美国的上市公司,惠普公司必须要遵守美国的《萨班斯法案》,这一法案是美国安然事件之后出台的防控风险规范。而中国即将实施与国际接轨的内控体系,意味着中国也将进入一个企业内控时代。不断走向国际舞台的中国企业只有更多掌握了国际市场的"游戏规则",才能更好地在国际市场上参与竞争。

(资料来源:中国信息报(网络版),2010-6-9.)

复习思考题

1. 内部控制包括哪些要素?
2. 了解内部控制的审计程序主要有哪些?
3. 了解和评价内部控制的结果对后续审计程序有哪些影响?
4. 在什么条件下,审计人员应当执行控制测试?
5. 在确定控制测试的范围时通常应考虑哪些因素?

第九章 Chapter 9

销售与收款循环审计

【学习要点及目标】

知识目标:通过本章的学习,使学生了解销售与收款循环的审计对象;理解销售与收款循环的控制测试;掌握销售与收款循环主要业务的实质性测试。

能力目标:运用所学知识处理销售与收款循环业务的审计业务。

素质目标:培养学生分析思维、诚实正直和关注细节等方面的素质。

【案例导入】

银广夏公司在1999年度采取虚构进货单位,从而制造虚假的购入萃取产品的原材料,伪造销售发票、进出口报关单、银行进账单等,伪造萃取产品的生产记录,伪造萃取产品的原料入库单、产品出库单等多种手段,虚列萃取产品的出口收入2.39亿元人民币,导致其虚假净利润达1.28亿元人民币。在2000年底至2001年初,伪造虚假的出口销售合同、银行汇款单以及销售发票、出口报关单等,并继续采取了1999年度的造假手法,虚做萃取产品的出口收入7.24亿元人民币,导致其虚假净利润达4.18亿元人民币。然而,银广夏公司这两年度的财务会计报告经深圳中天勤会计师事务所审计后,均被出具了"无保留意见"的审计报告,造成投资者利益的重大损失。

中天勤会计师事务所在审计银广夏公司1999年度与2000年度会计报表时,执业的注册会计师严重违反了《中国注册会计师独立审计准则》的规定。比如对其子公司天津广夏公司审计时,执行应收账款及出口收入函证时,注册会计师竟然委托被审计单位天津广夏公司代替注册会计师向银行、海关、债务人等单位进行发函询证,将所有询证函交由该公司发出,回函也未要求直接寄回会计师事务所,而是由该公司收回后交给注册会计师,致使被审计单位得以伪造函证结果,使函证失去了意义。

在实施审计程序时,注册会计师应当对被函证者的选择、询证函的编制和寄发以及回函保持应有的控制。而中天勤会计师事务所的注册会计师却未能做到这一点。"明知"银广夏公司的财务会计报告"可能"存在虚假的情况下,没有实施有效的函证、认证和核查程序,也没有执行有效的存货盘点程序,因而未能发现银广夏公司会计报表中的重大虚假收入,依然签署了不实的"无保留意见"的审计报告。

如果执业的注册会计师按照独立审计准则的要求去实施函证等程序,银广夏公司虚增收入的舞弊行为是不难发现的。

业务循环通常与财务报表项目相关。销售与收款循环所涉及的资产负债表项目主要包括应收票据、应收账款、长期应收款、预收账款、应交税费;所涉及的利润表项目主要包括营业收入、营业税金及附加、销售费用等。

第一节 销售与收款循环的审计对象

通常把审计对象概括为被审计单位的经济活动,因此对于被审计单位的销售与收款业务循环来说,其审计对象就是该业务循环所包括的两项经济活动:一是本循环涉及的主要业务活动;二是本循环所涉及的主要凭证和会计记录。

一、主要业务活动

了解企业在销售与收款循环中的典型活动,对该业务循环的审计非常必要。这里简单地介绍一下销售与收款循环所涉及的主要业务活动。

(一)接受顾客订单

顾客提出订货要求是整个销售与收款循环的起点。从法律上讲,这是购买某种货物或接受某种劳务的一项申请。顾客的订单只有在符合企业管理层的授权标准时,才能被接受。管理层一般都列出了已批准销售的顾客名单。销售单管理部门在决定是否同意接受某顾客的订单时,应追查该顾客是否被列入这张名单。如果该顾客未被列入,则通常需要由销售单管理部门的主管来决定是否同意销售。

很多企业在批准了顾客订单之后,下一步就应编制一式多联的销售单。销售单是证明管理层有关销售交易的"发生"认定的凭据之一,也是此笔销售交易轨迹的起点。

(二)批准赊销信用

对于赊销业务,赊销批准是由信用管理部门根据管理层的赊销政策在每个顾客的已授权的信用额度内进行的。信用管理部门的职员在收到销售单管理部门的销售单后,应将销售单与该顾客已被授权的赊销信用额度以及至今尚欠的应收账款余额进行比较。执行人工赊销信用检查时还应合理划分工作职责,以切实避免销售人员为扩大销售而使企业承受不适当的信用风险。

企业的信用管理部门应对每个新顾客进行信用调查,包括获取信用评审机构对顾客信用等级的评定报告。无论批准赊销与否,都要求被授权的信用管理部门人员在销售单上签署意见,然后再将已签署意见的销售单送回销售单管理部门。

设计信用批准控制的目的是为了降低坏账风险,因此这些控制与应收账款账面余额的"计价和分摊"认定有关。

(三)按销售单供货

企业管理层通常要求商品仓库只有在收到经过批准的销售单时才能供货。设立这项控制程序的目的是为了防止仓库在未经授权的情况下擅自发货。因此。已批准销售单的一联通常应送达仓库,作为给仓库装运部门供货和发货的授权依据。

(四)按销售单装运货物

将按经批准的销售单供货与按销售单装运货物职责相分离,有助于避免负责装运货物的职员在未经授权的情况下装运产品。此外,装运部门职员在装运之前,还必须进行独立验证,以确定从仓库提取的商品都附有经批准的销售单,并且,所提取商品的内容与销售单一致。

装运凭证是指一式多联的、连续编号的提货单,可由电脑或人工编制。按序归档的装运凭证通常由装运部门保管。装运凭证提供了商品确实已装运的证据,因此,它是证实销售交易"发生"认定的另一种形式的凭据。而定期检查以确定在编制的每张装运凭证后均已附有相应的销售发票,则有助于保证销售交易"完整性"认定的正确性。

(五)向顾客开具账单

开具账单包括编制和向顾客寄送事先连续编号的销售发票。它所针对的主要问题是:
①是否对所有装运的货物都开具了账单(即"完整性"认定问题);
②是否只对实际装运的货物才开具账单,有无重复开具账单或虚构交易(即"发生"认定问题);
③是否按已授权批准的商品价目表所列价格计价开具账单(即"准确性"认定问题)。

为了降低开具账单过程中出现遗漏、重复、错误计价或其他差错的风险,应设立以下的控制程序:
①开具账单部门职员在编制每张销售发票之前,独立检查是否存在装运凭证和相应的经批准的销售单;
②依据已授权批准的商品价目表编制销售发票;
③独立检查销售发票计价和计算的正确性;
④将装运凭证上的商品总数与相对应的销售发票上的商品总数进行比较。

上述的控制程序有助于确保用于记录销售交易的销售发票的正确性。因此,这些控制与销售交易的"发生"、"完整性"以及"准确性"认定有关。销售发票副联通常由开具账单部门保管。

(六)记录销售

在手工会计系统中,记录销售的过程包括区分赊销、现销,按销售发票编制转账记账凭证或现金、银行存款收款凭证,再据以登记销售明细账和应收账款明细账或库存现金、银行存款日记账。

记录销售的控制程序包括以下内容:

①只依据附有有效装运凭证和销售单的销售发票记录销售,这些装运凭证和销售单应能证明销售交易的发生及其发生的日期;

②控制所有事先连续编号的销售发票;

③独立检查已处理销售发票上的销售金额同会计记录金额的一致性;

④记录销售的职责应与处理销售交易的其他功能相分离;

⑤对记录过程中所涉及的有关记录的接触予以限制,以减少未经授权批准的记录发生;

⑥定期独立检查应收账款的明细账与总账的一致性;

⑦定期向顾客寄送对账单,并要求顾客将任何例外情况直接向指定的未执行或记录销售交易的会计主管报告。

以上这些控制与"发生"、"完整性"、"准确性"以及"计价和分摊"认定有关。

对这项职能,注册会计师主要关心的问题是销售发票是否记录正确,并归属适当的会计期间。

(七)办理和记录现金、银行存款收入

这项功能涉及的是有关货款收回,现金、银行存款增加以及应收账款减少的活动。在办理和记录现金、银行存款收入时,最应关心的是货币资金失窃的可能性。货币资金失窃可能发生在货币资金收入登记入账之前或登记入账之后。处理货币资金收入时最重要的是要保证全部货币资金都必须如数、及时地记入库存现金、银行存款日记账或应收账款明细账,并如数、及时地将现金存入银行。在这方面,汇款通知单起着很重要的作用。

(八)办理和记录销售退回、销售折扣与折让

顾客如果对商品不满意,销售企业一般都会同意接受退货,或给予一定的销售折让;顾客如果提前支付货款,销售企业则可能会给予一定的销售折扣。发生此类事项时,必须经授权批准并应确保办理此事有关的部门和职员各司其职,分别控制实物流和会计处理。在这方面,严格使用贷项通知单无疑会起到关键的作用。

(九)注销坏账

不管赊销部门的工作如何主动,顾客因经营不善、宣告破产、死亡等原因而不支付货款的事仍时有发生。销售企业若认为某项货款再也无法收回,就必须注销这笔货款。对这些坏账,正确的处理方法应该是获取货款无法收回的确凿证据,经适当审批后及时做会计调整。

(十)提取坏账准备

坏账准备提取的数额必须能够抵补企业以后无法收回的销货款。

二、主要凭证和会计记录

在内部控制比较健全的企业,处理销售与收款业务通常需要使用很多凭证和会计记录。典型的销售与收款循环所涉及的主要凭证和会计记录有以下几种:

1. 顾客订货单

顾客订货单即顾客提出的书面购货要求。企业可以通过销售人员或其他途径,如采用电话、信函和向现有的及潜在的顾客发送订货单等方式,接受订货,取得顾客订货单。

2. 销售单

销售单是列示顾客所订商品的名称、规格、数量以及其他与顾客订货单有关信息的凭证,作为销售方内部处理顾客订货单的依据。

3. 发运凭证

发运凭证即在发运货物时编制的,用以反映发出商品的规格、数量和其他有关内容的凭据。发运凭证的一联寄送给顾客,其余联(一联或数联)由企业保留。这种凭证可用作向顾客开具账单的依据。

4. 销售发票

销售发票是一种用来表明已销售商品的规格、数量、价格、销售金额、运费和保险费、开票日期、付款条件等内容的凭证。销售发票的一联寄送给顾客,其余联由企业保留。销售发票也是在会计账簿中登记销售交易的基本凭证。

5. 商品价目表

商品价目表是列示已经授权批准的、可供销售的各种商品的价格清单。

6. 贷项通知单

贷项通知单是一种用来表示由于销售退回或经批准的折让而引起的应收销货款减少的凭证。这种凭证的格式通常与销售发票的格式相同,只不过它不是用来证明应收账款的增加,而是用来证明应收账款的减少。

7. 应收账款明细账

应收账款明细账是用来记录每个顾客各项赊销、还款、销售退回及折让的明细账。各应收账款明细账的余额合计数应与应收账款总账的余额相等。

8. 主营业务收入明细账

主营业务收入明细账是一种用来记录销售交易的明细账。它通常记载和反映不同类别产品或劳务的销售总额。

9. 折扣与折让明细账

折扣与折让明细账是一种用来核算企业销售商品时,按销售合同规定为了及早收回货款而给予顾客的销售折扣和因商品品种、质量等原因而给予顾客的销售折让情况的明细账。当然,企业也可以不设置折扣与折让明细账,而将该类业务记录于主营业务收入明细账。

10. 汇款通知书

汇款通知书是一种与销售发票一起寄给顾客,由顾客在付款时再寄回销售单位的凭证。这种凭证注明顾客的姓名、销售发票号码、销售单位开户银行账号以及金额等内容。如果顾客没有将汇款通知书随同货款一并寄回,一般应由收受邮件的人员在拆开邮件时再代编一份汇款通知书。采用汇款通知书能使现金立即存入银行,可以改进资产保管的控制。

11. 库存现金日记账和银行存款日记账

库存现金日记账和银行存款日记账是用来记录应收账款的收回或现销收入以及其他各种现金、银行存款收入和支出的日记账。

12. 坏账审批表

坏账审批表是一种用来批准将某些应收款项注销为坏账的,仅在企业内部使用的凭证。

13. 顾客月末对账单

顾客月末对账单是一种按月定期寄送给顾客的用于购销双方定期核对账目的凭证。顾客月末对账单上应注明应收账款的月初余额、本月各项销售交易的金额、本月已收到的货款、各贷项通知单的数额以及月末余额等内容。

14. 转账凭证

转账凭证是指记录转账业务的记账凭证,它是根据有关转账业务(不涉及现金、银行存款收付的各项业务)的原始凭证编制的。

15. 收款凭证

收款凭证是指用来记录现金和银行存款收入业务的记账凭证。

第二节 控制测试和交易的实质性测试

一、概述

在展开本节内容的讨论之前,先给出"销售交易的控制目标、内部控制和测试一览表",见表9.1。表9.1分四栏,将与销售交易有关的内部控制目标、关键内部控制以及注册会计师常用的相应的控制测试和实质性程序分类列示。各栏目的内容及相互关系如下:

第一栏"内部控制目标",列示了企业设立销售交易内部控制的目标,也就是注册会计师实施相应控制测试和实质性程序所要达到的审计目标。

第二栏"关键内部控制",列示了与上述各项内部控制目标相对应的一项或数项主要内部控制。无论其他目标的控制如何有效,只要为实现某一项目标所必需的控制不健全,则与该目标有关的错误出现的可能性就随之增大,并且很可能影响企业内部控制的有效性。

第三栏"常用的控制测试",列示了注册会计师针对上述关键内部控制所实施的测试程序。控制测试与内部控制之间有直接联系,注册会计师对每项关键控制至少要执行一项控制测试以核实其效果,因为控制测试如果不用来测试某一具体的内部控制就毫无意义。通常,根据内部控制的性质确定控制测试的性质大都比较容易。例如,内部控制如果是批准赊销后在顾客订货单上签字,则控制测试就是检查顾客订货单上有无恰当的签字。

第四栏"常用的交易实质性程序",列示了注册会计师常用的实质性程序。实质性程序与第一栏所列的控制目标有着直接的联系,它是证明第一栏中具体审计的证据,其目的在于确定交易业务中与该控制目标有关的金额是否有错误。实质性程序虽然与关键控制及控制测试没有必然的关系,但实施实质性程序的性质、时间和范围,在一定程度上取决于关键控制是否存在和控制测试的结果。在确定交易实质性程序时,有些程序不管环境如何,是每一项审计所共同采用的,而有些则应视内部控制的健全程度和控制测试的结果而定。当然,审计重要性、以前期间的审计结果等因素,对实质性程序的确定也有影响。

表9.1中列示的方法,目的在于帮助注册会计师根据具体情况设计能够实现审计目标的审计方案。但它既未包含销售交易所有的内部控制、控制测试和实质性程序,也并不意味着审计实务中必须按此顺序与方法一成不变。一方面被审计单位所处行业不同、规模不一、内部控制制度的健全程度和执行结果不同,以前期间接受审计的情况也各不相同;另一方面,受审计时间、审计费用的限制,注册会计师除了确保审计质量、审计效果外,还必须提高审计效率,尽可能地消除重复的测试程序,保证检查某一凭证时能够一次完成对该凭证的全部审计测试程序,并按最有效的顺序实施审计测试。在审计实务工作中,注册会计师应根据表9.1所列示的内容,从实际出发,将其转换为更实用、高效的审计计划。也正是由于被审计单位的上述特性,决定了下面将要讨论的销售交易的控制测试和交易的实质性程序都只是定性而非定量的,在具体审计时,注册会计师应当结合被审计单位情况,运用职业判断和审计抽样技术来合理确定审计测试的样本量。

表9.1 销售交易的控制目标、内部控制和测试一览表

内部控制目标	关键内部控制	常用的控制测试	常用的交易实质性程序
登记入账的销售交易确系已经发货给真实的顾客(发生)	销售交易是以经过审核的发运凭证及经过批准的顾客订货单为依据登记入账的; 在发货前,顾客的赊购已经被授权批准; 销售发票均经事先编号并已恰当地登记入账; 每月向顾客寄送对账单,对顾客提出的意见做专门追查。	检查销售发票副联是否附有发运凭证(或提货单)及顾客订货单; 检查顾客的赊购是否经授权批准; 检查销售发票连续编号的完整性; 观察是否寄发对账单并检查顾客回函档案。	复核主营业务收入总账、明细账以及应收账款明细账中的大额或异常项目; 追查主营业务收入明细账中的分录至销售单、销售发票副联及发运凭证; 将发运凭证与存货永续记录中的发运分录进行核对; 将主营业务收入明细账中的分录与销售单中的赊销审批和发运审批进行核对。

续表 9.1

内部控制目标	关键内部控制	常用的控制测试	常用的交易实质性程序
所有销售交易均已登记入账（完整性）	发运凭证（或提货单）均经事先编号并已经登记入账；销售发票均经事先编号并已登记入账。	检查发运凭证连续编号的完整性；检查销售发票连续编号的完整性。	将发运凭证与相关的销售发票和主营业务收入明细账及应收账款明细账中的分录进行核对。
登记入账的销售数量确系已发货的数量，已正确开具账单并登记入账（计价和分摊）	销售价格、付款条件、运费和销售折扣的确定已经适当的授权批准；由独立人员对销售发票的编制作内部核查。	检查销售发票是否经适当的授权批准；检查有关凭证上的内部核查标记。	复算销售发票上的数据；追查主营业务收入明细账中的分录至销售发票；追查销售发票上的详细信息至发运凭证、经批准的商品价目表和顾客订货单。
销售交易的分类恰当（分类）	采用适当的会计科目表；内部复核和核查。	检查会计科目表是否适当；检查有关凭证上内部复核和核查的标记。	检查证明销售交易分类正确的原始证据。
销售交易的记录及时（截止）	采用尽可能在销售发生时开具收款账单和登记入账的控制方法；内部核查。	检查尚未开具收款账单的发货和尚未登记入账的销售交易；检查有关凭证上内部核查的标记。	将销售交易登记入账的日期与发运凭证的日期比较核对。
销售交易已经正确地记入明细账并经正确汇总（准确性、计价和分摊）	每月定期给顾客寄送对账单；由独立人员对应收账款明细账作内部核查；将应收款明细账余额合计数与其总账余额进行比较。	观察对账单是否已经寄出；检查内部核查标记；检查将应收账款明细账余额合计数与其总账余额进行比较的标记。	将主营业务收入明细账加总，追查其至总账的过账。

二、销售交易的内部控制、控制测试

注册会计师通常利用在了解被审计单位内部控制中所获取的资料来评价内部控制风险。下面结合表 9.1 讨论销售交易有关的关键内部控制和相应的控制测试。

（一）适当的职责分离

适当的职责分离有助于防止各种有意或无意的错误。例如，主营业务收入账如果系由记录应收账款账之外的职员独立登记，并由另一位不负责账簿记录的职员定期调节总账和明细账,就构成了一项自动交互牵制;规定负责主营业务收入和应收账款记账的职员不得经手货币资金,也是防止舞弊的一项重要控制。另外,销售人员通常有一种乐观地对待销售数量的自然倾向,而不问它是否将以巨额坏账损失为代价,赊销的审批则在一定程度上可以抑制这种倾向。因此,赊销批准职能与销售职能的分离,也是一种理想的控制。

财政部于2002年12月23日发布的《内部会计控制规范——销售与收款(试行)》中规定,单位应当将办理销售、发货、收款三项业务的部门(或岗位)分别设立;单位在销售合同订立前,应当指定专门人员就销售价格、信用政策、发货及收款方式等具体事项与客户进行谈判。谈判人员至少应有两人以上,并与订立合同的人员相分离;编制销售发票通知单的人员与开具销售发票的人员应相互分离;销售人员应当避免接触销货现款;单位应收票据的取得和贴现必须经由保管票据以外的主管人员的书面批准。这些都是对单位提出的、有关销售与收款业务相关职责适当分离的基本要求,以确保办理销售与收款业务的不相容岗位相互分离、制约和监督。

注册会计师通常通过观察有关人员的活动,以及与这些人员进行讨论,来实施职责分离的控制测试。

(二) 正确的授权审批

对于授权审批问题,注册会计师应当关注以下四个关键点上的审批程序:
① 在销售发生之前,赊销已经正确审批;
② 非经正当审批,不得发出货物;
③ 销售价格、销售条件、运费、折扣等必须经过审批;
④ 审批人应当根据销售与收款授权批准制度的规定,在授权范围内进行审批,不得超越审批权限。对于超过单位既定销售政策和信用政策规定范围的特殊销售交易,单位应当进行集体决策。

前两项控制的目的在于防止企业因向虚构的或者无力支付货款的顾客发货而蒙受损失;价格审批控制的目的在于保证销售交易按照企业定价政策规定的价格开票收款;对授权审批范围设定权限的目的则在于防止因审批人决策失误而造成严重损失。

通过检查凭证在上述四个关键点上是否经过审批,可以很容易地测试出授权审批方面的内部控制的效果。

(三) 充分的凭证和记录

每个企业交易的产生、处理和记录等制度都有其特点,因此,也许很难评价其各项控制是否足以发挥最大的作用。然而,只有具备充分的记录手续,才有可能实现其他各项控制目标。例如,有的企业在收到顾客订货单后,就立即编制一份预先编号的一式多联的销售单,分别用于批准赊销、审批发货、记录发货数量以及向顾客开具账单等。在这种制度下,只要定期清点销售发票,漏开账单的情形几乎就不太会发生。相反的情况是,有的企业只在发货以后才开具账单,如果没有其他控制措施,这种制度下漏开账单的情况就很可能会发生。

(四)凭证的预先编号

对凭证预先进行编号,旨在防止销售以后忘记向顾客开具账单或登记入账,也可防止重复开具账单或重复记账。当然,如果对凭证的编号不作清点,预先编号就会失去其控制意义。由收款员对每笔销售开具账单后,将发运凭证按顺序归档,而由另一位职员定期检查全部凭证的编号,并调查凭证缺号的原因,就是实施这项控制的一种方法。

这种控制常用的一种控制测试程序是清点各种凭证。比如从主营业务收入明细账中选取样本,追查至相应的销售发票存根,进而检查其编号是否连续,有无不正常的缺号发票和重号发票。这种测试程序可同时提供有关真实性和完整性目标的证据。

(五)按月寄出对账单

由不负责现金的出纳和销售及应收账款记账的人员按月向顾客寄发对账单,能促使顾客在发现应付账款余额不正确后及时反馈有关信息,因而这是一项有用的控制。为了使这项控制更加有效,最好将账户余额中出现的所有核对不符的账项,指定一位不掌管货币资金也不记载主营业务收入和应收账款账目的主管人员处理。

注册会计师观察指定人员寄送对账单和检查顾客复函档案,对于测试被审计单位是否按月向顾客寄出对账单,是十分有效的控制测试。

(六)内部核查程序

由内部审计人员或其他独立人员核查销售交易的处理和记录,是实现内部控制目标所不可缺少的一项控制措施。表9.2所列程序是针对相应控制目标的典型的内部核查程序。注册会计师可以通过检查内部审计人员的报告,或其他独立人员在他们核查的凭证上的签字等方法实施控制测试。

表9.2 内部核查程序

内部控制目标	内部核查程序举例
登记入账的销售交易是真实的	检查销售发票的连续性并检查所附的佐证凭证
销售交易均经适当审批	了解顾客的信用情况,确定是否符合企业的赊销政策
所有销售交易均已登记入账	检查发运凭证的连续性并将其与主营业务收入明细账核对
登记入账的销售交易均经正确估价	将销售发票上的数量与发运凭证上的记录进行比较核对
登记入账的销售交易分类恰当	将登记入账的销售交易的原始凭证与会计科目表比较核对
销售交易的记录及时	检查开票员所保管的未开票发运凭证,确定是否包括所有应开票的发运凭证在内
销售交易已正确地记入明细账并正确汇总	从发运凭证追查至主营业务收入明细账和总账

三、针对销售交易的实质性测试

有些交易实质性程序与环境条件关系不大,适用于各种审计项目,有些则不然,要取决于被审计单位内部控制的健全程度和注册会计师实施控制测试的结果。接下来,按照表9.1中所列的顺序详细介绍常用的交易实质性程序,这些实质性程序在审计中常常被疏忽,而事实上它们恰恰需要注册会计师给予重视并根据它们做出审计决策。事先需要指出两点:一是这些实质性程序并未包含销售交易全部的实质性程序;二是其中有些实质性程序可以实现多项控制目标,而非仅能实现一项控制目标。

(一)登记入账的销售交易是真实的

对这一目标,注册会计师一般关心三类错误的可能性:一是未曾发货却已将销售交易登记入账;二是销售交易重复入账;三是向虚构的顾客发货,并作为销售交易登记入账。前两类错误可能是有意的,也可能是无意的,而第三类错误肯定是有意的。不难想象,将不真实的销售登记入账的情况虽然极少,但其后果却很严重,因为这会导致高估资产和收入。

鉴别高估销售究竟是有意还是无意的,这一点非常关键。尽管无意的高估也会导致应收账款的明显增多,但注册会计师通常可以通过函证轻易发觉。对于有意的高估就不同了,由于作假者试图加以隐瞒,使得注册会计师较难发现。在这种情况下,注册会计师就有必要制定并实施适当的实质性程序以发现这种有意的高估。

如何以恰当的实质性程序来发现不真实的销售,取决于注册会计师认为可能在何处发生错误。对"发生"这一目标而言,注册会计师通常只在认为内部控制有弱点时,才实施实质性程序。因此,测试的性质取决于潜在的控制弱点的性质:

(1)针对未曾发货却已将销售交易登记入账这类错误的可能性,注册会计师可以从主营业务收入明细账中抽取若干笔分录,追查有无发运凭证及其他佐证,借以查明有无事实上没有发货却已登记入账的销售交易。如果注册会计师对发运凭证的真实性也有怀疑,就有必要再进一步追查存货的永续盘存记录,测试存货余额有无减少。

(2)针对销售交易重复入账这类错误的可能性,注册会计师可以通过检查企业的销售交易记录清单以确定是否存在重号、缺号。

(3)针对向虚构的顾客发货并作为销售交易登记入账这类错误发生的可能性,注册会计师应当检查主营业务收入明细账中与销售分录相应的销货单,以确定销售是否履行赊销批准手续和发货审批手续。

检查上述三类高估销售错误的可能性的另一有效的办法是追查应收账款明细账中贷方发生额的记录。如果应收账款最终得以收回货款或者由于合理的原因收到退货,则记录入账的销售交易一开始通常是真实的;如果贷方发生额是注销坏账,或者直到审计时所欠货款仍未收回,就必须详细追查相应的发运凭证和顾客订货单等,因为这些迹象都说明可能存在虚构的销售交易。

当然,只有在注册会计师认为由于缺乏足够的内部控制而可能出现舞弊时,才有必要实施上述实质性程序。

(二)已发生的销售交易均已登记入账

销售交易的审计一般偏重于检查高估资产与收入的问题,因此,通常无须对完整性目标实施交易实质性程序。但是,如果内部控制不健全,比如被审计单位没有由发运凭证追查至主营业务收入明细账这一独立内部核查程序,就有必要实施交易的实质性程序。

从发货部门的档案中选取部分发运凭证,并追查至有关的销售发票副本和主营业务收入明细账,这是测试未开票的发货的一种有效程序。为使这一程序成为一项有意义的测试,注册会计师必须能够确信全部发运凭证均已归档,这一点可以通过检查凭证的编号顺序来查明。

由原始凭证追查至明细账与从明细账追查至原始凭证是有区别的:前者用来测试遗漏的交易("完整性"目标),后者用来测试不真实的交易("发生"目标)。

测试发生目标时,起点是明细账,即从主营业务收入明细账中抽取一个发票号码样本,追查至销售发票存根、发运凭证以及顾客订货单;测试完整性目标时,起点应是发货凭证,即从发运凭证中选取样本,追查至销售发票存根和主营业务收入明细账,以测试是否存在遗漏事项。

设计发生目标和完整性目标的审计程序时,确定追查凭证的起点即测试的方向很重要。例如,注册会计师如果关心的是发生目标,但弄错了追查的方向(即由发运凭证追查至明细账),就属于严重的审计缺陷。

在测试其他目标时,方向一般无关紧要。例如,测试交易业务计价的准确性时,可以由销售发票追查发运凭证,也可以反向追查。

(三)登记入账的销售交易均经正确计价

销售交易计价的准确性包括:按订货数量发货,按发货数量准确地开具账单以及将账单上的数额准确地记入会计账簿。对这三个方面,每次审计中一般都要实施实质性程序,以确保其准确无误。

典型的实质性程序包括复算会计记录中的数据。通常的做法是,以主营业务收入明细账中的会计分录为起点,将所选择的交易业务的合计数与应收账款明细账和销售发票存根进行比较核对。销售发票存根上所列的单价,通常还要与经过批准的商品价目表进行比较核对,其金额小计和合计数也要进行复算。发票中列出的商品的规格、数量和顾客代号等,则应与发运凭证进行比较核对。另外,往往还要审核顾客订货单和销售单中的同类数据。

将计价准确性目标中的控制测试和实质性程序作一比较,便可作为例证来说明有效的内部控制如何节约了审计时间。很明显,计价目标的控制测试几乎不花多少时间,因为只需审核一下签字或者其他内部核查的证据即可。内部控制如果有效,实质性程序的样本量便可以减少,审计成本也因控制测试的成本较低而大为降低。

(四)登记入账的销售交易分类恰当

如果销售分为现销和赊销两种,应注意不要在现销时借记应收账款,也不要在收回应收账款时贷记主营业务收入,同样不要将营业资产的销售(例如固定资产销售)混作正常销售。对那些采用不止一种销售分类的企业,例如需要编制分部报表的企业来说,正确的分类极其重要。

销售分类恰当的测试一般可与计价准确性测试一并进行。注册会计师可以通过审核原始凭证确定具体交易业务的类别是否恰当,并以此与账簿的实际记录做比较。

(五)销售交易的记录及时

发货后应尽快开具账单并登记入账,以防止无意漏记销货业务,确保它们记入正确的会计期间。在执行计价准确性实质性测试程序的同时,一般要将所选取的提货单或其他发运凭证的日期与相应的销售发票存根、主营业务收入明细账和应收账款明细账上的日期做比较。如有重大差异,被审计单位就可能存在销售截止期限上的错误。

(六)销售交易已经正确地记入明细账并经正确汇总

应收账款明细账的记录若不正确,将影响被审计单位收回应收账款的能力,因此,将全部赊销业务正确地记入应收账款明细账极为重要。同理,为保证财务报表准确,主营业务收入明细账必须正确地加总并过入总账。在多数审计中,通常都要加总主营业务收入明细账数,并将加总数和一些具体内容分别追查至主营业务收入总账和应收账款明细账或库存现金、银行存款日记账中,以检查在销货过程中是否存在有意或无意的错报问题。不过这一测试的样本量要受内部控制的影响。从主营业务收入明细账追查至应收账款明细账,一般与为实现其他审计目标所作的测试一并进行;而将主营业务收入明细账加总,并追查、核对加总数至其总账,则应作为单独的一项测试程序来执行。

四、收款交易的内部控制、控制测试和实质性测试

以上以企业每项内部控制为单位,对与销售交易特别是赊销业务有关的关键内部控制和相应的控制测试进行了讨论,并按表9.1所列顺序研究了销售交易常用的实质性程序。销售与收款循环包括销售与收款两个方面,在内部控制健全的企业,与销售相关的收款交易同样有其内部控制目标和内部控制。

尽管由于每个企业的性质、所处行业、规模以及内部控制健全程度等不同,而使得其与收款交易相关的内部控制内容有所不同,但财政部发布的《内部会计控制规范——销售与收款(试行)》中规定的以下与收款交易相关的内部控制内容是应当共同遵循的。

(1)单位应当按照《现金管理暂行条例》、《支付结算办法》和《内部会计控制规范——货币资金(试行)》等规定,及时办理销售收款业务。

(2)单位应将销售收入及时入账,不得账外设账,不得擅自坐支现金。销售人员应当避免接触销售现款。

(3)单位应当建立应收账款账龄分析制度和逾期应收账款催收制度。销售部门应当负责应收账款的催收,财会部门应当督促销售部门加紧催收。对催收无效的逾期应收账款可通过法律程序予以解决。

(4)单位应当按客户设置应收账款台账,及时登记每一客户应收账款余额增减变动情况和信用额度使用情况。对长期往来客户应当建立起完善的客户资料,并对客户资料实行动态管理,及时更新。

(5)单位对于可能成为坏账的应收账款应当报告有关决策机构,由其进行审查,确定是否确认为坏账。单位发生的各项坏账,应查明原因,明确责任,并在履行规定的审批程序后做出会计处理。

(6)单位注销的坏账应当进行备查登记,做到账销案存。已注销的坏账又收回时应当及时入账,防止形成账外款。

(7)单位应收票据的取得和贴现必须经由保管票据以外的主管人员的书面批准。应有专人保管应收票据,对于即将到期的应收票据,应及时向付款人提示付款;已贴现票据应在备查簿中登记,以便日后追踪管理;应制定逾期票据的冲销管理程序和逾期票据追踪监控制度。

(8)单位应当定期与往来客户通过函证等方式核对应收账款、应收票据、预收款项等往来款项。如有不符,应查明原因,及时处理。

注册会计师应针对每个具体的内部控制目标确定关键的内部控制,并对其实施相应的控制测试和交易的实质性程序。与销售交易测试一样,收款交易中的控制测试的性质取决于内部控制的性质,而收款交易的实质性程序的范围,在一定程度上要取决于关键控制是否存在以及控制测试的结果。由于销售与收款交易同属一个循环,在经济活动中密切相连,因此,收款交易的一部分测试可与销售交易的测试一并执行,但收款交易的特殊性又决定了其另一部分测试仍需单独实施。

第三节 营业收入审计

营业收入项目核算企业在销售商品、提供劳务等主营业务活动中所产生的收入,以及企业确认的除主营业务活动以外的其他经营活动实现的收入,包括出租固定资产、出租无形资产、出租包装物和商品、销售材料、用材料进行非货币性交换(非货币性资产交换具有商业实质且公允价值能够可靠计量)或债务重组等实现的收入。

一、审计目标与认定对应关系

按照被审计单位管理当局关于营业收入的认定,体现在具体审计目标上的对应关系如表9.3所示。

表 9.3　审计目标与认定对应关系表

审计目标	财务报表认定					
	发生	完整性	准确性	截止	分类	列报
A　利润表中记录的营业收入已发生,且与被审计单位有关	√					
B　所有应当记录的营业收入均已记录		√				
C　与营业收入有关的金额及其数据已恰当记录			√			
D　营业收入已记录于正确的会计期间				√		
E　营业收入已记录于恰当的账户					√	
F　营业收入已按照企业会计准则的规定在财务报表中作出恰当的列报						√

二、审计目标与审计程序对应关系

按照营业收入的具体审计目标,可供选择的审计程序有很多种,或者某种审计程序对应着不同的审计目标,因此将两者关系列表 9.4 所示。其中 A,B,C,D,E,F 同表 9.3 审计目标项。

表 9.4　审计目标与审计程序对应关系表

审计目标	可供选择的审计程序
（一）主营业务收入	
C	1. 获取或编制主营业务收入明细表: (1)复核加计是否正确,并与总账数和明细账合计数核对是否相符,结合其他业务收入科目与报表数核对是否相符; (2)检查以非记账本位币结算的主营业务收入的折算汇率及折算是否正确。 2. 实质性分析程序(必要时): (1)针对已识别需要运用分析程序的有关项目,并基于对被审计单位及其环境的了解,通过进行以下比较,同时考虑有关数据间关系的影响,以建立有关数据的期望值: ①将本期的主营业务收入与上期的主营业务收入进行比较,分析产品销售的结构和价格变动是否异常,并分析异常变动的原因; ②计算本期重要产品的毛利率,与上期比较,检查是否存在异常,各期之间是否存在重大波动,查明原因; ③比较本期各月各类主营业务收入的波动情况,分析其变动趋势是否正常,是否符合被审计单位季节性、周期性的经营规律,查明异常现象和重大波动的原因; ④将本期重要产品的毛利率与同行业企业进行对比分析,检查是否存在异常; ⑤根据增值税发票申报表或普通发票,估算全年收入,与实际收入金额比较。 (2)确定可接受的差异额; (3)将实际情况与期望值相比较,识别需要进一步调查的差异; (4)如果其差额超过可接受的差异额,调查并获取充分的解释和恰当的佐证审计证据(如通过检查相关的凭证等); (5)评估分析程序的测试结果。

续表9.4

审计目标	可供选择的审计程序
A,B,C,D	3.检查主营业务收入的确认条件、方法是否符合企业会计准则,前后期是否一致;关注周期性、偶然性的收入是否符合既定的收入确认原则、方法。
C	4.获取产品价格目录,抽查售价是否符合价格政策,并注意销售给关联方或关系密切的重要客户的产品价格是否合理,有无以低价或高价结算的方法相互之间转移利润的现象。
A,B,C,D	5.抽取____张发货单,审查出库日期、品名、数量等是否与发票、销售合同、记账凭证等一致。
A,C,D	6.抽取____张记账凭证,审查入账日期、品名、数量、单价、金额等是否与发票、发货单、销售合同等一致。
A,C	7.结合对应收账款的审计,选择主要客户函证本期销售额。
A	8.对于出口销售,应当将销售记录与出口报关单、货运提单、销售发票等出口销售单据进行核对,必要时向海关函证。
D	9.销售的截止测试: (1)通过测试资产负债表日前后____天且金额大于____的发货单据,将应收账款和收入明细账进行核对;同时,从应收账款和收入明细账选取在资产负债表日前后____天且金额大于____的凭证,与发货单据核对,以确定销售是否存在跨期现象; (2)复核资产负债表日前后销售和发货水平,确定业务活动水平是否异常(如与正常水平相比),并考虑是否有必要追加截止程序; (3)取得资产负债表日后所有的销售退回记录,检查是否存在提前确认收入的情况; (4)结合对资产负债表日应收账款的函证程序,检查有无未取得对方认可的大额销售; (5)调整重大跨期销售。
A	10.存在销货退回的,检查手续是否符合规定,结合原始销售凭证,检查其会计处理是否正确。结合存货项目审计,关注其真实性。
C	11.销售折扣与折让: (1)获取或编制折扣与折让明细表,复核加计正确,并与明细账合计数核对相符; (2)取得被审计单位有关折扣与折让的具体规定和其他文件资料,并抽查较大的折扣与折让发生额的授权批准情况,与实际执行情况进行核对,检查其是否经授权批准,是否合法、真实; (3)销售折让与折扣是否及时足额提交对方,有无虚设中介、转移收入、私设账外"小金库"等情况; (4)检查折扣与折让的会计处理是否正确。

续表 9.4

审计目标	可供选择的审计程序
A,B,C,D,E	12. 检查有无特殊的销售行为,如委托代销、分期收款销售、商品需要安装和检验的销售、附有退回条件的销售、售后租回、售后回购、以旧换新、出口销售等,选择恰当的审计程序进行审核。
A,C	13. 调查向关联方销售的情况,记录其交易品种、价格、数量、金额和比例,并记录占总销售收入的比例。对于合并范围内的销售活动,记录应予合并抵销的金额。
A,C	14. 调查集团内部销售的情况,记录其交易价格、数量和金额,并追查在编制合并财务报表时是否予以抵销。
	15. 根据评估的舞弊风险等因素增加的审计程序。
(二)列报	
F	16. 检查营业收入是否按照企业会计准则的规定在财务报表中作出恰当列报。

对销售交易实施截止测试,其目的主要在于确定被审计单位主营业务收入的会计记录归属期是否正确;应记入本期或下期的主营业务收入有否被推延至下期或提前至本期。

注册会计师在审计中应该注意把握三个与主营业务收入确认有着密切关系的日期:一是发票开具日期或者收款日期;二是记账日期;三是发货日期(服务业则是提供劳务的日期)。检查三者是否归属于同一适当会计期间是主营业务收入截止测试的关键所在。

围绕上述三个重要日期,在审计实务中,注册会计师可以考虑选择三条审计路线实施主营业务收入的截止测试。

一是以账簿记录为起点。从资产负债表日前后若干天的账簿记录查至记账凭证,检查发票存根与发运凭证,确定已入账收入是否在同一期间已开具发票并发货。使用这种方法主要是为了防止多计收入。

二是以销售发票为起点。从资产负债表日前后若干天的发票存根查至发运凭证与账簿记录,确定已开具发票的货物是否已发货并于同一会计期间确认收入。使用这种方法主要是为了防止少计收入。

三是以发运凭证为起点。从资产负债表日前后若干天的发运凭证查至发票开具情况与账簿记录,确定主营业务收入是否已记入恰当的会计期间。使用这种方法主要也是为了防止少计收入。

上述三条审计路线在实务中均被广泛采用,它们并不是孤立的,为提高审计效率,注册会计师应当凭借专业经验和所掌握的信息、资料做出正确判断,选择其中的一条或两条审计路线实施更有效的收入截止测试。

第四节 应收账款审计

应收账款指企业因销售商品、提供劳务而形成的债权,即由于企业销售商品、提供劳务等原因,应向购货客户或接受劳务的客户收取的款项或代垫的运杂费,是企业在信用活动中所形成的各种债权性资产。

企业的应收账款是在销售交易或提供劳务过程中产生的。企业的销售如果属于赊销,即销售实现时没有立即收取现款,而是获得了要求客户在一定条件下和一定时间内支付货款的权利,就产生了应收账款。因此,应收账款的审计应结合销售交易来进行。

一、审计目标与认定对应关系

按照被审计单位管理当局关于应收账款的认定,体现在具体审计目标上的对应关系如表9.5所示。

表9.5 审计目标与认定对应关系表

审计目标		财务报表认定				
		存在	完整性	权利和义务	计价和分摊	列报
A	资产负债表中记录的应收账款是存在的	√				
B	所有应当记录的应收账款均已记录		√			
C	记录的应收账款由被审计单位拥有或控制			√		
D	应收账款以恰当的金额包括在财务报表中,与之相关的计价调整已恰当记录				√	
E	应收账款以按照企业会计准则的规定在财务报表中作出恰当列报					√

二、审计目标与审计程序对应关系

按照应收账款的具体审计目标,可供选择的审计程序有很多种,或者某种审计程序对应着不同的审计目标,因此两者关系如表9.6所示。其中,A,B,C,D,E 同表9.5 审计目标项。

表9.6 审计目标与审计程序对应关系表

审计目标	可供选择的审计程序
D	1.获取或编制应收账款明细表。 (1)复核加计是否正确,并与总账数和明细账合计数核对是否相符;结合坏账准备科目与报表数核对是否相符。 (2)检查非记账本位币应收账款的折算汇率及折算是否正确。 (3)分析有贷方余额的项目,查明原因,必要时作重分类调整。 (4)结合其他应收款、预收账款等往来项目的明细余额,调查有无同一客户多处挂账、异常余额或与销售无关的其他款项(如代销账户、关联方账户或员工账户)。如有,应作出记录,必要时作调整。 (5)标识重要的欠款单位,计算其欠款合计数占应收账款余额的比例。

续表 9.6

审计目标	可供选择的审计程序
A,B,D	2.检查涉及应收账款的相关财务指标。 (1)复核应收账款借方累计发生额与主营业务收入是否配比,并将当期应收账款借方发生额占销售收入净额的百分比与管理层考核指标比较,如存在差异,应查明原因。 (2)计算应收账款周转率、应收账款周转天数等指标,并与被审计单位以前年度指标、同行业同期相关指标对比分析,检查是否存在重大异常。
D	3.获取或编制应收账款账龄分析表。 (1)测试计算的准确性。 (2)将加总数与应收账款总分类账余额相比较,并调查重大调节项目。 (3)检查原始凭证,如销售发票、运输记录等,测试账龄核算的准确性。 (4)请被审计单位协助,在应收账款明细表上标出至审计时已收回的应收账款金额,对已收回金额较大的款项进行常规检查,如核对收款凭证、银行对账单、销货发票等,并注意凭证发生日期的合理性,分析收款时间是否与合同相关要素一致。
A,C,D	4.对应收账款进行函证。 (除非有充分证据表明应收账款对财务报表不重要或函证很可能无效,否则,应对应收账款进行函证;如果不对应收账款进行函证,应在工作底稿中说明理由;如果认为函证很可能无效,应当实施替代审计程序,获取充分、适当的审计证据) (1)选取函证项目。 (2)对函证实施过程进行控制:核对询证函是否由注册会计师直接收发;被询证者以传真、电子邮件等方式回函的,应要求被询证者寄回询证函原件;如果未能收到积极式函证回函,应当考虑与被函证者联系,要求对方作出回应或再次寄发询证函。 (3)编制"应收账款函证结果汇总表",对函证结果进行评价;核对回函内容与被审计单位账面记录是否一致,如不一致,分析不符事项的原因,检查销售合同、发运单等相关原始单据,分析被审计单位对于回函与账面记录之间差异的解释是否合理,编制"应收账款函证结果调节表",并检查支持性凭证;如果不符事项构成错报,应重新考虑所实施审计程序的性质、时间和范围。
A	5.对未函证应收账款实施替代审计程序。 　　抽查有关原始凭据,如销售合同、销售订单、销售发票副本、发运凭证及回款单据等,以验证与其相关的应收账款的真实性。
A	6.抽查有无不属于结算业务的债权。 　　抽查应收账款明细账,并追查至有关原始凭证,查证被审计单位有无不属于结算业务的债权。如有,应建议被审计单位作适当调整。
A	7.通过检查自资产负债表____日至____日止,被审计单位授予欠款单位的、金额大于____的减免应收账款凭证以测试其准确性。检查资产负债表日前后销售退回和赊销水平,确定是否存在异常迹象(如与正常水平相比),并考虑是否有必要追加审计程序。

续表9.6

审计目标	可供选择的审计程序
D	8.评价坏账准备计提的适当性。 (1)取得或编制坏账准备计算表,复核加计正确,与坏账准备总账数、明细账合计数核对相符,将应收账款坏账准备本期计提数与资产减值损失相应明细项目的发生额核对,是否相符。 (2)检查应收账款坏账计提和核销的批准程序,取得书面报告等证明文件,评价计提坏账准备所依据的资料、假设及方法;复核应收账款坏账准备是否按经股东大会或董事会批准的既定方法和比例提取,其计算和会计处理是否正确。 (3)根据账龄分析表,选取金额大于____的账户,逾期超过____天的账户,以及认为必要的其他账户(如,有收款问题记录的账户,收款问题行业集中的账户),复核并测试所选取账户期后收款情况,针对所选取的账户,与授信部门经理或其他负责人员讨论其可回收性,并复核往来函件或其他相关信息,以支持被审计单位就此作出的声明,针对坏账准备计提不足情况进行调整。 (4)实际发生坏账损失的,检查转销依据是否符合有关规定,会计处理是否正确。 (5)已经确认并转销的坏账重新收回的,检查其会计处理是否正确。 (6)通过比较前期坏账准备计提数和实际发生数,以及检查期后事项,评价应收账款坏账准备计提的合理性。
A	9.复核应收账款和相关总分类账、明细分类账和现金日记账,调查异常项目。对大额或异常及关联方应收账款,即使回函相符,仍应抽查其原始凭证。
A	10.检查应收账款减少有无异常。
D	11.检查应收账款中是否存在债务人破产或者死亡,以其破产财产或者遗产清偿后仍无法收回,或者债务人长期未履行偿债义务的情况,如果是,应提请被审计单位处理。
A,B,C,D	12.标明应收关联方[包括持股5%以上(含5%)股东]的款项,执行关联方及其交易审计程序,并注明合并报表时应予抵销的金额;对关联企业、有密切关系的主要客户的交易事项作专门的核查。 (1)了解交易事项目的、价格和条件,作比较分析。 (2)检查销售合同、销售发票、货运单证等相关文件资料。 (3)检查收款凭证等货款结算单据。 (4)向关联方、有密切关系的主要客户或其他注册会计师函询,以确认交易的真实性、合理性。
C	13.检查银行存款和银行贷款等询证函的回函、会议纪要、借款协议和其他文件,确定应收账款是否已被质押或出售。
	14.根据评估的舞弊风险等因素增加的审计程序。
E	15.检查应收账款是否已按照企业会计准则的规定在财务报表中作出恰当列报。

三、应收账款函证

函证是指注册会计师为了获取影响财务报表或相关披露认定的项目的信息,通过直接来自第三方对有关信息和现存状况的声明获取和评价审计证据的过程。

函证应收账款的目的在于证实应收账款账户余额的真实性、正确性,防止或发现被审计单位及其有关人员在销售交易中发生的错误或舞弊行为。

1. 函证的范围和对象。除非有充分证据表明应收账款对被审计单位财务报表而言是不重要的,或者函证很可能是无效的,否则,注册会计师应当对应收账款进行函证。

一般情况下,注册会计师应选择以下项目作为函证对象:大额或账龄较长的项目;与债务人发生纠纷的项目;关联方项目;主要客户(包括关系密切的客户)项目;交易频繁但期末余额较小甚至余额为零的项目;可能产生重大错报或舞弊的非正常的项目。

2. 函证的方式。函证方式分为积极的函证方式和消极的函证方式。

(1)积极的函证方式:注册会计师应当要求被询证者在所有情况下必须回函。

(2)消极的函证方式:注册会计师只要求被询证者仅在不同意询证函列示信息的情况下才予以回函。

积极的函证方式通常比消极的函证方式提供的审计证据可靠。

3. 函证时间的选择。注册会计师通常以资产负债表日为截止日,在资产负债表日后适当时间内实施函证。

4. 函证的控制。注册会计师通常利用被审计单位提供的应收账款明细账户名称及客户地址等资料据以编制询证函,但注册会计师应当对选择被询证者、设计询证函以及发出和收回询证函保持直接控制。

在审计实务中,如果注册会计师遇到被询证者以传真、电子邮件等方式回函的情况,注册会计师应当直接接收,并要求被询证者及时寄回询证函原件。

如果采用积极的函证方式实施函证而未能收到回函,注册会计师应当考虑与被询证者联系,要求对方做出回应或再次寄发询证函。如果未能得到被询证者的回应,注册会计师应当实施替代审计程序,以验证这些应收账款的真实性。

注册会计师可通过函证结果汇总表的方式对询证函的收回情况加以控制。

5. 对不符事项的处理。收回的询证函若有差异,即函证出现了不符事项,注册会计师应当首先提请被审计单位查明原因,并作进一步分析和核实。

6. 对函证结果的总结和评价。

(1)如果函证结果表明没有审计差异,则注册会计师可以合理地推论,全部应收账款总体是正确的。

(2)如果函证结果表明存在审计差异,注册会计师则应当估算应收账款。

本章小结

销售与收款循环是指企业将产品提供给客户并收取价款的过程。该循环从客户提出订货要求开始,将商品转化为应收账款,并以最终收回现金为结束。销售与收款业务循环的审计对象就是该业务循环所包括的两项经济活动:一是本循环涉及的主要业务活动;二是本循环所涉及的主要凭证和会计记录。

为了能正确处理销售与收款循环的业务,保证各种有关记录、凭证的真实可靠,必须建立健全销售与收款循环的内部控制。该循环重要的内部控制包括职责分工、正确的授权审批、充分的凭证和记录、凭证的预先编号、按月寄出对账单、内部核查程序等。

审计人员应对其内部控制的有效性作出评价,重新评估风险控制水平,并在此基础上确定该循环实质性测试的性质、时间、范围。销售与收款循环的实质性测试是以控制风险评估为基础进行的,重点掌握主营业务收入、应收账款的实质性测试程序。

【阅读资料】

审计师要独立思考,要比客户想得深远

审计最难做的,是想到客户该做而没有做的东西,而不是仅仅跟在客户身后。所以,一个好的审计师,会计水平要高于客户才行。

下面介绍一个有关收入确认的实例。在我国,制造业的客户最多,一般的收入确认原则都很简单,即按发货确认。我们在审计中,经常将这一收入确认原则当成是一种默认值,很少再去对此提出异议。

有一个客户是经营加油站的。我们的工作底稿上也将客户加油(即发货)当做是默认的收入确认方式。因此,在工作底稿上,几乎没有对客户收入确认的会计政策的讨论。

不管在中国还是在世界其他地方,加油站都有以下经营方式:

不仅加油,还开一个小卖部,卖一些零食和润滑油等,这些东西可能是自己采购并销售,也可能是代销。该客户如何确认这个小卖部的收入? 如按代销确认,是确认代销手续费还是销售收入和成本? 就都是要讨论的问题。

先将油票卖给别人,以后凭油票加油。对于常客和一次购买油票较多的人,可能有优惠或打折,或积分奖励计划。收入确认是在售出油票时还是在凭油票加油时,油票有无有效期,如果过了有效期是否就不退钱了?这些优惠、打折和积分奖励计划如何记账,是记促销费用,还是作为变相降价,冲减收入?

所有以上这些问题,都是当客户是一个加油站时要考虑的。客户的会计是做制造业出身的,从来没有想过这"复杂"的事,所以他把账记得非常简单,就跟收付实现制差不多。如果我们审计师的头脑也那么简单,只会跟在客户后面想事情,客户想不到的,我们就想不到,那就太失职了。

有人说审计师没有想象力。请再看一下上面那个例子,那些想法,可得是既有常识,又有想象力才行。

(阅读资料:让数字说话——审计,就这么简单)

复习思考题

1. 与主营业务收入密切相关的三个日期分别是什么?
2. 如何实施销售业务的截止测试?
3. 确定应收账款函证的范围和对象时需要考虑哪些因素?
4. 对应收账款的函证结果应当如何处理?

第十章
Chapter 10

采购与付款循环审计

【学习要点及目标】

知识目标:通过本章的学习,使学生了解采购与付款循环的审计对象;理解采购与付款循环的控制测试;掌握采购与付款循环主要业务的实质性测试。

能力目标:运用所学知识,对采购与付款循环业务进行审查。

素质目标:培养学生分析思维、诚实正直和关注细节等方面的素质。

【案例导入】

20世纪60年代,美国巨人零售公司迅速成长为零售业的巨头。然而在1972年,它出现了严重的经营失败。公司管理当局为了掩盖经营失败,篡改了有关的会计记录。把1971年250万美元的经营损失改成150万美元盈利,并且采用虚列预付广告费(30万美元)、伪造购货退回与折让以及购货折扣(55万美元)、捏造索取购货差价退款(17万美元)等手法,冲减应付账款余额,提高了相应的流动比率和存货周转率。

对于预付广告费,负责为其审计的罗斯会计师事务所的审计人员从巨人公司提高的大约1000家广告商中只抽取4家发函询证,并要求巨人公司为另外20笔广告费提供证明文件。显然,抽取24个样本是不能提供充分的证据来证明这30万美元的预付广告费的真实性的,而且审计人员对于收到的回函中指出的"预付广告费不符"这一信息也忽视了;另外,依靠内部证明文件来证明20笔广告费的真实性也是不妥当的。

对于购货退回与折让以及购货折扣和索取购货差价退款,审计人员在电话求证其真实性时,迫于巨人公司的压力,竟然允许巨人公司有关人员与被询证方先通话,致使审计人员的询证不能独立进行而失控,其函证结果的可靠性显然是大打折扣了。

助理审计人员曾对此提出疑问,但罗丝会计师事务所的合伙人却没有给予足够的重视,最终在与巨人公司的讨价还价中出具了"无保留意见"的审计报告。巨人公司凭借这一审计报告得以出售300万美元的股票,并取得了120万美元的贷款。1973年巨人公司破产。执业的注册会计师也受到了惩罚。

业务循环通常是与财务报表项目相关,采购与付款循环所涉及的财务报表项目主要是资产负债表项目,应为预付款项、固定资产、在建工程、工程物资、固定资产清理、无形资产、开发支出、商誉、长期待摊费用、应付票据、应付账款和长期应付款等;同时也涉及利润表项目,一般为管理费用。

第一节 采购与付款循环的审计对象

采购与付款业务循环的审计对象是该业务循环所包括的两项经济活动:一是本循环涉及的主要业务活动;二是本循环所涉及的主要凭证和会计记录。

一、主要业务活动

采购与付款业务经常要经过请购、订购、验收、付款的程序,在内部控制比较健全的企业中应将以上各项业务所涉及的经济活动指派给不同的部门或职员来完成,以便每个部门或职员都可以独立检查其他部门和职员工作的准确性。下面以采购商品为例,阐述采购与付款业务循环中所涉及的主要业务活动。

1. 请购商品和劳务

仓库负责对需要购买的已列入存货清单的项目填写请购单,其他部门也可以对所需要购买的未列入存货清单的项目编制请购单。

大多数企业对正常经营所需的物资的购买均作一般授权,比如,仓库在现有库存达到再订购点时就可直接提出采购申请,其他部门也可为正常的维修工作和类似工作直接申请采购有关物品。但对资本支出和租赁合同,企业政策则通常要求作特别授权,只允许指定人员提出请购。

请购单可由手工或计算机编制。由于企业内不少部门都可以填列请购单,不便事先编号,为加强控制,每张请购单必须经过由这类支出预算负责的主管人员签字批准。

请购单是证明有关采购交易的"发生"认定的凭据之一,也是采购交易轨迹的起点。

2. 编制订购单

采购部门在收到请购单后,只能对经过批准的请购单发出订购单。对每张订购单,采购部门应确定最佳的供应来源。对一些大额、重要的采购项目,应采取竞价方式来确定供应商,以保证供货的质量、及时性和成本的低廉。

订购单应正确填写所需要的商品品名、数量、价格、厂商名称和地址等,预先予以编号并经过被授权的采购人员签名。其正联应送交供应商,副联则分别送至企业内部的验收部门、应付凭单部门和编制请购单的部门。随后,由独立的部门来检查订购单的处理,以确定是否收到商品并正确入账。

该项检查与采购交易的"完整性"认定有关。

3. 验收商品

有效的订购单代表企业已授权验收部门接受供应商发运来的商品。验收部门首先应比较所收商品与订购单上的要求是否相符,如商品的品名、说明、数量、到货时间等,然后再盘点商品并检查商品有无损坏。

验收后,验收部门应对已收货的每张订购单编制一式多联、预先编号的验收单,作为验收和检验商品的依据。验收人员将商品送交仓库或其他请购部门时,应取得经过签字的收据,或要求其在验收单的副联上签收,以确立他们所采购的资产应负的保管责任。验收人员还应将其中的一联验收单送交应付凭单部门。

验收单是支持资产或费用以及与采购有关的负债的"存在或发生"认定的重要凭证。定期独立检查验收单的顺序以确定每笔采购交易都已编制凭单,则与采购交易的"完整性"认定有关。

4. 储存已验收的商品存货

将已验收商品的保管与采购的其他职责相分离,可减少未经授权的采购和盗用商品的风险。存放商品的仓储区应相对独立,限制无关人员接近。

这些控制与商品的"存在"认定有关。

5. 编制付款凭单

记录采购交易之前,应付凭单部门应编制付款凭单。这项功能的控制包括:

(1)确定供应商发票的内容与相关的验收单、订购单的一致性。

(2)确定供应商发票计算的正确性。

(3)编制有预先编号的付款凭单,并附上支持性凭证(如订购单、验收单和供应商发票等)。这些支持性凭证的种类,因交易对象的不同而不同。

(4)独立检查付款凭单计算的正确性。

(5)在付款凭单上填入应借记的资产或费用账户名称。

(6)由被授权人员在凭单上签字,以示批准照此凭单要求付款,所有未付凭单的副联应保存在未付凭单档案中,以待日后付款。

经适当批准和有预先编号的凭单为记录采购交易提供了依据,因此,这些控制与"存在"、"发生"、"完整性"、"权利和义务"和"计价和分摊"等认定有关。

6. 确认与记录负债

正确确认已验收货物和已接受劳务的债务,要求准确、及时地记录负债。该记录对企业财务报表反映和企业实际现金支出有重大影响。因此,必须特别注意,按正确的数额记载企业确实已发生的购货和接受劳务事项。

应付账款确认与记录相关部门一般有责任核查购置的财产,并在应付凭单登记簿或应付账款明细账中加以记录。在收到供应商发票时,应付账款部门应将发票上所记载的品名、规格、价格、数量、条件及运费与订货单上的有关资料核对,如有可能,还应与验收单上的资料进行比较。

应付账款确认与记录的一项重要控制是要求记录现金支出的人员不得经手现金、有价证券和其他资产。恰当的凭证、记录与恰当的记账手续,对业绩的独立考核和应付账款职能而言是必不可少的控制。

在手工系统下,应将已批准的未付款凭单送达会计部门,据以编制有关记账凭证和登记有关账簿。会计主管应监督为采购交易而编制的记账凭证中账户分类的适当性;通过定期核对编制记账凭证的日期与凭单副联的日期,监督入账的及时性。而独立检查会计人员则应核对所记录的凭单总数与应付凭单部门送来的每日凭单汇总表是否一致,并定期独立检查应付账款总账余额与应付凭单部门未付款凭单档案中的总金额是否一致。

7. 付款

通常是由应付凭单部门负责确定未付凭单在到期日付款。企业有多种款项结算方式,以支票结算方式为例,编制和签署支票的有关控制包括:

(1)独立检查已签发支票的总额与所处理的付款凭单的总额的一致性。

(2)应由被授权的财务部门的人员负责签署支票。

(3)被授权签署支票的人员应确定每张支票都附有一张已经适当批准的未付款凭单,并确定支票受款人姓名和金额与凭单内容的一致性。

(4)支票一经签署就应在其凭单和支持性凭证上用加盖印戳或打洞等方式将其注销,以免重复付款。

(5)支票签署人不应签发无记名甚至空白的支票。

(6)支票应预先连续编号,保证支出支票存根的完整性和作废支票处理的恰当性。

(7)应确保只有被授权的人员才能接近未经使用的空白支票。

8. 记录现金、银行存款支出

仍以支票结算方式为例,在手工系统下,会计部门应根据已签发的支票编制付款记账凭证,并据以登记银行存款日记账及其他相关账簿。以记录银行存款支出为例,有关控制包括:

(1)会计主管应独立检查记入银行存款日记账和应付账款明细账的金额的一致性,以及与支票汇总记录的一致性。

(2)通过定期比较银行存款日记账记录的日期与支票副本的日期,独立检查入账的及时性。

(3)独立编制银行存款余额调节表。

二、主要凭证和会计记录

在内部控制比较健全的企业,处理采购与付款业务通常需要使用很多凭证和会计记录。典型的采购与付款循环所涉及的主要凭证和会计记录有以下几种:

1. 请购单

请购单是由产品制造、资产使用等部门的有关人员填写,送交采购部门,申请购买商品、劳务或其他资产的书面凭证。

2. 订购单

订购单是由采购部门填写,向另一企业购买订购单上所指定商品、劳务或其他资产的书面凭证。

3. 验收单

验收单是收到商品、资产时所编制的凭证,列示从供应商处收到的商品、资产的种类和数量等内容。

4. 卖方发票

卖方发票是供应商开具的,交给买方以载明发运的货物或提供的劳务、应付款金额和付款条件等事项的凭证。

5. 付款凭单

付款凭单是采购方企业的应付凭单部门编制的,载明已收到商品、资产或接受劳务的厂商、应付款金额和付款日期的凭证。付款凭单是采购方企业内部记录和支付负债的授权证明文件。

6. 转账凭证

转账凭证是指记录转账交易的记账凭证,它是根据有关转账业务(即不涉及库存现金、银行存款收付的各项业务)的原始凭证编制的。

7. 付款凭证

付款凭证包括现金付款凭证和银行存款付款凭证,是指用来记录库存现金和银行存款支出业务的记账凭证。

8. 应付账款明细账

9. 库存现金日记账和银行存款日记账

10. 卖方对账单

卖方对账单是由供货方按月编制的,标明期初余额、本期购买、本期支付给卖方的款项和期末余额的凭证。卖方对账单是供货方对有关交易的陈述,如果不考虑买卖双方在收发货物上可能存在的时间差等因素,其期末余额通常应与采购方相应的应付账款期末余额一致。

第二节 控制测试和交易的实质性测试

一、概述

将与采购交易有关的内部控制目标、关键的内部控制以及注册会计师常用的控制测试和交易实质性程序汇集在一起,形成表10.1,即采购交易的控制目标、内部控制和测试一览表。

表10.1 采购交易的控制目标、内部控制和测试一览表

内部控制目标	关键的内部控制	常用内部控制测试	常用交易实质性测试
所记录的采购都已收到物品或已接受劳务,并符合购货方的最大利益(存在)	请购单、订货单、验收单和卖方发票一应俱全,并附在付款凭单后;购货按正确的级别批准;注销凭证以防止重复使用;对卖方发票、验收单、订货单和请购单作内部核查。	查验付款凭单后是否附有单据;检查核准购货标志;检查注销凭证的标志;检查内部核查的标志。	复核采购明细账、总账及应付账款明细账,注意是否有大额或不正常的金额;检查卖方发票、验收单、订货单和请购单的合理性和真实性;追查存货的采购至存货永续盘存记录;检查取得的固定资产。
已发生的采购业务均已记录(完整性)	订货单均经事先编号并已登记入账;验收单均经事先编号并已登记入账;卖方发票均经事先编号并已登记入账。	检查订货单连续编号的完整性;检查验收单连续编号的完整性;检查卖方发票连续编号的完整性。	从验收单追查至采购明细账;从卖方发票追查至采购明细账。
所记录的采购业务估价正确(准确性、计价和分摊)	计算和金额的内部查核;控制采购价格和折扣的批准。	检查内部检查的标志;审核批准采购价格和折扣的标记。	将采购明细账中记录的业务同卖方发票、验收单和其他证明文件比较;复算包括折扣和运费在内的卖方发票填写的准确性。
采购业务的分类正确(分类)	采用适当的会计科目表;分类的内部核查。	审查工作手册和会计科目表;检查有关凭证上内部核查的标记。	参照卖方发票,比较会计科目表上的分类。

续表 10.1

内部控制目标	关键的内部控制	常用内部控制测试	常用交易实质性测试
采购业务按正确的日期记录(截止)	要求收到商品或接受劳务后及时记录采购业务； 内部核查。	检查工作手册并观察有无未记录的卖方发票存在； 检查内部核查标记。	将验收单和卖方发票上的日期与采购明细账中的日期进行比较。
采购业务被正确记入应付账款和存货等明细账中，并被准确汇总(准确性、计价和分摊)	应付账款明细账内容的内部核查。	检查内部核查的标记。	通过加计采购明细账，追查过入采购总账和应付账款、存货期细账的数额是否准确，来测试过账和汇总的准确性。

该表共分四栏：

第一栏"内部控制目标"，列示了企业设立采购交易内部控制的目标，也就是注册会计师实施相应控制测试和交易实质性程序所要达到的审计目标。

第二栏"关键的内部控制"，列示了与上述各项内部控制目标相对应的一项或数项主要的内部控制。

第三栏"常用内部控制测试"，列示了注册会计师针对上述关键内部控制所实施的控制测试程序。控制测试与内部控制之间有直接联系，对每项关键控制注册会计师至少要执行一项控制测试以核实其效果。

第四栏"常用交易实质性测试"，列示了注册会计师对被审计单位采购交易通常采用的交易实质性程序。交易实质性程序与第一栏所列的控制目标有直接关系，是证明第一栏中具体审计目标的证据，目的在于确定交易中与该控制目标有关的金额是否有错误。交易实质性程序虽然与关键的控制及控制测试没有直接的关系，但交易实质性程序实施的范围在一定程度上取决于关键控制是否存在和控制测试的结果。

二、采购交易的内部控制、控制测试和交易的实质性测试

应付账款、固定资产等财务报表项目均属采购与付款业务循环。在正常的审计中，如果忽视采购与付款循环的控制测试及相应的交易实质性程序，仅仅依赖于这些具体财务报表项目余额实施实质性程序，则审计工作不仅费时、费力，而且审计质量也难以保证。如果被审计单位具有健全并且运行良好的相关内部控制，注册会计师把审计重点放在控制测试和交易的实质性程序上，则既可以降低审计风险，又可大大减少报表项目实质性程序的工作量，提高审计效率。

很显然，采购与付款的交易测试包括采购交易测试和付款交易测试两个部分。采购交易测试与本章前面讨论的八项主要业务活动中的前六项有关，即请购商品和劳务、编制订购单、验收商品、储存已验收的商品存货、编制付款凭单和确认与记录债务；而付款交易测试则关系

到后两项业务活动,即支付负债和记录现金、银行存款支出。

采购交易相关的内部控制和控制测试大体包括如下内容:

(一)适当的职责分离

适当的职责分离有助于防止各种有意或无意的错误。同销售与收款交易一样,采购与付款交易也需要适当的职责分离。财政部于2002年12月23日发布的《内部会计控制规范——采购与付款(试行)》规定,单位应当建立采购与付款业务的岗位责任制,明确相关部门和岗位的职责、权限,确保办理采购与付款业务的不相容岗位相互分离、制约和监督。

采购与付款业务不相容岗位至少包括:请购与审批;询价与确定供应商;采购合同的订立与审批;采购与验收;采购、验收与相关会计记录;付款审批与付款执行。这些都是对单位提出的、有关采购与付款业务相关职责适当分离的基本要求,以确保办理采购与付款业务的不相容岗位相互分离、制约和监督。

(二)内部核查程序

财政部发布的《内部会计控制规范——采购与付款(试行)》中明确:单位应当建立对采购与付款内部控制的监督检查制度,单位监督检查机构或人员应通过实施控制测试和实质性程序,检查采购与付款业务内部控制制度是否健全,以及各项规定是否得到有效执行,而且还明确了采购与付款内部控制监督检查的主要内容,包括:

(1)采购与付款业务相关岗位及人员的设置情况。重点检查是否存在采购与付款业务不相容职务混岗的现象。

(2)采购与付款业务授权批准制度的执行情况。重点检查大宗采购与付款业务的授权批准手续是否健全,是否存在越权审批的行为。

(3)应付账款和预付账款的管理。重点审查应付账款和预付账款支付的正确性、时效性和合法性。

(4)有关单据、凭证和文件的使用和保管情况。重点检查凭证的登记、领用、传递、保管、注销手续是否健全,使用和保管制度是否存在漏洞的问题。

三、付款交易的内部控制、控制测试和交易的实质性测试

在内部控制健全的企业,与采购相关的付款交易同样有其内部控制目标和内部控制,注册会计师应针对每个具体的内部控制目标确定关键的内部控制,并对此实施相应的控制测试和交易的实质性程序。付款交易中的控制测试的性质取决于内部控制的性质,而付款交易的实质性程序的实施范围,在一定程度上取决于关键控制是否存在以及控制测试的结果。由于采购和付款交易同属一个交易循环,联系紧密,因此,对付款交易的部分测试可与测试采购交易一并实施。

需要指出的是,对于每个企业而言,由于性质、所处行业、规模以及内部控制健全程度等不同,而使得其与付款交易相关的内部控制内容可能有所不同,但财政部发布的《内部会计控制规范——

采购与付款(试行)》中规定的以下与付款交易相关的内部控制内容是应当共同遵循的:

(1)单位应当按照《现金管理暂行条例》、《支付结算办法》和《内部会计控制规范——货币资金(试行)》等规定办理采购付款业务。

(2)单位财会部门在办理付款业务时,应当对采购发票、结算凭证、验收证明等相关凭证的真实性、完整性、合法性及合规性进行严格审核。

(3)单位应当建立预付账款和定金的授权批准制度,加强预付账款和定金的管理。

(4)单位应当加强应付账款和应付票据的管理,由专人按照约定的付款日期、折扣条件等管理应付款项。已到期的应付款项需经有关授权人员审批后方可办理结算与支付。

(5)单位应当建立退货管理制度,对退货条件、退货手续、货物出库、退货货款回收等做出明确规定,及时收回退货款。

(6)单位应当定期与供应商核对应付账款、应付票据、预付款项等往来款项。如有不符,应查明原因,及时处理。

第三节　应付账款审计

应付账款是企业在正常经营过程中,因购买材料、商品和接受劳务供应等经营活动而应付给供应单位的款项。可见,应付账款是随着企业赊购交易的发生而发生的,注册会计师应结合企业的赊购交易进行应付账款的审计。

一、审计目标与认定对应关系

按照被审计单位管理当局关于应付账款的认定,体现在具体审计目标上的对应关系如表10.2所示。

表10.2　审计目标与认定对应关系表

审计目标	财务报表认定				
	存在	完整性	权利和义务	计价和分摊	列报
A 资产负债表中记录的应付账款是存在的	√				
B 所有应当记录的应付账款均已记录		√			
C 资产负债表中记录的应付账款是被审计单位应当履行的现实义务			√		
D 应付账款以恰当的金额包括在财务报表中,与之相关的计价调整已恰当记录				√	
E 应付账款已按照企业会计准则的规定在财务报表中作出恰当的列报					√

二、审计目标与审计程序对应关系

按照应付账款的具体审计目标,可供选择的审计程序有很多种,或者某种审计程序对应着不同的审计目标,因此将两者关系列表如10.3所示。表中A,B,C,D,E与表10.2审计目标项相同。

表10.3 审计目标与审计程序对应关系表

审计目标	可供选择的审计程序
D	1. 获取或编制应付账款明细表: (1)复核加计正确,并与报表数、总账数和明细账合计数核对是否相符。 (2)检查非记账本位币应付账款的折算汇率及折算是否正确。 (3)分析出现借方余额的项目,查明原因,必要时,作重分类调整。 (4)结合预付账款等往来项目的明细余额,调查有无同时挂账的项目、异常余额或与购货无关的其他款项(如关联方账户或员工账户),如有,应予以记录,必要时作出调整。
B,D	2. 获取被审计单位与其供应商之间的对账单(应从非财务部门获取,如采购部门),并将对账单和被审计单位财务记录之间的差异进行调整(如在途款项、在途货物、付款折扣、未记录的负债等),检查有无未入账的应付账款,确定应付账款金额的准确性。
B,D	3. 检查债务形成的相关原始凭证,如供应商发票、验收报告或入库单等,检查有无未及时入账的应付账款,确定应付账款金额的准确性。
A,E	4. 检查应付账款长期挂账的原因并作出记录,注意其是否可能无需支付;对确定无需支付的应付账款的会计处理是否正确,依据是否充分;关注账龄超过3年的大额应付账款在资产负债表日后是否偿还,检查偿还记录及单据,并披露。
B	5. 针对资产负债表日后付款项目,检查银行对账单及有关付款凭证(如银行划款通知、供应商收据等),询问被审计单位内部或外部的知情人员,查找有无未及时入账的应付账款。
B	6. 复核截至审计现场工作日的全部未处理的供应商发票,并询问是否存在其他未处理的供应商发票,确认所有的负债都记录在正确的会计期间内。
A,C	7. 选择应付账款的重要项目(包括零账户)函证其余额和交易条款,对未回函的,再次发函或实施替代的检查程序(检查原始凭单,如合同、发票、验收单,核实应付账款的真实性)。
B	8. 针对已偿付的应付账款,追查至银行对账单、银行付款单据和其他原始凭证,检查其是否在资产负债表日前真实偿付。
A,B	9. 检查资产负债表日后应付账款明细账贷方发生额的相应凭证,关注其购货发票的日期,确认其入账时间是否合理。

续表 10.3

审计目标	可供选择的审计程序
B,A	10. 结合存货监盘程序,检查被审计单位在资产负债日前后的存货入库资料(验收报告或入库单),检查是否有大额料到单未到的情况,确认相关负债是否计入了正确的会计期间。
A,B	11. 针对异常或大额交易及重大调整事项(如大额的购货折扣或退回,会计处理异常的交易,未经授权的交易,或缺乏支持性凭证的交易等),检查相关原始凭证和会计记录,以分析交易的真实性、合理性。
D	12. 检查带有现金折扣的应付账款是否按发票上记载的全部应付金额入账,在实际获得现金折扣时再冲减财务费用。
A,B,C,D	13. 被审计单位与债权人进行债务重组的,检查不同债务重组方式下的会计处理是否正确。
A,B,C,D	14. 检查应付关联方款项的真实性、完整性。
	15. 根据评估的舞弊风险等因素增加的审计程序。
E	16. 检查应付账款是否已按照企业会计准则的规定在财务报表中作出恰当列报。

第四节　固定资产审计

固定资产是指同时具有下列两个特征的有形资产:
①为生产商品、提供劳务、出租或经营管理而持有的;
②使用寿命超过一个会计年度。

这里的使用寿命是指企业使用固定资产的预计期间,或者该固定资产所能生产产品或提供劳务的数量。固定资产只有同时满足下列两个条件才能予以确认:
①与该固定资产有关的经济利益很可能流入企业;
②该固定资产的成本能够可靠地计量。

由于固定资产在企业资产总额中一般都占有较大的比例,固定资产的安全、完整对企业的生产经营影响极大,注册会计师应对固定资产的审计予以高度重视。

一、审计目标与认定对应关系

按照被审计单位管理当局关于固定资产的认定,体现在具体审计目标上的对应关系如表 10.4 所示。

表 10.4 审计目标与认定对应关系表

审计目标	财务报表认定				
	存在	完整性	权利和义务	计价和分摊	列报
A 资产负债表中记录的固定资产是存在的	√				
B 所有应当记录的固定资产均已记录		√			
C 记录的固定资产由被审计单位拥有或控制			√		
D 固定资产以恰当的金额包括在财务报表中,与之相关的计价或分摊已恰当记录				√	
E 固定资产已按照企业会计准则的规定在财务报表中作出恰当列报					√

二、审计目标与审计程序对应关系

按照固定资产的具体审计目标,可供选择的审计程序有很多种,或者某种审计程序对应着不同的审计目标,两者关系如表 10.5 所示。其中 A,B,C,D,E 与表 10.4 审计目标项相同。

表 10.5 审计目标与审计程序对应关系表

审计目标	可供选择的审计程序
D	1. 获取或编制固定资产明细表,复核加计是否正确,并与总账数和明细账合计数核对是否相符,结合累计折旧和固定资产减值准备与报表数核对是否相符。
A,B,D	2. 实质性分析程序: (1)基于对被审计单位及其环境的了解,进行以下比较,并考虑有关数据间关系的影响,建立有关数据的期望值。 ①分类计算本期计提折旧额与固定资产原值的比率,并与上期比较; ②计算固定资产修理及维护费用占固定资产原值的比例,并进行本期各月、本期与以前各期的比较。 (2)确定可接受的差异额。 (3)将实际情况与期望值相比较,识别需要进一步调查的差异。 (4)如果其差额超过可接受的差异额,调查并获取充分的解释和恰当的佐证审计证据(如检查相关的凭证)。 (5)评估分析程序的测试结果。
A	3. 实地检查重要固定资产(如为首次接受审计委托,应适当扩大检查范围),确定其是否存在,关注是否存在已报废但仍未核销的固定资产。

续表 10.5

审计目标	可供选择的审计程序
C	4. 检查固定资产的所有权或控制权： ①对各类固定资产,获取、收集不同的证据以确定其是否归被审计单位所有； ②对外购的机器设备等固定资产,审核采购发票、采购合同等； ③对于房地产类固定资产,查阅有关的合同、产权证明、财产税单、抵押借款的还款凭据、保险单等书面文件； ④对融资租入的固定资产,检查有关融资租赁合同； ⑤对汽车等运输设备,检查有关运营证件等； ⑥对受留置权限制的固定资产,结合有关负债项目进行检查。
A,B,D,C	5. 检查本期固定资产的增加： (1)询问管理层当年固定资产的增加情况,并与获取或编制的固定资产明细表进行核对。 (2)检查本年度增加固定资产的计价是否正确,手续是否齐备,会计处理是否正确： ①对于外购固定资产,通过核对采购合同、发票、保险单、发运凭证等资料,抽查测试其入账价值是否正确,授权批准手续是否齐备,会计处理是否正确；如果购买的是房屋建筑物,还应检查契税的会计处理是否正确；检查分期付款购买固定资产入账价值及会计处理是否正确。 ②对于在建工程转入的固定资产,应检查固定资产确认时点是否符合企业会计准则的规定,入账价值与在建工程的相关记录是否核对相符,是否与竣工决算、验收和移交报告等一致；对已经达到预定可使用状态,但尚未办理竣工决算手续的固定资产,检查其是否已按估计价值入账,并按规定计提折旧。 ③对于投资者投入的固定资产,检查投资者投入的固定资产是否按投资各方确认的价值入账,并检查确认价值是否公允,交接手续是否齐全；涉及国有资产的,是否有评估报告并经国有资产管理部门评审备案或核准确认。 ④对于更新改造增加的固定资产,检查通过更新改造而增加的固定资产,增加的原值是否符合资本化条件,是否真实；会计处理是否正确；重新确定的剩余折旧年限是否恰当。 ⑤对于融资租赁增加的固定资产,获取融资租入固定资产的相关证明文件,检查融资租赁合同的主要内容,并结合长期应付款、未确认融资费用科目检查相关的会计处理是否正确。 ⑥对于企业合并、债务重组和非货币性资产交换增加的固定资产,检查产权过户手续是否齐备,检查固定资产入账价值及确认的损益和负债是否符合规定。 ⑦如果被审计单位为外商投资企业,检查其采购国产设备退还增值税的会计处理是否正确。 ⑧对于通过其他途径增加的固定资产,应检查增加固定资产的原始凭证,核对其计价及会计处理是否正确,法律手续是否齐全。 (3)检查固定资产是否存在弃置费用,如果存在弃置费用,检查弃置费用的估计方法和弃置费用现值的计算是否合理,会计处理是否正确。

续表 10.5

审计目标	可供选择的审计程序
A,B,D	6. 检查本期固定资产的减少： (1) 结合固定资产清理科目，抽查固定资产账面转销额是否正确。 (2) 检查出售、盘亏、转让、报废或毁损的固定资产是否经授权批准，会计处理是否正确。 (3) 检查因修理、更新改造而停止使用的固定资产的会计处理是否正确。 (4) 检查投资转出固定资产的会计处理是否正确。 (5) 检查债务重组或非货币性资产交换转出固定资产的会计处理是否正确。 (6) 检查其他减少固定资产的会计处理是否正确。
A,B	7. 检查固定资产的后续支出：检查固定资产有关的后续支出是否满足资产确认条件，如不满足，检查该支出是否在该后续支出发生时计入当期损益。
A,B,D,C	8. 检查固定资产的租赁： (1) 固定资产的租赁是否签订了合同、租约，手续是否完备，合同内容是否符合国家规定，是否经相关管理部门的审批。 (2) 租入的固定资产是否确属企业必需，或出租的固定资产是否确属企业多余闲置不用的。 (3) 租金收取是否签有合同，有无多收、少收现象。 (4) 租入固定资产有无久占无用、浪费损坏的现象；租出的固定资产有无长期不收租金、无人过问，是否有变相馈赠、转让等情况。 (5) 租入固定资产是否已登记备查簿。 (6) 如果被审计单位的固定资产中，融资租赁占有相当大的比例，复核新增加的租赁协议，检查租赁是否符合融资租赁的条件，会计处理是否正确（资产的入账价值、折旧、相关负债）。检查以下内容： ①复核租赁的折现率是否合理； ②检查租赁相关税费、保险费、维修费等费用的会计处理是否符合企业会计准则的规定； ③检查融资租入固定资产的折旧方法是否合理； ④检查租赁付款情况； ⑤检查租入固定资产的成新程度。 (7) 向出租人函证租赁合同及执行情况。 (8) 租入固定资产改良支出的核算是否符合规定。
D	9. 获取暂时闲置固定资产的相关证明文件，并观察其实际状况，检查是否已按规定计提折旧，相关的会计处理是否正确。
D	10. 获取已提足折旧仍继续使用固定资产的相关证明文件，并作相应记录。
A	11. 获取持有待售固定资产的相关证明文件并作相应记录，检查对其预计净残值调整是否正确，会计处理是否正确。
B	12. 检查固定资产保险情况，复核保险范围是否足够。
A,B,D	13. 检查有无与关联方的固定资产购售活动，是否经适当授权，交易价格是否公允。对于合并范围内的购售活动，记录应予合并抵销的金额。

续表 10.5

审计目标	可供选择的审计程序
D	14. 对应计入固定资产价值的借款费用,应根据企业会计准则的规定,结合长短期借款、应付债券或长期应付款的审计,检查借款费用资本化的计算方法和资本化金额,以及会计处理是否正确。
D,E	15. 检查购置固定资产时是否存在与资本性支出有关的财务承诺。
C,E	16. 检查固定资产的抵押、担保情况。结合对银行借款等的检查,了解固定资产是否存在重大的抵押、担保情况。如存在,应取证,并作相应的记录,同时提请被审计单位作恰当披露。
D	17. 检查累计折旧: (1)获取或编制累计折旧分类汇总表,复核加计是否正确,并与总账数和明细账合计数核对。 (2)检查被审计单位制定的折旧政策和方法是否符合相关企业会计准则的规定,确定其所采用的折旧方法能否在固定资产预计使用寿命内合理分摊其成本,前后期限是否一致,预计使用寿命和预计净残值是否合理。 (3)复核本期折旧费用的计提和分配: ①了解被审计单位的折旧政策是否符合规定,计提折旧范围是否正确,确定的使用寿命、预计净残值和折旧方法是否合理;如采用加速折旧法是否取得批准文件; ②检查被审计单位折旧政策前后期是否一致; ③复核本期折旧费用的计提是否正确,尤其关注已计提减值准备的固定资产的折旧; ④检查折旧费用的分配方法是否合理,是否与上期一致;分配计入各项目的金额占本期全部折旧计提额的比例与上期比较是否有重大差异; ⑤注意固定资产增减变动时有关折旧的会计处理是否符合规定,查明通过更新改造、接受捐赠或融资租入而增加的固定资产的折旧费用计算是否正确。 (4)将"累计折旧"账户贷方的本期计提折旧额与相应的成本费用中的折旧费明细账户的借方相比较,检查本期所计提折旧金额是否已全部摊入本期产品成本或费用中。若存在差异,应追查原因,并考虑是否应建议作适当调整。 (5)检查累计折旧的减少是否合理,会计处理是否正确。
D	18. 检查固定资产的减值准备: (1)获取或编制固定资产减值准备明细表,复核加计是否正确,并与总账数和明细账合计数核对。 (2)检查被审计单位计提固定资产减值准备的依据是否充分,会计处理是否正确。 (3)检查资产组的认定是否恰当,计提固定资产减值准备的依据是否充分,会计处理是否正确。 (4)计算本期末固定资产减值准备占期末固定资产原值的比率,并与期初该比率比较,分析固定资产的质量状况。 (5)检查被审计单位处置固定资产时原计提的减值准备是否同时结转,会计处理是否正确。 (6)检查是否存在转回固定资产减值准备的情况,确定减值准备在以后会计期间没有转回。
	19. 根据评估的舞弊风险等因素增加的审计程序。

续表 10.5

审计目标	可供选择的审计程序
E	20. 检查固定资产是否已按照企业会计准则的规定在财务报表中作出恰当列报： (1) 固定资产的确认条件、分类、计量基础和折旧方法。 (2) 各类固定资产的使用寿命、预计净残值和折旧率。 (3) 各类固定资产的期初和期末原价、累计折旧额及固定资产减值准备累计金额。 (4) 当期确认的折旧费用。 (5) 对固定资产所有权的限制及其金额和用于担保的固定资产账面价值。 (6) 准备处置的固定资产名称、账面价值、公允价值、预计处置费用和预计处置时间等。

本章小结

采购与付款业务循环的审计对象是该业务循环所包括的两项经济活动：一是本循环涉及的主要业务活动；二是本循环所涉及的主要凭证和会计记录。

采购与付款循环的内部控制的要点包括：适当的职责分离控制、内部核查程序等。

其内部控制测试程序主要包括：采购业务的内部控制测试和付款业务的内部控制测试。在测试的基础上评价其控制的有效性，并确定实质性程序的性质、时间、范围。

采购与付款业务循环重点掌握的是应付账款实质性程序和固定资产实质性程序。

【阅读资料】

从"上海通用"看采购与付款内部控制

为了加强对单位采购与付款的内部控制，规范采购与付款行为，防范采购与付款过程中的差错和舞弊，根据《中华人民共和国会计法》和《内部会计控制规范——基本规范（试行）》等法律法规，2002 年财政部制定了《内部会计控制规范——采购与付款》。如何有效地执行该规范，防范采购与付款过程中的差错和舞弊的发生，是每一个单位都要考虑的。上海通用汽车有限公司（以下简称上海通用）在该方面取得了成功的经验。

上海通用成立于 1997 年 6 月 12 日，是一家中美合资企业，由上海汽车工业（集团）总公司、通用汽车公司各出资 50% 组建而成。上海通用每年都有上百亿的采购支出，至今未发生一起经济违法案件，其采购与付款内部控制取得巨大成效。通过分析其取得巨大成效的原因有以下几个。

一、建立了科学合理的分权制衡结构

"绝对的权力导致绝对的腐败"，纵观企业控制失败的案例，出现问题的根源往往是权力过度集中，往往是一人"说了算"，对"说了算"的这个人，又缺乏相应的制约机制。鉴于此，上海通用建立了"科学分权，有限授权，权随岗定"的权利运作结构，把"集中的权力分散化，隐蔽的权力公开化"，并把权力的行使与岗位职责联系在一起。这样做使公司内没有特殊人员，也没有特殊权力，在采购环节没有一个人"说了算"，使想行贿的人找不到"关键人"。

二、建立了全面完善的采购与付款的内部控制，并得到有效执行

上海通用制定了包括《SGM 采购部门员工对外业务活动行为规定》、《礼品礼金上交处理规定》等 115 项规章、制度，建立了 30 多项采购程序和 10 多项与采购有关的管理制度，形成了完善的内部控制制度。这些内

部控制的设计,涵盖了从采购预算、项目申请、招投标、合同审批到货物验收、付款、索赔的整个采购全过程。在整个采购过程中,不管什么部门,什么人都要对号入座,严格按照设定的内部控制的要求执行,保证了执行的有效性。

三、建立了严格的请购与审批控制

上海通用加强了采购业务的预算控制,实行了采购业务的预算管理。对于预算内采购项目(一般是常规项目)具有请购权的部门,应严格按照预算执行进度办理请购手续;对于超预算和预算外采购项目(非常规项目)具有请购权的部门,首先是对需求部门提出的申请进行严格审核,审核合格的再办理请购手续,不合格的不予办理。为保证预算的准确性,所有的预算项目都要经过汇集的有关人员精心编制,所有的预算使用都要经过严密的流程,避免了预算中的随意性,保证了准确性。在采购申请阶段,首先由采购部门或使用部门统一填写公司自制的内部凭证"采购申请单",然后经过项目必要性审批、费用核准和批准申请等手续,完成采购申请。对于一般采购和生产原材料采购,要经过以下程序:首先由采购申请部门提出申请,"采购申请单"经本部门主管人员核准签字后填写,再交由财务部门审核批准签字。对于固定资产项目的采购,首先由固定资产使用部门提出申请,"采购申请单"再经过项目费用管理部门对采购费用进行严格审核,最后交由财务部门审核批准签字。

四、建立了完善的采购与验收环节的管理制度

上海通用对采购方式确定、供应商选择、验收程序等做出了明确规定,确保采购过程的透明化。在确定供应商的过程中,上海通用把它分为两步进行:第一步是确定潜在的供应商,由项目提出部门和采购部门同时提出一定数量的供应商名单。供应商必须在全球范围考虑,提供选择的供应商不得少于3家。先进行初选,再由项目提出部门和技术部门对供应商进行技术评审,选择技术条件好的若干供应商报联合采购委员会,由联合采购委员会确定潜在供应商;第二步是向潜在的供应商发出标书,潜在的供应商进行至少三轮报价,采购人员按标书进行评审,再将完整的资料提交联合采购委员会。资料包括申请人、技术部门的评估意见、财务部门批准的预算、潜在的供应商报价清单等。最后由联合采购委员会进行认真的讨论,确定最终供应商。接着进入商务谈判签约等程序。

五、建立了严格的付款控制

上海通用严格按照《现金管理暂行条例》、《支付结算办法》和《内部会计控制规范——货币资金(试行)》等规定办理采购付款业务。财会部门在办理付款业务时,首先是对采购发票、结算凭证、验收证明等相关凭证的真实性、完整性、合法性及合规性进行严格审核,在资金支付时必须审核以下资料是否全面,要有采购申请批准书,要有采购部制作的与供应商签订的合同,要有收料清单(包括材料和劳务等收料清单),也就是做到发票、合同、收货三单相互核对相符一致。在支付程序上,必须由采购部门提出申请,财务部按授权范围进行审批。在开具支票和支付凭证时,需要由中外双方的有关人员共同签署方能有效。

六、实施了有效的监督

上海通用建立了对采购与付款内部控制的监督检查制度。公司的最高权力机构是由总经理(中方担任)、执行副总经理(外方担任)和两名副总经理(中外方各一人担任)组成的执行委员会。这种架构的设置决定了执委会在讨论决定包括重要的经营活动、高级以上经理的任免、审批企业内部重要的管理制度等企业的重大问题时,中外双方为维护各自的利益,会自觉不自觉的进行相互监督。在确定供应商环节,从潜在供应商名单的批准到最终供应商的确定,必须提交联合采购委员会,联合采购委员会由采购部、财务部、审计、监察等中外双方有关人员组成,每个人都拥有一票否决权,每个人的权力又都受到监督。在财务部实行"两支笔"签

字,做到相互约束监督,避免"一支笔"不受约束的弊端。这种有效的监督,保证了内部控制制度的有效执行。

从"上海通用"取得经验看,内部控制能否取得好的效果,不仅取决于建立了严格健全的内部控制,关键还在于对内部控制的严格执行。

(资料来源:刘杰.聊城大学)

复习思考题

1. 向供货方函证应付账款与函证应收账款的审计程序有何区别?其重要性如何?
2. 对未入账的应付账款通常采用哪些方法进行查验?
3. 简要说明对本期固定资产增加的审查重点是什么?

第十一章
Chapter 11

存货与仓储循环审计

【学习要点及目标】

知识目标:通过本章的学习,使学生了解存货与仓储循环的审计对象;理解存货与仓储循环的控制测试;掌握存货与仓储循环主要业务的实质性测试。

能力目标:运用所学知识进行简单存货与仓储循环业务的符合性和实质性测试。

素质目标:培养学生分析思维、诚实正直和关注细节等方面的素质。

【案例导入】

小韩大学快毕业时,在当地一家会计师事务所任助理工作。2009年春节后事务所业务较多,所以小韩的任务较为繁重。2月5日,事务所合伙人之一李老师交给小韩一项新任务,去老客户A公司进行存货循环的审计,要求7天内完成。李老师说由于承接的业务集中,来不及编制审计计划,只签署了审计业务约定书。小韩阅读了解到该审计范围是审计A公司2008年的财务报表,通过查阅上年A公司审计工作底稿,了解到A公司是知名钢铁企业,年产各类钢材1千多万吨,正在建设一条年产300万吨的线材生产线,市场前景乐观。底稿表明该公司管理规范,内部控制健全有效,存货类底稿无关于调整事项的内容,并且按照约定,事务所有关人员在2008年12月25日对A公司存货进行了监督盘点。小韩查找上年A公司审计计划资料未能如愿,经询问,计划还未编制补充。

以往工作时,小韩都是根据审计程序表中明确的指令进行,如昨天的工作指令是"审阅预付账款明细账",而这一次感到茫然,不知道如何开始工作并能否完成任务。

小韩的任务是什么?能用审计术语更准确地说明吗?能为小韩设计明确的程序着手工作吗?采用什么审计方法(详细审计、抽样审计)才可能在7天内完成任务?为什么?

存货与仓储循环同其他业务循环的联系非常密切,因而有些特别。原材料经过采购与付款循环进入存货与仓储循环,存货与仓储循环又随销售与收款循环中商品的销售环节而结束。

存货与仓储循环涉及的内容主要是存货的管理及生产成本的计算等。考虑财务报表项目与业务循环的相关程度,该循环所涉及的资产负债表项目主要是存货、应付职工薪酬等;所涉及的利润表项目主要是营业成本等项目。其中,存货又包括:材料采购或在途物资、原材料、材料成本差异、库存商品、发出商品、商品进销差价、委托加工物资、委托代销商品、受托代销商品、周转材料、生产成本、制造费用、劳务成本、存货跌价准备等。

第一节 存货与仓储循环的审计对象

存货与仓储循环的审计对象主要包括两部分内容:一是本循环涉及的主要业务活动;二是本循环涉及的主要凭证和会计记录。

一、主要的业务活动

以制造业为例,存货与仓储循环所涉及的主要业务活动包括:计划和安排生产;发出原材料;生产产品;核算产品成本;储存产成品;发出产成品等。上述业务活动通常涉及以下部门:生产计划部门、仓库、生产部门、人事部门、销售部门、会计部门等。

1. 计划和安排生产

生产计划部门的职责是根据顾客订单或者对销售预测和产品需求的分析来决定生产授权。如决定授权生产,即签发预先编号的生产通知单。该部门通常应将发出的所有生产通知单编号并加以记录控制。此外,还需要编制一份材料需求报告,列示所需要的材料和零件及其库存。

2. 发出原材料

仓库部门的责任是根据从生产部门收到的领料单发出原材料。领料单上必须列示所需的材料数量和种类,以及领料部门的名称。领料单可以一料一单,也可以多料一单,通常需一式三联。仓库发料后,将其中一联连同材料交给领料部门,其余两联经仓库登记材料明细账后,送会计部门进行材料收发核算和成本核算。

3. 生产产品

生产部门在收到生产通知单及领取原材料后,便将生产任务分解到每一个生产工人,并将所领取的原材料交给生产工人,据以执行生产任务。生产工人在完成生产任务后,将完成的产品交生产部门查点,然后转交检验员验收并办理入库手续;或是将所完成的产品移交下一个部门,作进一步加工。

4. 核算产品成本

为了正确核算并有效控制产品成本,必须建立健全成本会计制度,将生产控制和成本核算有机结合在一起。一方面,生产过程中的各种记录、生产通知单、领料单、计工单、入库单等文件资料都要汇集到会计部门,由会计部门对其进行检查和核对,了解和控制生产过程中存货的实物流转;另一方面,会计部门要设置相应的会计账户,会同有关部门对生产过程中的成本进行核算和控制。成本会计制度可以非常简单,只是在期末记录存货余额;也可以是完善的标准成本制度,它持续地记录所有材料处理、在产品和产成品,并形成对成本差异的分析报告。完善的成本会计制度应该提供原材料转为在产品,在产品转为产成品,以及按成本中心、分批生产任务通知单或生产周期所消耗的材料、人工和间接费用的分配与归集的详细资料。

5. 储存产成品

产成品入库,须由仓库部门先行点验和检查,然后签收。签收后,将实际入库数量通知会计部门。据此,仓库部门确立了本身应承担的责任,并对验收部门的工作进行验证。除此之外,仓库部门还应根据产成品的品质特征分类存放,并填制标签。

6. 发出产成品

产成品的发出须由独立的发运部门进行。装运产成品时必须持有经有关部门核准的发运通知单,并据此编制出库单。出库单至少一式四联,一联交仓库部门;一联发运部门留存;一联送交顾客;一联作为给顾客开发票的依据。

二、主要凭证和会计记录

存货与仓储循环由将原材料转化为产成品的有关活动组成。该循环包括制订生产计划,控制、保持存货水平以及与制造过程有关的交易和事项,涉及领料、生产加工、销售产成品等主要环节。存货与仓储循环所涉及的凭证和记录主要包括:

1. 生产指令

生产指令又称"生产任务通知单",是企业下达制造产品等生产任务的书面文件,用以通知供应部门组织材料发放,生产车间组织产品制造,会计部门组织成本计算。广义的生产指令也包括用于指导产品加工的工艺规程,如机械加工企业的"路线图"等。

2. 领发料凭证

领发料凭证是企业为控制材料发出所采用的各种凭证,如材料发出汇总表、领料单、限额领料单、领料登记簿、退料单等。

3. 产量和工时记录

产量和工时记录是登记工人或生产班组出勤内完成产品数量、质量和生产这些产品所耗费工时数量的原始记录。产量和工时记录的内容与格式是多种多样的,在不同的生产企业中,甚至在同一企业的不同生产车间中,由于生产类型不同而采用不同格式的产量和工时记录。常见的产量和工时记录主要有工作通知单、工序进程单、工作班产量报告、产量通知单、产量明细表、废品通知单等。

4. 工薪汇总表及工薪费用分配表

工薪汇总表是为了反映企业全部工薪的结算情况,并据以进行工薪结算总分类核算和汇总整个企业工薪费用而编制的,它是企业进行工薪费用分配的依据。工薪费用分配表反映了各生产车间各产品应负担的生产工人工薪及福利费。

5. 材料费用分配表

材料费用分配表是用来汇总反映各生产车间各产品所耗费的材料费用的原始记录。

6. 制造费用分配汇总表

制造费用分配汇总表是用来汇总反映各生产车间各产品所应负担的制造费用的原始记录。

7. 成本计算单

成本计算单是用来归集某一成本计算对象所应承担的生产费用,计算该成本计算对象的总成本和单位成本的记录。

8. 存货明细账

存货明细账是用来反映各种存货增减变动情况和期末库存数量及相关成本信息的会计记录。

第二节 控制测试和交易的实质性测试

一、概述

总体上看,存货与仓储循环的内部控制主要包括存货的内部控制、成本会计制度的内部控制及工薪的内部控制三项内容。

关于存货的内部控制,需要作以下两个方面的说明:一方面,由于存货与仓储循环与其他业务循环的内在联系,存货与仓储循环中某些审计测试,特别是对存货的审计测试,与其他相关业务循环的审计测试同时进行将更为有效。例如,原材料的取得和记录是作为采购与付款循环的一部分进行测试的,而装运产成品和记录营业收入与成本则是作为销售与收款循环审计的一部分进行测试的。这些在前面相应章节已经结合其他循环作了介绍,不再赘述。另一方面,尽管不同的企业对其存货可能采取不同的内部控制,但从根本上说,均可概括为存货的数量和计价两个关键因素的控制。基于上述原因,本节对存货与仓储循环的内部控制和相关控制测试的介绍,省略存货方面的相关内容,仅涉及成本会计制度及工薪两项。

表 11.1 列示的是成本会计制度的内部控制目标、关键的内部控制、常用的控制测试及常用的交易实质性程序。

表 11.2 列示的是工薪内部控制的控制目标、关键内部控制、常用的控制测试及常用的交易实质性程序。

表 11.1　成本会计制度的内部控制目标、关键内部控制和测试一览表

内部控制目标	关键的内部控制	常用的控制测试	常用的交易实质性程序
生产业务是根据管理层一般或特定的授权进行的（发生）	对以下三个关键点应履行恰当手续，经过特别审批或一般审批：①生产指令的授权批准；②领料单的授权批准；③工薪的授权批准。	检查在凭证中是否包括这三个关键点恰当审批。	检查生产指令、领料单、工薪等是否经过授权。
记录的成本为实际发生的而非虚构的（发生）	成本的核算是以经过审核的生产通知单、领发料凭证、产量和工时记录、工薪费用分配表、材料费用分配表、制造费用分配表为依据的。	检查有关成本的记账凭证是否附有生产通知单、领发料凭证、产量和工时记录、工薪费用分配表、材料费用分配表、制造费用分配表等原始凭证的顺序编号是否完整。	对成本实施分析程序，将成本明细账与生产通知单、领发料凭证、产量和工时记录、工薪费用分配表、材料费用分配表、制造费用分配表相核对。
所有耗费和物化劳动均已反映在成本中（完整性）	生产通知单、领发料凭证、产量和工时记录、工薪费用分配表、材料费用分配表、制造费用分配表均事先编号并已经登记入账。	检查生产通知单、领发料凭证，产量和工时记录、工薪费用分配表、材料费用分配表、制造费用分配表的顺序编号是否完整。	对成本实施分析程序，将生产通知单、领发料凭证、产量和工时记录、工薪费用分配表、材料费用分配表、制造费用分配表与成本明细账相核对。
成本以正确的金额，在恰当的会计期间及时记录于适当的账户（发生、完整性、准确性、计价和分摊）	采用适当的成本核算方法，并且前后各期一致；采用适当的费用分配方法，并且前后各期一致；采用适当的成本核算流程和账务处理流程；内部核查。	选取样本测试各种费用的归集和分配以及成本的计算；测试是否按照规定的成本核算流程和账务处理流程进行核算和账务处理。	对成本实施析程序；抽查成本计算单，检查各种费用的归集和分配以及成本的计算是否正确；对重大在产品项目进行计价测试。
对存货实施保护措施，保管人员与记录、批准人员相互独立（完整性）	存货保管人员与记录人员职务相分离。	询问和观察存货与记录的接触以及相应的批准程序。	
账面存货与实际存货定期校对相符（存在、完整性、计价和分摊）	定期进行存货盘点。	询问和观察存货盘点程序。	对存货实施监盘程序。

表 11.2 工薪内部控制的控制目标、关键内部控制和测试一览表

内部控制目标	关键的内部控制	常用控制测试程序	常用的实质性测试程序
工薪账项均经正确批准(发生)	对以下五个关键点应履行恰当手续,经过特别审批或一般审批;批准上工;工作时间,特别是加班时间;工资、薪金或佣金;代扣款项;工薪结算表和工薪汇总表。	审查人事档案;检查工时卡的有关核准说明;检查工薪记录中有关内部检查标记;检查人事档案中的授权;检查工薪记录中有关核准的标记。	将工时卡同工时记录等进行比较。
记录的工薪为实际而非虚构(发生)	工时卡经领班核准;用生产记录钟记录工时。	检查工时卡的核准说明;检查工时卡;复核人事政策、组织结构图。	对本期工薪费用的发生情况进行分析性复核;将有关费用明细账与工薪费用分配表、工薪汇总表、工薪结算表相核对。
所有已发生的工薪支出已作记录(完整性)。	工薪分配表、工薪汇总表完整反映已发生的工薪支出。	审查工资分配表、工资汇总表、工薪结算表,并核对员工工资手册、员工手册等。	对本期工薪费用的发生情况进行分析性复核;将工薪费用分配表、工薪汇总表、工薪结算表与有关费用明细账相核对。
工薪以正确的金额,在恰当的会计期间及时记录于适当的账户(发生、完整性、准确性、计价和分摊)。	采用适当的工资费用分配方法,并且前后各期一致;采用适当的账务处理流程。	选取样本测试工资费用的归集和分配;测试是否按照规定的账务处理流程进行账务处理。	对本期工薪费用进行分析性复核;检查工薪的计提是否正确,分配方法是否与上期一致。
人事、考勤、工薪发放、记录之间相互分离(准确性)。	人事、考勤、工薪发放、记录等职务相互分离。	询问和观察各项职责执行情况。	

二、控制测试

(一)成本会计制度的控制测试

成本会计制度的测试,包括直接材料成本测试、直接人工成本测试、制造费用测试和生产成本在当期完工产品与在产品之间分配的测试四项内容。

1. 直接材料成本测试

对采用定额单耗的企业,可选择并获取某一成本报告期若干种具有代表性的产品成本计算单,获取样本的生产指令或产量统计记录及其直接材料单位消耗定额,根据材料明细账或采购业务测试工作底稿中该直接材料的单位实际成本,计算直接材料的总消耗量和总成本,与该

样本成本计算单中的直接材料成本核对,并注意下列事项:生产指令是否经过授权批准;单位消耗定额和材料成本计价方法是否适当,在当年度有何重大变更。

对非采用定额单耗的企业,可获取材料费用分配汇总表、材料发出汇总表(或领料单)、材料明细账(或采购业务测试工作底稿)中各直接材料的单位成本,作如下检查:成本计算单中直接材料成本与材料费用分配汇总表中该产品负担的直接材料费用是否相符,分配标准是否合理;将抽取的材料发出汇总表或领料单中若干种直接材料的发出总量和该种材料的实际单位成本之积,与材料费用分配汇总表中各该种材料费用进行比较,并注意领料单的签发是否经过授权批准,材料发出汇总表是否经过适当的人员复核,材料单位成本计价方法是否适当,在当年有何重大变更。

对采用标准成本法的企业,获取样本的生产指令或产量统计记录、直接材料单位标准用量、直接材料标准单价及发出材料汇总表或领料单,检查下列事项:根据生产量、直接材料单位标准用量和标准单价计算的标准成本与成本计算单中的直接材料成本核对是否相符;直接材料成本差异的计算与账务处理是否正确,并注意直接材料的标准成本在当年度内有何重大变更。

2. 直接人工成本测试

对采用计时工资制的企业,获取样本的实际工时统计记录、职员分类表和职员工薪手册(工资率)及人工费用分配汇总表,作如下检查:成本计算单中直接人工成本与人工费用分配汇总表中该样本的直接人工费用核对是否相符;样本的实际工时统计记录与人工费用分配汇总表中该样本的实际工时核对是否相符;抽取生产部门若干天的工时台账与实际工时统计记录核对是否相符;当没有实际工时统计记录时,则可根据职员分类表及职员工薪手册中的工资率,计算复核人工费用分配汇总表中该样本的直接人工费用是否合理。

对采用计件工资制的企业,获取样本的产量统计报告、个人(小组)产量记录和经批准的单位工薪标准或计件工资制度,检查下列事项:根据样本的统计产量和单位工薪标准计算的人工费用与成本计算单中直接人工成本核对是否相符;抽取若干个直接人工(小组)的产量记录,检查是否被汇总计入产量统计报告。

对采用标准成本法的企业,获取样本的生产指令或产量统计报告、工时统计报告和经批准的单位标准工时、标准工时工资率、直接人工的工薪汇总等资料,检查下列事项:根据产量和单位标准工时计算的标准工时总量与标准工时工资率之积同成本计算单中直接人工成本核对是否相符;直接人工成本差异的计算与账务处理是否正确,并注意直接人工的标准成本在当年内有何重大变更。

3. 制造费用测试

获取样本的制造费用分配汇总表、按项目分列的制造费用明细账、与制造费用分配标准有关的统计报告及其相关原始记录,作如下检查:制造费用分配汇总表中,样本分担的制造费用与成本计算单中的制造费用核对是否相符;制造费用分配汇总表中的合计数与样本所属成本报告期的制造费用明细账总计数核对是否相符;制造费用分配汇总表选择的分配标准(机器工时数、直接人工工资、直接人工工时数、产量数)与相关的统计报告或原始记录核对是否相符,并对费用分配标准的合理性作出评估;如果企业采用预计费用分配率分配制造费用,则应针对制造费用分配过多或过少的差额,检查其是否作了适当的账务处理;如果企业采用标准成本法,则应检查样本中标准制造费用的确定是否合理,计入成本计算单的数额是否正确,制造费用差异的计算与账务处理是否正确,并注意标准制造费用在当年度内有何重大变更。

4. 生产成本在当期完工产品与在产品之间分配的测试

检查成本计算单中在产品数量与生产统计报告或在产品盘存表中的数量是否一致;检查在产品约当产量计算或其他分配标准是否合理;计算复核样本的总成本和单位成本,最终对当年采用的成本会计制度做出评价。

(二) 工薪的控制测试

在测试工薪内部控制时,首先,应选择若干月份工薪汇总表,作如下检查:计算复核每一份工薪汇总表;检查每一份工薪汇总表是否已经授权批准;检查应付工薪总额与人工费用分配汇总表中的合计数是否相符;检查其代扣款项的账务处理是否正确;检查实发工薪总额与银行付款凭单及银行存款对账单是否相符,并正确过入相关账户。其次,从工资单中选取若干个样本(应包括各种不同类型人员),作如下检查:检查员工工薪卡或人事档案,确保工薪发放有依据;检查员工工资率及实发工薪额的计算;检查实际工时统计记录(或产量统计报告)与员工个人钟点卡(或产量记录)是否相符;检查员工加班加点记录与主管人员签证的月度加班费汇总表是否相符;检查员工扣款依据是否正确;检查员工的工薪签收证明;实地抽查部分员工,证明其确在本公司工作,如已离开本公司,需获得管理层证实。

三、交易的实质性测试

存货与仓储循环有关交易的实质性程序举例参见表11.1,11.2列示内容以及本章第三节、第四节的相关内容。在存货与仓储循环中,存货的实质性程序通常占有重要位置。这是因为,存货是资产负债表中的主要项目,通常也是流动资产中余额最大的项目。而且存货流动性强、周转快,受市场因素和生产计划的影响很大,在各年度之间往往不平衡,对各年度末的资产和各年度的损益有很大的影响。在会计核算上,存货对应的会计账项很多,存货项目的真实性与正确性,直接影响到其他会计账项。而存货实质性程序的重点又是存货监盘和存货计价测试与截止测试。

第三节 存货审计

一、存货审计概述

《企业会计准则第1号——存货》规定,存货是指企业在日常活动中持有以备出售的产成品或商品、处在生产过程中的在产品、在生产过程或提供劳务过程中耗用的材料和物料等。

在通常情况下,存货对企业经营特点的反映能力强于其他资产项目。存货不仅对于生产制造业、批发业和零售行业十分重要,对于服务行业也具有重要性。通常,存货的重大错报对于流动资产、营运资本、总资产、销售成本、毛利以及净利润都会产生直接的影响;对于其他某些项目,例如利润分配和所得税,具有间接影响。审计中许多复杂和重大的问题都与存货有关。存货、产品生产和销售成本成为会计、审计乃至企业管理中最为普遍、重要和复杂的问题。

存货审计,尤其是对年末存货余额的测试,通常是审计中最复杂也是最费时的部分。对存货存在性和存货价值的评估常常十分困难。导致存货审计复杂的主要原因包括:

①存货通常是资产负债表中的一个主要项目,而且通常是构成营运资本的最大项目;

②存货存放于不同的地点,这使得对它的实物控制和盘点都很困难。企业必须将存货置放于便于产品生产和销售的地方,但是这种分散也带来了审计的困难;

③存货项目的多样性也给审计带来了困难。例如,化学制品、宝石、电子元件以及其他的高科技产品;

④存货本身的陈旧以及存货成本的分配也使得存货的估价出现困难;

⑤允许采用的存货计价方法的多样性。

正是由于存货对于企业的重要性、存货问题的复杂性以及存货与其他项目密切的关联度,要求注册会计师对存货项目的审计应当予以特别的关注。相应的,要求实施存货项目审计的注册会计师具备较高的专业素质和相关业务知识,分配较多的审计工时,运用多种有针对性的审计程序。

二、审计目标与认定对应关系

按照被审计单位管理当局关于存货的认定,体现在具体审计目标上的对应关系如表11.3所示。

表11.3 审计目标与认定对应关系表

审计目标		财务报表认定				
		存在	完整性	权利和义务	计价和分摊	列报
A	资产负债表中记录的存货是存在的	√				
B	所有应当记录的存货均已记录		√			
C	记录的存货由被审计单位拥有或控制			√		
D	存货以恰当的金额包括在财务报表中,与之相关的计价调整已恰当记录				√	
E	存货已按照企业会计准则的规定在财务报表中作出恰当列报					√

三、审计目标与审计程序对应关系

按照存货的具体审计目标,可供选择的审计程序有很多种,或者某种审计程序对应着不同的审计目标,因此将两者关系列表11.4所示。其中A,B,C,D,E同表11.3审计目标项。

表11.4 审计目标与审计程序对应关系表

审计目标	可供选择的审计程序
（一）材料采购(在途物资)	
D	1. 获取或编制材料采购(在途物资)明细表,复核加计是否正确,并与总账数、明细账合计数核对是否相符。
A,C,D	2. 检查材料采购或在途物资： (1)对大额材料采购或在途物资,追查至相关的购货合同及购货发票,复核采购成本的正确性,并抽查期后入库情况,必要时发函询证。 (2)检查期末材料采购或在途物资,核对有关凭证,查看是否存在不属于材料采购(在途物资)核算的交易或事项。 (3)检查月末转入原材料等科目的会计处理是否正确。
B,A	3. 查阅资产负债表日前后＿＿＿天材料采购(在途物资)增减变动的有关账簿记录和收料报告单等资料,检查有无跨期现象,如有,则应作出记录,必要时作调整。
D	4. 如采用计划成本核算,审核材料采购账项有关材料成本差异发生额的计算是否正确。
A	5. 检查材料采购是否存在长期挂账事项,如有,应查明原因,必要时提出建议调整。
	6. 根据评估的舞弊风险等因素增加的审计程序。
（二）原材料	
D	7. 获取或编制原材料明细表,复核加计是否正确,并于总账数、明细账合计数核对是否相符。 8. 实质性分析程序(必要时)： (1)针对已识别需要运用分析程序的有关项目,并基于对审计单位及环境的了解,通过进行以下比较,并考虑有关数据间关系的影响,以建立注册会计师有关数据的期望值： ①比较当年度及以前年度原材料成本占产成品成本百分比的变动,并对异常情况作出解释； ②比较原材料的实际用量与预算用量差异,并分析其合理性； ③核对仓库记录的原材料领用量与生产部门记录的原材料领用量是否相符,并对异常情况作出解释； ④根据标准单耗指标,将原材料收发存情况与投入产出结合比较,以分析本期原材料领用、消耗、结存的合理性。 (2)确定可以接受的差异额。 (3)将实际情况与期望值相比较,识别需要进一步调查的差异。 (4)如果其差额超过可接受的差异额,调查并获取充分的解释和恰当的佐证审计证据(通过检查相关的凭证)。 (5)评估分析程序的测试结果。

续表 11.4

审计目标	可供选择的审计程序
A,B	9.选取代表性样本,抽查原材料明细账的数量与盘点记录的原材料数量是否一致,以确定原材料明细账数量的准确性和完整性: (1)从原材料明细账中选取具有代表性的样本,与盘点报告(记录)的数量核对。 (2)从盘点报告(记录)中抽取有代表性的样本,与原材料明细账的数量核对。
B,A	10.截止测试: (1)原材料入库的截止测试: ①在原材料明细账的借方发生额中选取资产负债表日前后____张、金额____以上的凭证,并与入库记录(如入库单或购货发票或运输单据)核对,以确定原材料入库被记录在正确的会计期间; ②在入库记录(如入库单或购货发票或运输单据)中选取资产负债表日前后____张、金额____以上凭证,与原材料明细账的借方发生额进行核对,以确定原材料入库被记录在正确的会计期间。 (2)原材料出库截止测试: ①在原材料明细账的贷款发生额中选取资产负债表日前后____张、金额____以上的凭证,并与出库记录(如出库单或销货发票或运输单据)核对,以确定原材料出库被记录在正确的会计期间; ②在出库记录(如出库单或销货发票或运输单据)中选取资产负债表日前后____张、金额____以上的凭证与原材料明细账的贷方发生额进行核对,以确定原材料出库被记录在正确的会计期间。
D	11.原材料计价方法的测试: (1)检查原材料的计价方法前后期是否一致; (2)检查原材料的入账基础和计价方法是否正确,自原材料明细表中选取适量品种: ①以实际成本计价时,将其单位成本与购货发票核对,并确认原材料成本中不包含增值税; ②以计划成本计价时,将其单位成本与材料成本差异明细账及购货发票核对,同时关注被审计单位计划成本制定的合理性; ③检查进口原材料的外币折算是否正确,检查相关的关税、增值税及消费税的会计处理是否正确。 (3)检查原材料发出计价的方法是否正确: ①了解被审计单位原材料发出方法的计价方法,前后期是否一致,并抽取主要材料复核其计算是否正确;若原材料以计划成本计价,还应检查材料成本差异的发生和结转的金额是否正确。 ②编制本期发出材料汇总表,与相关科目勾稽核对,并复核____月发出材料汇总表的正确性。 (4)结合原材料的盘点检查,期末有无料到单末到情况,如有,应查明是否已暂估入账,其暂估价是否合理。

续表 11.4

审计目标	可供选择的审计程序
A,B,C,D	12. 对于通过非货币性资产交换、债务重组、企业合并以及接受捐赠等取得的原材料,检查其入账的有关依据是否真实、完备,入账价值和会计处理是否符合相关规定。
A,B,C,D	13. 检查投资者投入的原材料是否按照投资合同或协议约定的价值入账,并检查约定的价值是否公允、交接手续是否齐全。
A,B,C,D	14. 检查与关联方的购销业务是否正常,关注交易价格、交易金额的真实性及合理性,检查对合并范围内购货记录应给予合并抵销的数据是否正确。
A	15. 审核有无长期挂账的原材料,如有,应查明原因,必要时作调整。
C,E	16. 结合银行借款等科目,了解是否有用于债务担保的原材料,如有,则应取证并作相应的记录,同时提请被审计单位作恰当披露。
	17. 根据评估的舞弊风险等因素增加的审计程序。
(三)材料成本差异	
D	18. 获取或编制材料成本差异明细表,复核加计是否正确,并与总账数、明细账合计数核对是否相符。
D	19. 对材料成本差异率进行分析,检查是否有异常波动,注意是否存在调节成本现象。
D	20. 结合以计划成本计价的原材料、包装物等的入账基础测试,比较计划成本与供货商发票或其他实际成本资料,检查材料成本差异的发生额是否正确。
D	21. 抽查____月发出材料汇总表,检查材料成本差异的分配是否正确,并注意分配方法前后期是否一致。
	22. 根据评估的舞弊风险等因素增加的审计程序。
(四)库存商品	
D	23. 获取或编制库存商品明细表,复核加计是否正确,并与总账数、明细账合计数核对是否相符。
A,B,D	24. 实质性分析程序: (1)针对已识别需要运用分析程序的有关项目,并基于对审计单位及其环境的了解,通过进行以下比较,并考虑有关数据间关系的影响,建立注册会计师有关数据的期望值。 ①按品种分析库存商品各月单位成本的变动趋势,以评价是否有调节生产成本或销售成本的因素; ②比较前后各期的主要库存商品毛利率(按月、按生产按地区等)、库存商品周转率和库存商品账龄等,评价其合理性并对异常波动作出解释,查明异常情况的原因; ③比较库存商品库存量与生产量及库存能力的差异,并分析其合理性; ④核对仓库记录的库存商品入库量与生产部门记录的库存商品生产量是否一致,并对差异作出解释;

续表 11.4

审计目标	可供选择的审计程序
A,B,D	⑤核对发票记录的数量与发货量、定货量、主营业务成本记录的销售量是否一致,并对差异作出解释; ⑥比较库存商品销售量与生产量或采购量的差异,并分析其合理性; ⑦比较库存商品销售量和平均单位成本之积与账面库存商品销售成本的差异,并分析其合理性。 (2)确定可以接受的差异额。 (3)将事实情况与期望值相比较,识别需要进一步调查的差异。 (4)如果其差额超过可接受的差异额,调查并获取充分的解释和恰当的佐证审计证据(如检查相关的凭证)。 (5)评估分析程序的测试结果。
A,B	25.选取代表性样本,抽查库存商品明细账的数量与盘点记录的库存商品数量是否一致。以确定库存商品明细账数量的准确性和完整性: (1)从库存商品明细账中选取具有代表性的样本,与盘点报告(记录)的数量核对。 (2)从盘点报告(记录)中抽取有代表性的样本,与库存商品明细账的数量进行核对。
A,B	26.截止测试: (1)库存商品入库的截止测试: ①在库存商品明细账的借方发生额中选取资产负债表日前后____张、金额____以上的凭证,并与入库记录(如入库单,或购货发票,或运输单据)核对,以确定库存商品入库被记录在正确的会计期间。 ②在入库记录(如入库单,或购货发票,或运输单据)中选取资产负债表日前后____张、金额____以上的凭证,与库存商品明细账的借方发生额进行核对,以确定库存商品入库被记录在正确的会计期间。 (2)库存商品出库的截止测试: ①在库存商品明细账的贷方发生额中选取资产负债表日前后____张、金额____以上的凭证,并与出库记录(如入库单,或购货发票,或运输单据)核对,以确定库存商品出库被记录在正确的会计期间。 ②在出库记录中选取资产负债表日前后____张、金额____以上的凭证,与库存商品明细账的贷方发生额进行核对,以确定库存商品出库被记录在正确的会计期间。

续表 11.4

审计目标	可供选择的审计程序
D	27. 库存商品计价方法的测试： (1) 检查库存商品的计价方法是否前后期一致。 (2) 检查库存商品的入账基础和计价方法是否正确，自库存商品明细表中选取适量品种： ①自制库存商品： 以实际成本计价时，将其单位成本与成本计算单核对。 以计划成本计价时，将其单位成本与相关成本差异明细账及成本计算单核对。 ②外购库存商品： 以实际成本计价时，将其单位成本与购货发票核对。 以计划成本计价时，将其单位成本与相关成本差异明细账及购货发票核对。 ③抽查库存商品入库单，核对库存商品的品种、数量与入账记录是否一致；将入库库存商品的实际成本与相关科目(如生产成本)的结转额核对并作交叉索引。 (3) 检查外购库存商品的发出计价是否正确： ①了解被审计单位对库存商品发出的计价方法，并抽取主要库存商品，检查其计算是否正确；若库存商品以计划成本计价，还应检查产品成本差异的发生和结转金额是否正确。 ②编制本期库存商品发出汇总表，与相关科目勾稽核对，复合____月库存商品发出汇总表的正确性。 (4) 结合库存商品盘点，检查期末有无库存商品已到而相关单据未到的情况，如有，应查明是否暂估入账，其暂估价是否合理。
A,B,C,D	28. 对于通过非货币性资产交换、债务重组、企业合并及接受捐赠取得的库存商品，检查其入账的有关依据是否真实、完备，入账价值和会计处理是否符合相关规定。
A,B,C,D	29. 检查投资者投入的库存商品是否按照投资合同或协议约定的价值入账，并同时检查约定的价值是否公允，交换手续是否齐全。
CAB	30. 检查与关联方的商品购销交易是否正常，关注交易价格、交易金额的真实性与合理性，对合并范围内购货记录应予合并抵销的数据是否抵销。
A	31. 审阅库存商品明细账。检查有无长期挂账的库存商品，如有，应查明原因并作适当处理。
C,E	32. 结合银行借款等科目，了解是否有用于债务担保的库存商品，如有，则应取证并作相应的记录，同时提请被审计单位作恰当披露。
	33. 根据评估的舞弊风险等因素增加的审计程序。

续表 11.4

审计目标	可供选择的审计程序
（五）发出商品	
D	34.获取或编制发出商品明细表,复核加计是否正确,并与总账数、明细账合计数核对是否相符。
A,B,C,D	35.检查发出商品有关的合同、协议和凭证,分析交易实质,检查其会计处理是否正确。
A,B	36.检查发出商品品种、数量和金额与库存商品的结转额核对一致,并作交叉索引。
D	37.了解被审计单位对发出商品结转的计价方法,并抽取主要发出商品,检查其计算是否正确;若发出商品以计划成本计价,还应检查产品成本差异的发生和结转金额是否正确。
A,B,C	38.编制本期发出汇总表,与相关科目勾稽核对,并复核____月发出商品汇总表的正确性。
A	39.审核有无长期挂账的发出商品事项,如有,应查明原因,必要时作调整。
D	40.检查发出商品退回的会计处理是否正确。
A,B,D	41.查阅资产负债表日前后____天发出商品增减变动的有关账簿记录和有关合同、协议和凭证、出库单、货运单等资料,检查有无跨期现象,如有,应作出记录,必要时作调整。
	42.根据评估的舞弊风险等因素增加的审计程序。
（六）商品进销差价	
D	43.获取或编制商品进销差价明细表,复核加计是否正确,并与总账数、明细账合计数核对是否相符。
D	44.对每月商品进销差价率进行分析,检查是否有异常波动,计算方法前后期是否一致,注意是否存在调节成本现象。
D	45.结合以售价核算在库存商品入账基础的测试,检查商品进销差价的发生额是否正确。
D	46.抽查____月商品发出汇总表,检查商品进销差价的分配是否正确,并注意分配方法前后期是否一致。

183

续表 11.4

审计目标	可供选择的审计程序
D	47. 检查库存商品发生盈余或损失时商品进销差价及增值税的会计处理方法是否正确。
D	48. 检查被审计单位是否在年度终了时对商品进销差价进行一次核实调整。
	49. 根据评估的舞弊风险等因素增加的审计程序。
(七)委托加工物资	
D	50. 获取或编制委托加工物资明细表,复核加计是否正确,并与总账数、明细账合计数核对是否相符。
A,B,C,D	51. 抽查_____份委托加工业务合同,检查有关发料凭证、加工费、运费结算凭证,关注所有权归属,核对成本计算是否正确,会计处理是否正确。
A,B,C,D	52. 抽查加工完成物资的验收入库手续是否齐全,会计处理是否正确。
A,B,D	53. 编制本期委托加工物资发出汇总表,与相关科目勾稽核对,并复核____月委托加工物资发出汇总表的正确性。
A	54. 审核有无长期挂账的委托加工物资事项,如有,查明原因,必要时作调整。
B,A	55. 查阅资产负债表前后____天委托加工物资增减变动的有关账簿记录和有关的合同、协议和凭证、出库单、入库单、货运单、验收单等资料,检查有无跨期现象,如有,则应作出记录,必要时作调整。
	56. 根据评估的舞弊风险等因素增加的审计程序。
(八)周转材料(低值易耗品/包装物)	
D	57. 获取或编制周转材料明细表,复核加计是否正确,并与总账数、明细账合计数核对是否相符;同时抽查明细账与仓库台账、卡片记录,检查是否相符。
A,B,D	58. 检查周转材料的入库和领用手续是否齐全,会计处理是否正确。
D	59. 检查周转材料的转销或摊销方法是否符合企业会计准则的规定,前后期是否一致(例如:包装物和低值易耗品应当采用一次转销法或者五五摊销法进行摊销;钢模板、木模板、脚手架和其他周转材料等,可以采用一次摊销法、五五摊销法或者分次摊销法进行摊销)。
A,B	60. 检查周转材料与固定资产的划分是否符合规定。

续表 11.4

审计目标	可供选择的审计程序
AB	61. 选取代表性样本,抽查周转材料明细账的数量与盘点记录的周转材料数量是否一致,以确定周转材料明细账的适量的准确性和完整性: (1)从周转材料明细账中选取具有代表性的样本,与盘点报告(记录)的数量核对。 (2)从盘点报告(记录)中抽取具有代表性的样本,与周转材料明细账的数量核对。
B,A	62. 截止测试 (1)周转材料入库的截止测试: ①在周转材料明细账的借方发生额中选取资产负债表日前后____张、金额____以上的凭证,并与入库记录(如入库单或购货发票或运输单据)核对,以确定周转材料入库被记录在正确的会计期间。 ②在入库记录中选取资产负债表日前后____张、金额____以上的凭证,与周转材料明细账的借方发生额进行核对,以确定周转材料入库被记录在正确的会计期间。 (2)周转材料出库的截止测试: ①在周转材料明细账的贷方发生额中选取资产负债表日前后____张、金额____以上的凭证,并与出库记录(如出库单,或销货发票或运输单据)核对,以确定周转材料出库被记录在正确的会计期间。 ②在出库记录中选取资产负债表日前后____张、金额____以上的凭证,与周转材料明细账的贷方发生额进行核对,以确定周转材料出库被记录在正确的会计期间。
D	63. 检查周转材料的计价方法是否正确,前后期是否一致;自周转材料明细表中选取适量品种: (1)以实际成本计价时,将其单位成本与购货发票核对。 (2)以计划成本计价时,将其单位成本与被审计单位制定的计划成本核对,同时关注被审计单位计划成本制定的合理性。 (3)检查进口周转材料的外币折算是否正确,检查相关的关税、增值税及消费税的会计处理是否正确。 (4)检查周转材料摊销方法是否正确,前后期是否一致,验证发出周转材料汇总表的正确性。 (5)结合周转材料的盘点,检查期末有无料到单未到情况,如有,应查明是否已暂估入账,其暂估价是否合理。
A,B,C,D	64. 检查与关联方的购销交易是否正常,关注交易价格、交易金额的真实性与合理性,检查对合并范围内购货记录应予合并抵销的金额是否抵销。
A,B,C,D	65. 检查出租、出借周转材料的会计处理是否正确。

续表 11.4

审计目标	可供选择的审计程序
A,B,D	66. 询问被审计单位是否存在周转材料押金,若有押金,结合相关科目的审计查明周转材料押金的收取情况是否合理,有无押金合同,是否存在逾期周转材料押金,相应税金处理是否正确,必要时作调整。
A	67. 审核有无长期挂账周转材料(低值易耗品、包装物)事项,如有,查明原因,必要时作调整。
C,E	68. 结合银行借款等科目,了解是否有用于债务担保的周转材料,如有,则应取证并作相应的记录,同时提请被审计单位作恰当披露。
	69. 根据评估的舞弊风险等因素增加的审计程序。
(九)生产成本(在产品)	
D	70. 获取或编制生产成本明细表,复核加计是否正确,并与总账数、明细账合计数核对是否相符。
A,B,D	71. 实质性分析程序: (1)针对已识别需要运用分析程序的有关项目,基于对被审计单位及其环境的了解,通过进行以下比较,并考虑有关数据间关系的影响,以建立注册会计师有关数据的期望值: ①检查各月及前后期同一产品的单位成本是否有异常波动,注意是否存在调节成本现象; ②分别比较前后各期及本年度各个月份的生产成本项目,以确定成本项目是否有异常变动以及是否存在调节成本的现象; ③比较当年度及以前年度直接材料、直接人工、制造费用占生产成本的比例,并查明异常情况的原因; ④核对下列相互独立部门的数据,并查明异常情况的原因: · 仓库记录的材料领用量与生产部门记录的材料领用量; · 工资部门记录的人工成本与生产部门记录的工时和工资标准之积。 (2)确定可接受差异额。 (3)将实际情况与期望值相比较,识别需要进一步调查的差异。 (4)如果其差额超过可接受的差异额,调查并获取充分的解释和恰当的佐证审计证据(如通过检查相关的凭证)。 (5)评估分析程序的测试结果。

续表 11.4

审计目标	可供选择的审计程序
D	72. 生产成本计价方法的测试： (1) 了解被审计单位的生产工艺流程和成本核算方法，检查成本核算方法与生产工艺流程是否匹配，前后期是否一致，并作出记录。 (2) 抽查成本计算单，检查直接材料、直接人工及制造费用的计算和分配是否正确，并与有关佐证文件（如领料记录、生产工时记录、材料费用分配汇总表、人工费用分配汇总表等）相核对。 ①获取并复核生产成本明细汇总表的正确性，将直接材料与材料耗用汇总表、直接人工与职工薪酬分配表、制造费用总额与制造费用明细表及相关账项的明细表核对，并作交叉索引。 ②检查车间在产品盘存资料，与成本核算资料核对；检查车间月末余料是否办理假退料手续。 ③获取直接材料、直接人工和制造费用的分配标准和计算方法，评价其是否合理和适当，以确认在产品中所含直接材料、直接人工和制造费用是合理的。
A	73. 获取关于现有设备生产能力的资料，检查产量是否与现有生产能力相匹配；若产量超过设计生产能力，应提请被审计单位说明原因，并提供足够的依据及技术资料。
D	74. 检查废品损失和停工损失的核算是否符合有关规定。
D	75. 对应计入生产成本的借款费用，结合对长短期借款、应付债券或长期应付款的审计，检查借款费用（借款利息、折溢价摊销、汇兑差额、辅助费用）资本化的计算方法和资本化金额以及会计处理是否正确。
	76. 根据评估的舞弊风险等因素增加的审计程序。
（十）制造费用	
D	77. 获取或编制制造费用明细表，复核加计是否正确，并与总账数、明细账合计数核对是否相符。
A,B,D	78. 对制造费用进行分析比较。 (1) 比较当年度和以前年度，以及当年度各月制造费用的增减变动，询问并分析异常波动的原因。 (2) 分别比较前后各期及本年度各个月份的制造费用项目，以确定成本项目是否有异常变动，以及是否存在调节成本的现象。

续表 11.4

审计目标	可供选择的审计程序
A,B,D	79.将制造费用明细表中的材料发生额与材料耗用汇总表、人工费用发生额与职工薪酬分配表、折旧发生额与折旧分配表、资产摊销发生额与各项资产摊销分配表及相关账项明细表核对一致,并作交叉索引。
A,B,C,D	80.选择重要或异常的制造费用项目,检查其原始凭证是否齐全,会计处理是否正确。
D	81.分析各项制造费用的性质,结合生产成本科目的审计,抽查成本计算单,检查制造费用的分配是否合理、正确,检查制造费用的分配方法前后期是否一致。
D	82.对采用标准成本核算的,应抽查标准制造费用及分配率的确定是否合理,计入成本计算单的数额是否正确,制造费用差异的计算、分配和会计处理是否正确,并检查标准成本在本期有无重大变动,变动是否合理。
D	83.检查计入生产成本的制造费用是否已扣除非正常消耗的制造费用(如非正常的低生产量、闲置设备等产生的费用)。
A,D	84.检查制造费用中有无资本性支出,必要时作调整。
B,A	85.必要时,对制造费用实施截止测试,检查资产负债表日前后____张、金额____以上的制造费用明细账和凭证,确定有无跨期现象。
A,B,D	86.检查季节性停工损失的核算是否符合有关规定。
	87.根据评估的舞弊风险等因素增加的审计程序。
(十一)劳务成本	
D	88.获取或编制劳务成本明细表,复核加计是否正确,并与总账数、明细账合计数核对是否相符。
B,D	89.对劳务成本进行分析比较。 (1)比较当年度和以前年度以及当年度各月劳务成本的增减变动,询问并分析异常波动的原因; (2)分别比较前后各期及本年度各个月份的劳务成本项目,以确定成本项目是否有异常变动以及是否存在调节成本的现象。
A,B	90.检查部分劳务合同,核对实际发生的劳务项目、金额、进度与合同内容是否一致。

续表 11.4

审计目标	可供选择的审计程序
A,D	91.将劳务成本明细表中的材料发生额与材料耗用汇总表、人工费用发生额与职工薪酬分配表、折旧发生额与折旧分配表、资产摊销发生额与各项资产摊销分配表及相关账项明细表核对一致,并作交叉索引。
A,B,C,D	92.选择重要或异常的劳务成本项目,检查其原始凭证是否合法、会计处理是否正确。
D	93.抽查成本计算单,检查劳务成本的计算和分配是否合理、正确。
A,D	94.检查劳务成本中有无资本性支出。
B,A	95.必要时,对劳务成本实施截止测试,检查资产负债表日前后____张、金额____以上的劳务成本明细账和凭证,确定有无跨期现象。
D	96.检查劳务成本的结转是否与对应的劳务收入相互配比,是否合理。
	97.根据评估的舞弊风险等因素增加的审计程序。

(十二)存货监盘

审计目标	可供选择的审计程序
A,B,D	98.编制存货监盘报告,对存货进行监盘。详见存货监盘程序。

(十三)存货跌价准备

审计目标	可供选择的审计程序
B,D	99.获取或编制存货跌价准备明细表,复核加计是否正确,并与总账数、明细账合计数核对是否相符。
D	100.检查分析存货是否存在减值迹象以判断被审计单位计提存货跌价准备的合理性: (1)将存货余额与现有的订单、资产负债表日后各期的销售额和下一年度的预测销售额进行比较,以评估存货滞销和跌价的可能性。 (2)比较当年度及以前年度存货跌价准备占存货余额的比例,并查明异常情况的原因。 (3)结合存货监盘,对存货的外观形态进行检查,以了解其物理形态是否正常;检查期末结存库存商品和在产品,针对型号陈旧、产量下降、生产成本或售价波动、技术或市场需求的变化情形以及期后销售情况,考虑是否需进一步计提准备: ①对于残次、冷背、呆滞的存货查看永续盘存记录,销售分析等资料,分析当年实际使用情况,确定是否已合理计提跌价准备。 ②将上年度残次、冷背、呆滞存货清单与当年存货清单进行比较,确定是否需补提跌价准备。
D	101.检查计提存货跌价准备的依据、方法是否前后一致。
D	102.根据成本与可变现净值孰低的计价方法,评价存货跌价准备所依据的资料、假设及计提方法,考虑是否有确凿证据为基础计算确定存货的可变现净值,检查其合理性。

续表 11.4

审计目标	可供选择的审计程序
D	103.考虑不同存货的可变现净值的确定原则,复核其可变现净值计算正确性(即充足但不过度)。 (1)对用于生产而持有的原材料,检查是否以所生产的产成品的估计售价减去至完工时估计将要发生的成本、估计的销售费用和相关税费后的金额作为其可变现净值的确定基础。 (2)库存商品和用于出售而持有的原材料等直接用于出售的存货,检查是否以该存货的估计售价减去估计的销售费用和相关税费后的金额作为其可变现净值的确定基础。 (3)检查为执行销售合同而持有的库存商品等存货是否以合同价格作为其可变现净值的确定基础;如果被审计单位持有库存商品的数量多于销售合同订购数量,超出部分的库存商品可变现净值是否以一般销售价格为计量基础。
D	104.抽查计提存货跌价准备的项目,其期后售价是否低于原始成本。
D	105.检查存货跌价准备的计算和会计处理是否正确,本期计提或转销是否与有关损益科目金额核对一致。
D	106.对从合并范围内部购入存货计提的跌价准备,关注其在合并时是否已抵销。
D	107.检查债务重组、非货币性资产交换和企业合并等涉及存货跌价准备的会计处理是否正确。
	108.根据评估的舞弊风险等因素增加的审计程序。
(十四)存货的列报	
E	109.检查存货是否已按照企业会计准则的规定在财务报表中作出恰当列报: (1)各类存货的期初和期末账面价值。 (2)确定发出存货成本所采用的方法。 (3)存货可变现净值的确定依据,存货跌价准备的计提方法,当期计提的存货跌价准备的金额,当期转回的存货跌价准备的金额,以及计提和转回的有关情况。 (4)用于担保的存货账面价值。

四、存货监盘

存货监盘是指注册会计师现场观察被审计单位存货的盘点,并对已盘点的存货进行适当检查。

除非出现无法实施存货监盘的特殊情况,注册会计师应当实施必要的替代程序,在绝大多数情况下都必须亲自观察存货盘点过程,实施存货监盘程序。

监盘存货的目的在于获取有关存货数量和状况的审计证据。

（一）存货监盘计划

注册会计师应当根据被审计单位存货的特点、盘存制度和存货内部控制的有效性等情况，在评价被审计单位存货盘点计划的基础上，编制存货监盘计划，对存货监盘做出合理安排。

存货监盘程序主要包括控制测试与实质性程序两种方式。注册会计师需要确定存货监盘程序以控制测试为主还是实质性程序为主，哪种方式更加有效。

存货监盘计划应当包括下列主要内容：
(1)存货监盘的目标、范围及时间安排。
(2)存货监盘的要点及关注事项。
(3)参加存货监盘人员的分工。
(4)检查存货的范围。

（二）存货监盘程序

1. 观察程序。在被审计单位盘点存货前，注册会计师应当观察盘点现场，确定应纳入盘点范围的存货是否已经适当整理和排列，并附有盘点标识，防止遗漏或重复盘点。对未纳入盘点范围的存货，注册会计师应当查明未纳入的原因。

在实施存货监盘过程中，注册会计师应当跟随被审计单位安排的存货盘点人员，注意观察被审计单位事先制定的存货盘点计划是否得到了贯彻执行，盘点人员是否准确无误地记录了被盘点存货的数量和状况。

注册会计师应当特别关注：①存货的移动情况，防止遗漏或重复盘点。②存货的状况，观察被审计单位是否已经恰当区分所有毁损、陈旧、过时及残次的存货。③存货的截止，注册会计师应当获取盘点日前后存货收发及移动的凭证，检查库存记录与会计记录期末截止是否正确。

在被审计单位存货盘点结束前，注册会计师应当再次观察盘点现场，以确定所有应纳入盘点范围的存货是否均已盘点。

2. 检查程序。检查的范围通常包括每个盘点小组盘点的存货以及难以盘点或隐蔽性较强的存货。注册会计师应尽可能避免让被审计单位事先了解将抽取检查的存货项目。

在检查已盘点的存货时，注册会计师应当从存货盘点记录中选取项目追查至存货实物，以测试盘点记录的准确性；注册会计师还应当从存货实物中选取项目追查至存货盘点记录，以测试存货盘点记录的完整性。

3. 存货监盘结束时的工作。

注册会计师应当根据自己在存货监盘过程中获取的信息对被审计单位最终的存货盘点结果汇总记录进行复核，并评估其是否正确地反映了实际盘点结果。

如果存货盘点日不是资产负债表日，注册会计师应当实施适当的审计程序，确定盘点日与资产负债表日之间存货的变动是否已作正确的记录。

(三)特殊情况的处理

如果由于被审计单位存货的性质或位置等原因导致无法实施存货监盘,注册会计师应当考虑能否实施替代审计程序。

替代审计程序主要包括:①检查进货交易凭证或生产记录以及其他相关资料。②检查资产负债表日后发生的销货交易凭证。③向顾客或供应商函证。

第四节 营业成本审计

营业成本是指企业从事对外销售商品、提供劳务等主营业务活动和销售材料、出租固定资产、出租无形资产、出租包装物等其他经营活动所发生的实际成本。以制造业的产成品销售为例,它是由期初库存产品成本加上本期入库产品成本,再减去期末库存产品成本求得的。

一、审计目标与认定对应关系

按照被审计单位管理当局关于营业成本的认定,体现在具体审计目标上的对应关系如表11.5所示:

表11.5 审计目标与认定对应关系表

审计目标		财务报表认定					
		发生	完整性	准确性	截止	分类	列报
A	利润表中记录的营业成本已发生,且与被审计单位有关	√					
B	所有应当记录的营业成本均已记录		√				
C	与营业成本有关的金额及其他数据已恰当记录			√			
D	营业成本已记录于正确的会计期间				√		
E	营业成本已记录于恰当的账户					√	
F	营业成本已按照企业会计准则的规定在财务报表中做出恰当列报						√

二、审计目标与审计程序对应关系

按照营业成本的具体审计目标,可供选择的审计程序有很多种,或者某种审计程序对应着不同的审计目标,因此将两者关系列表11.6所示,表中的A、B、C、D、E、F与表11.5中审计目标相对应。

表11.6 审计目标与审计程序对应关系表

审计目标	可供选择的审计程序
（一）主营业务成本	
C	1. 获取或编制主营业务成本明细表，复核加计是否正确，并与总账数和明细账合计数核对是否相符，结合其他业务成本科目与营业成本报表数核对是否相符。
A,B,C	2. 实质性分析程序（必要时）： (1)针对已识别需要运用分析程序的有关项目，注册会计师基于对被审计单位及其环境的了解，通过以下比较，并考虑有关数据间关系的影响，以建立注册会计师有关数据的期望值。 ①比较当年度与以前年度不同品种产品的主营业务成本和毛利率，并查明异常情况的原因； ②比较当年度与以前年度各月主营业务成本的波动趋势，并查明异常情况的原因； ③比较被审计单位与同行业的毛利率，并查明异常情况的原因； ④比较当年度及以前年度主要产品的单位产品成本，并查明异常情况的原因。 (2)确定可接受的差异额。 (3)将实际的情况与期望值相比较，识别需要进一步调查的差异； (4)如果其差额超过可接受的差异额，调查并获取充分的解释和恰当的佐证审计证据（如检查相关的凭证）。 (5)评估分析程序的测试结果。
A,B,C	3. 检查主营业务成本的内容和计算方法是否符合企业会计准则规定，前后期是否一致。
A,B,C	4. 复核主营业务成本明细表的正确性，编制生产成本与主营业务成本倒轧表，并与相关科目交叉索引。
A,B	5. 抽查____月主营业务成本结转明细账单，比较计入主营业务成本的品种、规格、数量和主营业务收入的口径是否一致，是否符合配比原则。
A,B,C,D,E	6. 针对主营业务成本中重大调整事项（如销售退回）、非常规项目，检查相关原始凭证，评价真实性和合理性，检查其会计处理是否正确。
C	7. 在采用计划成本、定额成本、标准成本或售价核算存货的条件下，应检查产品成本差异或商品进销差价的计算、分配和会计处理是否正确。
A,B	8. 结合期间费用的审计，判断被审计单位是否通过将应计入生产成本的支出计入期间费用，或将应计入期间费用的支出计入生产成本等手段调节生产成本，从而调节主营业务成本。
	9. 根据评估的舞弊风险等因素增加相应的审计程序。

续表11.6

审计目标	可供选择的审计程序
(二)其他业务成本	
C	10.获取或编制其他业务成本明细表,复核加计正确,并与总账数和明细账合计数核对相符,结合主营业务成本科目与营业成本报表数核对相符。
A,B,C	11.与上期其他业务收入/成本比较,检查是否有重大波动,如有,应查明原因。
A,B,C,D,E	12.检查其他业务成本内容是否真实,计算是否正确,会计处理是否正确,则要抽查原始凭证予以核实。
A,B,C	13.复核其他业务成本明细表的正确性,并与相关科目交叉核对。
A	14.检查除主营业务活动以外的其他经营活动发生的相关税费是否计入本科目。
	15.根据评估的舞弊风险等因素增加相应的审计程序。
(三)列报	
F	16.检查营业成本是否已按照企业会计准则的规定在财务报表中作出恰当列报。

本章小结

存货与仓储循环的审计对象主要包括两部分内容:一是本循环涉及的主要业务活动;二是本循环涉及的主要凭证和会计记录。

总体上看,存货与仓储循环的内部控制主要包括存货的内部控制、成本会计制度的内部控制及工薪的内部控制三项内容。

存货与仓储循环重点掌握的是存货实质性程序和营业成本实质性程序。

【阅读资料】

识破存货欺诈的技巧

根据国内外审计界的经验,识破存货方面的欺诈行为,可掌握以下技巧:

1.存货盘点所包括的存货名不符实。例如:纸箱内是空的或堆积的货品中间是中空的;纸箱外表贴的是误导的标识,里头装的是下脚料、陈滞料、或低价材料;他人寄销的存货;租来的存货;交换进来的材料,还未发出货项通知;经过稀释之后的存货(例如液体化学品加水等液体存货)。

2.对于注册会计师并未亲自抽点的存货项目,擅自增加或涂改其盘点数量。

3.利用电脑程序产生不实的存货数量清册或将存货明细表上的单价提高。

4.将注册会计师亲临观察盘点的存货盘点数及汇总资料加以操纵或歪曲。

5.将不同地点的在途存货项目重复计算。如,某一处所的存货盘点之后,移运至另一处所,使一物计算二次。

6.存货中包括已经列为销货,但等待顾客提领的项目(即已开账单,暂时代为保管的销售)。

7.安排对由其他公司代保管的存货做虚伪的回函确认。

8.存货中包括已经收到的材料项目,但其相对的应付账款尚未入账。

9.多计在产品的完工程度。

10.将实地盘点存货的金额与总账上的金额加以调节。

11.在年度终了前某一日期(例如10月31日)盘点存货,操纵盘点日移至12月31日间的存货结转。

存货审计注意事项:

1.存货盘点观察小组应由熟悉客户情况的注册会计师领队。风险愈大,要求的经验愈高。对于欠缺经验的助理人员,应给予适当的指导,鼓励他们发现疑点并立即告知现场合伙人、经理或其他领队。

2.如果合伙人或经理无法亲临盘点现场,应预留电话,以便助理人员遇有重大问题紧急时可以联络。观察前应预先召开会议,提示重点,注意潜在的问题。

3.执行盘点观察时:

(1)抽点的重点应放在高价值的项目上。

(2)如果不是每一个地点均列入观察,不要事先或太早告知客户前往的地点。如果采用循环盘点的方式,不要轻易让客户熟悉选样的模式。

(3)对重大或不寻常的盘点差异,或客户随行人员格外关注和记录审计人员抽点的项目,或客户人员对审核程序感到过度关心者,均应提高专业警觉性。

(4)很久未用的存货项目,或存放地点和保管方式不寻常,应保持机警以确定是否有受损、过时及过量等情况。

(5)盘点时,公司间及工厂间的存货调拨收发活动,应尽量避免或减少;否则,应确定是否已做好适当控制。

(资料来源:北京中守会计师事务所)

复习思考题

1.如何对存货进行监盘?

2.存货监盘计划应当包括哪些内容?

3.存货监盘时需特别关注哪些情况?

4.存货监盘结束时应当做哪些工作?

5.由于特殊情况无法实施存货监盘时应当实施哪些替代审计程序?

第十二章
Chapter 12

筹资与投资循环审计

【学习要点及目标】

知识目标：通过本章的学习，使学生了解筹资与投资循环的审计对象；理解筹资与投资循环的控制测试；掌握筹资与投资循环主要业务的实质性测试。

能力目标：运用所学知识处理简单的筹资与投资循环业务的审计。

素质目标：培养学生分析思维、诚实正直和关注细节等方面的素质。

【案例导入】

大庆联谊石化股份有限公司的前身为大庆联谊石油化工总厂，为申报上市，1996年开始筹划用其部分下属企业组建大庆联谊股份公司。主要承销商W证券公司向中国证监会报送了含有虚假信息的文件；大庆公司虚报1994年至1996年企业利润1.6476亿元，并将大庆国税局的一张400余万元的缓交税款批准书涂改为4400余万元，以满足中国证监会对其申报材料的要求。H会计师事务在知情的情况下，由D和Q两位注册会计师为大庆联谊公司上市出具了虚假的审计报告。

大庆联谊股票骗取上市资格后，在1997年年报中，其内部销售业务产生的尚未实现的利润在合并会计报表时未抵销，虚增利润939.13万元；加工产品增量未销售部分利润计入当年损益，虚增利润796.88万元；为大庆联谊提供劳务的应付未付费用未计入当年损益，虚增利润54.26万元，1997年年报虚增利润共计2848.87万元。同时，大庆联谊在招股说明书中承诺将募集资金投入四个项目，在1997年年报中亦称：公司四个募股资金项目投入情况良好，实际上，募集资金未能按照招股说明书披露的投向使用，其中有25700万元转入母公司大庆联谊石化总厂用作流动资金，5000万元违规拆借给承销商W证券公司，6000万元投入证券市场，其余资金投资于其他项目，为其年审的H会计师事务所的F和Q两位注册会计师出具了"无保留意见"的审计报告。

大庆联谊股票上市后,在价位公开、明知获利的情况下,大庆联谊有关领导和经办人向中央、国家机关、黑龙江省及大庆市有关部门个别领导干部大肆外送股票(共计94.15万股)和股票溢价款(总额达1 094万余元)。同时,联谊公司领导及有关经办人员借机大肆进行贪污、受贿、侵占和行贿。

国家有关部门已对涉案的责任单位和个人做出了应有的惩罚,其中,中国证监会对提供审计的H会计师事务所处罚如下:对H会计师事务所处以警告、没收非法所得65万元,并罚款6万元;撤销D和Q两位注册会计师的证券业务资格;对在1997年审计报告上签字的H会计师事务所注册会计师F处以警告并罚款3万元。

筹资活动是指企业为满足生存和发展的需要,通过改变企业资本及债务规模和构成而筹集资金的活动;投资活动是指企业为享有被投资单位分配的利润,或为谋求其他利益,将资产让渡给其他单位而获得另一项资产的活动。

筹资与投资循环中所涉及的资产负债表项目主要包括:交易性金融资产、应收利息、应收股利、可供出售金融资产、持有至到期投资、长期股权投资、投资性房地产、短期借款、交易性金融负债、应付利息、应付股利、长期借款、应付债券、实收资本(或股本)、资本公积、盈余公积、未分配利润等;筹资与投资循环中所涉及的利润表项目主要包括:财务费用、投资收益等。

第一节　筹资与投资循环的审计对象

筹资与投资循环由筹资活动和投资活动的交易事项构成。筹资活动主要由借款交易和股东权益交易组成;投资活动主要由权益性投资交易和债权性投资交易组成。筹资与投资循环具有如下特征:

(1)对一般工商企业而言,同销售与收款循环、采购与付款循环相比,每年筹资与投资循环涉及的交易数量较少,而每笔交易的金额通常较大。这就决定了对该循环涉及的财务报表项目,更可能采用实质性方案。

(2)筹资活动必须遵守国家法律、法规和相关契约的规定。例如,债务契约可能限定借款人向股东分配利润,或规定借款单位的流动比率和速动比率不能低于某一水平。注册会计师了解被审计单位的筹资活动,可能对评估财务报表舞弊的风险、从性质角度考虑审计重要性、评估持续经营假设的适用性等有重要影响。

(3)漏记或不恰当地对一笔业务进行会计处理,将会导致重大错误,从而对企业财务报表的公允反映产生较大的影响,对于从事投机性衍生金融工具交易的企业而言,尤其如此。公允价值的确定和交易记录的完整性等可能存在重大错报风险。

一、主要业务活动

1. 筹资所涉及的主要业务活动

(1)审批授权。企业通过借款筹集资金需经管理层的审批,其中债券的发行每次均要由董事会授权;企业发行股票必须依据国家有关法规或企业章程的规定,报经企业最高权力机构(如董事会)及国家有关管理部门批准。

(2)签订合同或协议。向银行或其他金融机构融资须签订借款合同,发行债券须签订债券契约和债券承销或包销合同。

(3)取得资金。企业实际取得银行或金融机构借入的款项或债券、股票的融入资金。

(4)计算利息或股利。企业应按有关合同或协议的规定,及时计算利息或股利。

(5)偿还本息或发放股利。银行借款或发行债券应按有关合同或协议的规定偿还本息,对融入的股本,根据股东大会的决定发放股利。

2. 投资所涉及的主要业务活动

(1)审批授权。投资业务应由企业的高层管理机构进行审批。

(2)取得证券或其他投资。企业可以通过购买股票或债券进行投资,也可以通过与其他单位联合形成投资。

(3)取得投资收益。企业可以取得股权投资的股利收入、债券投资的利息收入和其他投资收益。

(4)转让证券或收回其他投资。企业可以通过转让证券实现投资的收回;其他投资已经投出,除联营合同期满,或由于其他特殊原因联营企业解散外,一般不得抽回投资。

二、主要凭证与会计记录

1. 筹资活动的凭证和会计记录

(1)债券。债券是公司依据法定程序发行、约定在一定期限内还本付息的有价证券。

(2)股票。股票是公司签发的证明股东所持股份的凭证。

(3)债券契约。债券契约是一张明确债券持有人与发行企业双方所拥有的权利与义务的法律性文件,其内容一般包括:债券发行的标准;债券的明确表述;利息或利息率;受托管理人证书;登记和背书;如系抵押债券,其所担保的财产;债券发生拖欠情况如何处理,以及对偿债基金、利息支付、本金返还等的处理。

(4)股东名册。发行记名股票的公司应记载的内容一般包括:股东的姓名或者名称及住所;各股东所持股份数;各股东所持股票的编号;各股东取得其股份的日期。发行无记名股票的,公司应当记载其股票数量、编号及发行日期。

(5)公司债券存根簿。发行记名公司债券应记载的内容一般包括:债券持有人的姓名或者名称及住所;债券持有人取得债券的日期及债券的编号;债券总额、债券的票面金额、债券的利率、债券还本付息的期限和方式;债券的发行日期。发行无记名债券的应当在公司的债券存根簿上记载债券总额、利率、偿还期限和方式、发行日期和债券编号。

(6)承销或包销协议。公司向社会公开发行股票或债券时,应当由依法设立的证券经营机构承销或包销,公司应与其签订承销或包销协议。

(7)借款合同或协议。公司向银行或其他金融机构借入款项时与其签订的合同或协议。

(8)有关记账凭证。

(9)有关会计科目的明细账和总账。

2. 投资活动的凭证和会计记录

(1)股票或债券。

(2)经纪人通知书。

(3)债券契约。

(4)企业的章程及有关协议。

(5)投资协议。

(6)有关记账凭证。

(7)有关会计科目的明细账和总账。

第二节　控制测试与交易的实质性测试

一、概述

在讨论内部控制和控制测试之前,先给出表 12.1"筹资活动的控制目标、内部控制和测试一览表"和表 12.2"投资活动的控制目标、内部控制和测试一览表"。

表 12.1 和表 12.2 分四栏,分别列示与筹资交易和投资交易有关的内部控制目标、关键内部控制以及常用的控制测试和实质性程序分类列示。下面介绍各栏目的内容及各栏之间的关系。

第一栏"内部控制目标",列示了企业筹资交易和投资交易内部控制应达到的目标,也同样是注册会计师实施相应控制测试和实质性程序所要达到的具体审计目标。

第二栏"关键内部控制",列示了与上述各项内部控制目标相对应的一项或数项主要内部控制。无论其他目标的控制如何有效,只要为实现某一项目标所必需的控制不健全,则与该目标有关的错误出现的可能性就随之增大,并且很可能影响企业整个内部控制的有效性。

第三栏"常用的控制测试",列示了注册会计师针对上述关键内部控制所实施的测试程序。控制测试与内部控制之间有直接联系,注册会计师对每项关键控制至少要执行一项控制测试以核实其效果。因为控制测试如果不用来测试某一具体的内部控制就毫无意义。通常,根据内部控制的性质确定控制测试的性质大都比较容易。例如,内部控制如果是批准赊销后在顾客订货单上签字,则控制测试就是检查顾客订货单上有无恰当的签字。

第四栏"常用的交易实质性程序",列示了注册会计师常用的实质性程序。实质性程序与第一栏所列的控制目标有着直接的联系,它是证明第一栏中具体审计的证据,其目的在于确定交易业务中与该控制目标有关的金额是有错误。实质性程序虽然与关键控制及控制测试没有必然的关系,但实施实质性程序的性质、时间和范围,在一定程度上取决于关键控制是否存在和控制测试的结果。

表12.1 筹资活动的控制目标、内部控制和测试一览表

内部控制目标	关键的内部控制	常用的控制测试	常用的交易实质性测试
借款和所有者权益账面余额在资产负债表日确实存在,借款利息费用和已支付的股利是由被审计期间实际发生的交易事项引起的(存在或发生)	借款或发行股票经过授权审批;签订借款合同或协议、债券契约、承销或包销协议等相关法律性文件。	索取借款或发行股票的授权批准文件,检查权限恰当与否,手续齐全与否;索取借款合同或协议、债券契约、承销或包销协议。	获取或编制借款和股本明细表,复核加计正确,并与报表数、总账数和明细账合计数核对相符;检查与借款或股票发行有关的原始凭证,确认其真实性,并与会计记录核对;检查利息计算的依据,复核应计利息的正确性,并确认全部利息计入相关账户。
借款和所有者权益的增减变动及其利息和股利已登记入账(完整性)	筹资业务的会计记录、授权和执行等方面明确职责分工;借款合同或协议由专人保管;如保存债券持有人的明细资料,应同总分类账核对相符;如由外部机构保存,需定期同外部机构核对。	观察并描述其职责分工;了解债券持有人明细资料的保管制度,检查被审计单位是否将其与总账或外部机构核对。	检查年度内借款和所有者权益增减变动原始凭证,核实变动的真实性、合规性,检查授权批准手续是否完备、入账是否及时准确。
借款均为被审计单位承担的债务,所有者权益代表所有者的法定求偿权(权利与义务)			向银行或其他金融机构、债券包销人函证,并与账面余额核对;检查股东是否已按合同、协议、章程约定时间缴付出资额,其出资是否经注册会计师审验。

续表 12.1

内部控制目标	关键的内部控制	常用的控制测试	常用的交易实质性测试
借款和所有者权益的期末余额正确（计价和分摊）	建立严密完善的账簿体系和记录制度；核算方法符合会计准则和会计制度的规定。	抽查筹资业务的会计记录，从明细账抽取部分会计记录，按原始凭证到明细账、总账顺序核对有关数据和情况，判断其会计处理过程是否合规、完整。	
借款和所有者权益在资产负债表上披露正确（列报）	筹资业务明细账与总账的登记职务分离；筹资披露符合会计准则和会计制度的要求。	观察职务是否分离。	确定借款和所有者权益的披露是否恰当，注意一年内到期的借款是否列入流动负债。

注：本表以获得初始借款交易为例，不包括偿还的利息和本息交易。

表 12.2　投资活动的控制目标、内部控制和测试一览表

内部控制目标	关键的内部控制	常用的控制测试	常用的交易实质性测试
投资账面余额为资产负债表日确实存在的投资，投资收益（或损失）是由被审期间实际事项引起（存在与发生）	投资业务经过授权审批；与被投资单位签订合同、协议，并获取被投资单位出具的投资证明。	索取投资的授权批文，检查权限恰当否，手续齐全否；索取投资合同或协议，检查是否合理有效；索取被投资单位的投资证明，检查其是否合理有效。	获取或编制投资明细表，复核加计正确，并与报表数、总账数和明细账合计数核对相符；向被投资单位函证投资金额、持股比例及发放股利情况。
投资增减变动及其收益损失均已登记入账（完整性）	投资业务的会计记录与授权，执行和保管等方面明确职责分工；健全证券投资资产的保管制度，或者委托专门机构保管，或者在内部建立至少两名人员以上的联合控制制度，证券的存取均需详细记录和签名。	观察并描述投资业务的职责分工；了解证券资产的保管制度，检查被审计单位自行保管时，存取证券是否进行详细的记录并由所有经手人员签字。	检查年度内投资增减变动的原始凭证，对于增加项目要核实其入账基础符合有关规定与否，会计处理正确与否；对于减少的项目要核实其变动原因及授权批准手续。

续表 12.2

内部控制目标	关键的内部控制	常用的控制测试	常用的交易实质性测试
投资均为被审计单位所有（权利与义务）	内部审计人员或其他不参与投资业务的人员定期盘点证券投资资产，检查是否为企业实际拥有。	了解企业是否定期进行证券投资资产的盘点；审阅盘核报告，检查盘点方法是否恰当、盘点结果与会计记录核对情况以及出现差异的处理是否合规。	盘点证券投资资产，向委托的专门保管机构函证，以证实投资证券的真实存在。
投资的计价方法正确，期末余额正确（计价和分摊）	建立详尽的会计核算制度，按每一种证券分别设立明细账，详细记录相关资料；核算方法符合会计准则和会计制度的规定，期末按成本与市价孰低法计价，并正确记录投资跌价准备。	抽查投资业务的会计记录，从明细账抽取部分会计记录，按顺查顺序核对有关数据和情况，判断其会计处理过程是否合规完整；	检查投资的入账价值是否符合投资合同、协议的规定，会计处理是否正确，重大投资项目，应查阅董事会有关决议，并取证；检查长期股权投资的核算是否符合会计准则的规定；检查长期债券投资的溢价或折价，是否按有关规定摊销。
投资在资产负债表上的披露正确（列报）	投资明细账与总账的登记职务分离；投资披露符合会计准则的要求。	观察职务是否分离。	验明投资的披露是否恰当，注意1年内到期的长期投资是否列入流动资产。

注：本表以获得初始投资交易为例，不包括收到的投资收益、收回或变现投资、期末对投资计价进行调整等交易。

在表 12.1 和表 12.2 中的列示方法，目的在于帮助注册会计师掌握设计实现审计目标的审计方案的方法。在实际操作中，注册会计师应运用上述方法，根据被审计单位的具体情况，设计富有效率和效果的审计方案。如果前一年度该企业的审计工作是由同一会计师事务所进行的，注册会计师应将调查重点放在企业内部控制的变动部分，掌握各项变动的原因和影响。如果在上一年度审计中，针对内部控制提出过管理建议，注册会计师还应证实各项管理建议是否已得到落实，并弄清未予落实的原因。

二、内部控制与控制测试

首先需要说明的是，筹资与投资循环涉及货币资金的收付，有关的内部控制已分别在销售与收款循环、采购与付款循环阐述，这里侧重阐述筹资与投资循环其他的内部控制。

（一）筹资活动的内部控制和控制测试

筹资活动主要由借款交易和股东权益交易组成。股东权益增减变动的业务较少而金额较大，注册会计师在审计中一般直接进行实质性程序。企业的借款交易涉及短期借款、长期借款和应付债券，这些内部控制基本类似。因此，这里以应付债券为例说明筹资活动的内部控制和控制测试。

1. 筹资活动内部控制的主要内容

无论是否依赖内部控制，注册会计师均应对筹资活动的内部控制获得足够的了解，以识别错报的类型、方式及发生的可能性。一般来讲，应付债券内部控制的主要内容包括：

（1）应付债券的发行要有正式的授权程序，每次均要由董事会授权。

（2）申请发行债券时，应履行审批手续，向有关机关递交相关文件。

（3）应付债券的发行，要有受托管理人来行使保护发行人和持有人合法权益的权利。

（4）每种债券发行都必须签订债券契约。

（5）债券的承销或包销必须签订有关协议。

（6）记录应付债券业务的会计人员不得参与债券发行。

（7）如果企业保存债券持有人明细分类账，应同总分类账核对相符，若这些记录由外部机构保存，则须定期同外部机构核对。

（8）未发行的债券必须有人负责。

（9）债券的回购要有正式的授权程序。

如果企业应付债券业务不多，注册会计师可根据成本效益原则采取实质性方案；如果企业应付债券业务繁多，注册会计师就可考虑采用综合性方案，则应进行控制测试。

2. 筹资活动控制测试的主要内容

应付债券业务的控制测试一般包括如下内容：

（1）查阅应付债券业务相关内部控制制度，向财会部门人员询问并实地观察各项控制制度的运行情况。

（2）抽查并核对与应付债券形成和偿还有关的会计记录和文件，包括应付债券的授权批准文件、债券契约、债券的承销或包销协议等。

（3）评价应付债券业务内部控制的有效性。

（二）投资活动的内部控制和控制测试

1. 投资活动内部控制的主要内容

（1）合理的职责分工。这是指合法的投资业务，应在业务的授权、执行、会计记录以及投资资产的保管等方面都有明确的分工，不得由一人同时负责上述任何两项工作。比如，投资业务在企业高层管理机构核准后，可由高层负责人员授权签批，由财务经理办理具体的股票或债券的买卖业务，由会计部门负责进行会计记录和财务处理，并由专人保管股票或债券。这种合理的分工所形成的相互牵制机制有利于避免或减少投资业务中发生错误或舞弊的可能性。

(2) 健全的资产保管制度。企业对投资资产(指股票和债券资产)一般有两种保管方式：一种是由独立的专门机构保管，如在企业拥有较大的投资资产的情况下，委托银行、证券公司、信托投资公司等机构进行保管。这些机构拥有专门的保存和防护措施，可以防止各种证券及单据的失窃或毁损，并且由于它与投资业务的会计记录工作完全分离，可以大大降低舞弊的可能性。另一种方式是由企业自行保管，在这种方式下，必须建立严格的联合控制制度，即至少要由两名以上人员共同控制，不得一人单独接触证券。对于任何证券的存入或取出，都要将债券名称、数量、价值及存取的日期、数量等详细记录于证券登记簿内，并由所有在场的经手人员签名。

(3) 详尽的会计核算制度。企业的投资资产无论是自行保管还是由他人保管，都要进行完整的会计记录，并对其增减变动及投资收益进行相关会计核算。具体而言，应对每一种股票或债券分别设立明细分类账，并详细记录其名称、面值、证书编号、数量、取得日期、经纪人(证券商)名称、购入成本、收取的股息或利息等；对于联营投资类的其他投资，也应设置明细分类账，核算其他投资的投出及其投资收益和投资收回等业务，并对投资的形式(如流动资产、固定资产、无形资产等)、投向(即接受投资单位)、投资的计价以及投资收益等做出详细的记录。

(4) 严格的记名登记制度。除无记名证券外，企业在购入股票或债券时应在购入的当日尽快登记于企业名下，切忌登记于经办人员名下，防止冒名转移并借其他名义牟取私利的舞弊行为发生。

(5) 完善的定期盘点制度。对于企业所拥有的投资资产，应由内部审计人员或不参与投资业务的其他人员进行定期盘点，检查是否确实存在，并将盘点记录与账面记录相互核对以确认账实的一致性。

2. 投资活动控制测试的主要内容

(1) 检查控制执行留下的轨迹。注册会计师应抽查投资业务的会计记录和原始凭证，确定各项控制程序运行情况。

(2) 审阅内部盘核报告。注册会计师应审阅内部审计人员或其他授权人员对投资资产进行定期盘核的报告。应审阅其盘点方法是否恰当、盘点结果与会计记录相核对情况以及出现差异的处理是否合规。如果各期盘核报告的结果未发现账实之间存在差异(或差异不大)，说明投资资产的内部控制得到了有效执行。

(3) 分析企业投资业务管理报告。对于企业的长期投资，注册会计师应对照有关投资方面的文件和凭证，分析企业的投资业务管理报告。在做出长期投资决策之前，企业最高管理阶层(如董事会)需要对投资进行可行性研究和论证，并形成一定的纪要，如证券投资的各类证券，联营投资中的投资协议、合同及章程等。负责投资业务的财务经理须定期向企业最高管理层报告有关投资业务的开展情况(包括投资业务内容和投资收益实现情况及未来发展预测)，即提交投资业务管理报告书，供最高管理层决策和控制。注册会计师应认真分析这些投资业务管理报告的具体内容，并对照前述的文件和凭证资料，从而判断企业长期投资的管理情况。

第三节　筹资审计

借款是企业承担的一项经济义务,是企业的负债项目。被审计单位不会高估负债,因为这样于自身不利,且难以与债权人的会计记录相互印证。为了正确反映企业的财务状况和经营成果,必须将企业的负债完整地列示在资产负债表中,并正确地予以计价。注册会计师对于负债项目的审计,主要是防止企业低估债务。低估债务经常伴随着低估成本费用,从而达到高估利润的目的。因此,低估债务不仅影响财务状况的反映,而且还会极大地影响企业财务成果的反映。所以,注册会计师在执行借款业务审计时,应将被审计单位是否低估借款作为一个关注的要点。

一、短期借款的审计

(一)审计目标与认定对应关系

按照被审计单位管理当局关于短期借款的认定,体现在具体审计目标上的对应关系如表 12.3 所示：

表 12.3　审计目标与认定对应关系表

审计目标		财务报表认定			
		存在	完整性	权利和义务	计价和分摊	列报
A	资产负债表中记录的短期借款是存在的	√				
B	所有应当记录的短期借款均已记录		√			
C	记录的短期借款由被审计单位应当履行的现时义务			√		
D	短期借款以恰当的金额包括在财务报表中,与之相关的计价调整已恰当记录				√	
E	短期借款已按照企业会计准则的规定在财务报表中作出恰当列报					√

(二)审计目标与审计程序对应关系

按照短期借款的具体审计目标,可供选择的审计程序有很多种,或者某种审计程序对应着不同的审计目标,因此将两者关系列表 12.4 所示,表中 A,B,C,D,E 同表 12.3 中审计目标项对应。

表12.4 审计目标与审计程序对应关系表

审计目标	可供选择的审计程序
D	1. 获取或编制短期借款明细表。 (1)复核加计正确,并与报表数、总账数和明细账合计数核对是否相符; (2)检查非记账本位币短期借款的折算汇率及折算金额是否正确,折算方法是否前后一致。
B	2. 检查被审计单位贷款卡,核实账面记录是否完整。 对被审计单位贷款卡上列示的信息与账面记录核对的差异进行分析,并关注贷款卡中列示的被审计单位对外担保的信息。
A,C	3. 对短期借款进行函证。
A,B,D	4. 检查短期借款的增加。 对年度内增加的短期借款,检查借款合同,了解借款数额、借款用途、借款条件、借款日期、还款期限、借款利率,并与相关会计记录相核对。
A,B,D	5. 检查短期借款的减少。 对年度内减少的短期借款,应检查相关记录和原始凭证,核实还款数额,并与相关会计记录相核对。
D	6. 复核短期借款利息。 根据短期借款的利率和期限,检查被审计单位短期借款的利息计算是否正确;如有未计利息和多计利息,应作出记录,必要时提请进行调整。
C,E	7. 检查被审计单位用于短期借款的抵押资产的所有权是否属于被审计单位,其价值和实际状况是否与契约中的规定相一致。
A,D	8. 检查被审计单位与贷款人之间所发生的债务重组。检查债务重组协议,确定其真实性、合法性,并检查债务重组的会计处理是否正确。
	9. 根据评估的舞弊风险等因素增加的其他审计程序。
E	10. 检查短期借款是否已按照企业会计准则的规定在财务报表中作出恰当的列报: (1)检查被审计单位短期借款是否按信用借款、抵押借款、质押借款、保证借款分别披露。 (2)检查期末逾期是否按贷款单位、借款金额、逾期时间、年利率、逾期未偿还原因和预期还款期等进行披露。

二、实收资本的审计

所有者权益是企业投资者对企业净资产的所有权,包括投资者对企业的投入资本以及企业存续过程中形成的资本公积、盈余公积和未分配利润。根据资产负债表的平衡原理,所有者权益在数量上等于企业的全部资产减去全部负债后的余额,即企业净资产数额。如果注册会计师能够对企业的资产和负债进行充分的审计,证明两者的期初余额、期末余额和本期变动都是正确的,这便从侧面为所有者权益的期末余额和本期变动的正确性提供了有力的证据。同时,由于所有者权益具有增减变动的业务较少、金额较大的特点,注册会计师在审计了企业的资产和负债之后,往往只花费相对较少的时间对所有者权益进行审计。

(一)审计目标与认定对应关系

按照被审计单位管理当局关于实收资本的认定,体现在具体审计目标上的对应关系如表 12.5 所示:

表 12.5 审计目标与认定对应关系表

审计目标	财务报表认定				
	存在	完整性	权利和义务	计价和分摊	列报
A 资产负债表中记录的实收资本(股本)是存在的	√				
B 所有应当记录的实收资本(股本)均已记录,实收资本(股本)的增减变动符合法律、法规和合同、章程的规定		√			
C 实收资本(股本)以恰当的金额包括在财务报表中				√	
D 实收资本(股本)已按照企业会计准则的规定在财务报表中作出恰当的列报					√

(二)审计目标与审计程序对应关系

按照实收资本的具体审计目标,可供选择的审计程序有很多种,或者某种审计程序对应着不同的审计目标,因此将两者关系列表 12.6 所示,其中 A,B,C,D 同表 12.5 中审计目标对应项。

表 12.6 审计目标与审计程序对应关系表

审计目标	可供选择的审计程序
C	1. 获取或编制实收资本(股本)明细表。 (1)复核加计是否正确,并与报表数、总账数和明细账合计数核对是否相符。 (2)以非记账本位币出资的,检查其折算汇率是否符合规定,折算差额的会计处理是否正确。
A,B,C	2. 首次接受委托的客户,取得历次验资报告,将其所载明的投资者名称、投资方式、投资金额、到账时间等内容与被审计单位历次实收资本(股本)变动的账面记录、会计凭证及附件等核对。
A,B	3. 审阅公司章程、股东(大)会、董事会会议记录中有关实收资本(股本)的规定。收集与实收资本(股本)变动有关的董事会会议纪要、股东(大)会决议、合同、协议、公司章程及营业执照,公司设立批文、验资报告等法律性文件,并更新永久性档案。
A,C	4. 检查投入资本是否真实存在,审阅和核对与投入资本有关的原始凭证、会计记录,必要时向投资者函证实缴资本额,对有关财产和实物价值进行鉴定,以确定投入资本的真实性: (1)对于发行在外的股票,应检查股票的发行活动。检查的内容包括已发行股票的登记簿、募股清单、银行对账单、会计账面记录等。必要时,可向证券交易所和金融机构函证股票发行的数量; (2)对于发行在外的股票,应检查股票发行费用的会计处理是否符合有关规定。
A,C,B	5. 检查出资期限和出资方式、出资额,检查投资者是否按合同、协议、章程约定的时间和方式缴付出资额,是否已经注册会计师验证。若已验资,应审阅验资报告。
A,C,B	6. 检查实收资本(股本)增减变动的原因,查阅其是否与董事会纪要、补充合同、协议及其他有关法律性文件的规定一致,逐笔追查至原始凭证,检查其会计处理是否正确。注意有无抽资或变相抽资的情况,如有,应取证核实,作恰当处理。对首次接受委托的客户,除取得验资报告外,还应检查并复印记账凭证及进账单。 (1)对于股份有限公司,应检查股票收回的交易活动,检查的内容包括已发行股票的登记簿、收回的股票、银行对账单、会计账面记录等; (2)以发行股票股利增资的,检查股东(大)会决议,检查相关增资手续是否办理,会计处理是否正确; (3)对于以资本公积、盈余公积和未分配利润转增资本的,应取得股东(大)会等资料,并审核是否符合国家有关规定,会计处理是否正确; (4)以权益结算的股份支付行权时增资,取得相关资料,检查是否符合有关规定,会计处理是否正确; (5)以回购股票以及其他法定程序报经批准减资的,检查股东(大)会决议以及相关的法律文件,手续是否办理,会计处理是否正确; (6)中外合作经营企业在合作期间归还投资的,收集与已归还投资变动有关的公司章程、合同、董事会会议纪要、政府部门的批准文件等资料,查明其是否合规、合法,并更新永久性档案,并对已归还投资的发生额逐项审计至原始凭证,检查应用的折算汇率和会计处理是否符合相关规定

续表 12.6

审计目标	可供选择的审计程序
D	7. 根据证券登记公司提供的股东名录,检查被审计单位及其子公司、合营企业与联营企业是否有违反规定的持股情况。
A	8. 检查认股权证及其有关交易,确定委托人及认股人是否遵守认股合约或认股权证中的有关规定。
	9. 根据评估的舞弊风险等因素增加的审计程序。
D	10. 检查实收资本(股本)是否已按照企业会计准则的规定在财务报表中作出恰当列报。

第四节 投资审计

与投资相关项目包括:交易性金融资产、可供出售金融资产、持有至到期投资、长期股权投资、投资性房地产、应收利息、投资收益审计、应收股利、交易性金融负债等。下面介绍这些项目中典型项目的审计。

一、交易性金融资产审计

(一) 审计目标与认定对应关系

按照被审计单位管理当局关于交易性金融资产的认定,体现在具体审计目标上的对应关系如表 12.7 所示:

表 12.7 审计目标与认定对应关系表

审计目标		财务报表认定			
		存在	完整性	权利和义务	计价和分摊	列报
A	资产负债表中记录的交易性金融资产是存在的	√				
B	所有应当记录的交易性金融资产均已记录		√			
C	记录的交易性金融资产由被审计单位拥有或控制			√		
D	交易性金融资产以恰当的金额包括在财务报表中,与之相关的计价调整已恰当记录				√	
E	交易性金融资产已按照企业会计准则的规定在财务报表中作出恰当列报					√

（二）审计目标与审计程序对应关系

按照交易性金融资产的具体审计目标，可供选择的审计程序有很多种，或者某种审计程序对应着不同的审计目标，因此将两者关系列表12.8所示，表中A,B,C,D,E同表12.7审计目标对应项。

表12.8　审计目标与审计程序对应关系表

审计目标	可供选择的审计程序
D	1. 获取或编制交易性金融资产明细表： (1) 复核加计正确，并与报表数、总账数和明细账合计数核对是否相符。 (2) 检查非记账本位币交易性金融资产的折算汇率及折算金额是否正确。 (3) 与被审计单位讨论以确定划分为交易性金融资产是否符合企业会计准则的规定。
C,E	2. 就被审计单位管理层将投资确定划分为交易性金融资产的意图获取审计证据，并考虑管理层实施该意图的能力，应向管理层询问，并通过下列方式对管理层的答复予以印证： (1) 考虑管理层以前所述的对于划分为交易性金融资产的意图的实际实施情况。 (2) 复核包括预算、会议纪要等在内的书面计划和其他文件记录。 (3) 考虑管理层选择划分为交易性金融资产的理由。 (4) 考虑管理层在既定经济环境下实施特定措施的能力。
A,D,E	3. 确定交易性金融资产余额正确及存在： (1) 获取股票、债券、基金等账户对账单，与明细账余额核对，作出记录或进行适当调整。 (2) 被审计单位人员盘点交易性金融资产，编制交易性金融资产盘点表，审计人员实施监盘并检查交易性金融资产名称、数量、票面价值、票面利率等内容，同时与相关账户余额进行核对；如有差异，查明原因，作出记录或进行适当调整。 (3) 如交易性金融资产在审计工作日已售出或兑换，则追查至相关原始凭证，以确认其在资产负债表日存在。 (4) 在外保管的交易性金融资产应查阅有关保管的文件，必要时可向保管人函证，复核并记录函证结果。了解在外保管的交易性金融资产实质上是否为委托理财，如是，则应详细记录，分析资金的安全性可收回性，提请被审计单位重新分类，并充分披露。
B,C	4. 确定交易性金融资产的会计记录是否完整，并确定所购入交易性金融资产归被审计单位拥有： (1) 取得有关账户流水单，对照检查账面记录是否完整。检查购入交易性金融资产是否为被审计单位拥有。 (2) 向相关机构发函，并确定是否存在变现限制，同时记录函证过程。
D	5. 确定交易性金融资产的计价是否正确： (1) 复核交易性金融资产计价方法，检查其是否按公允价值计量，前后期是否一致。 (2) 复核公允价值取得依据是否充分，公允价值与账面价值的差额是否计入公允价值变动损益科目。

续表 12.8

审计目标	可供选择的审计程序
A,B,D	6. 抽取交易性金融资产增减变动的相关凭证,检查其原始凭证是否完整合法,会计处理是否正确: (1)抽取交易性金融资产增加的记账凭证,注意其原始凭证是否完整合法,成本、交易费用和相关利息或股利的会计处理是否符合规定。 (2)抽取交易性金融资产减少的记账凭证,检查其原始凭证是否完整合法,会计处理是否正确;注意出售交易性金融资产时其成本结转是否正确。
C	7. 检查有无变现存在重大限制的交易性金融资产,如有,则查明情况,并适当调整。
	8. 根据评估的舞弊风险等因素增加的其他审计程序。
E	9. 检查交易性金融资产是否已按照企业会计准则的规定在财务报表中作出恰当的列报。

二、投资收益审计

(一)审计目标与认定对应关系

按照被审计单位管理当局关于投资收益的认定,体现在具体审计目标上的对应关系如表 12.9 所示。

表 12.9 审计目标与认定对应关系表

审计目标		财务报表认定				
		发生	完整性	准确性	截止	分类	列报
A	利润表中记录的投资收益已发生,且与被审计单位有关	√					
B	所有应当记录的投资收益均已记录		√				
C	与投资收益有关的金额及其他数据已恰当记录			√			
D	投资收益已记录于正确的会计期间				√		
E	投资收益已记录于恰当的账户					√	
F	投资收益已按照企业会计准则的规定在财务报表中作出恰当列报						√

(二)审计目标与审计程序对应关系

按照投资收益的具体审计目标,可供选择的审计程序有很多种,或者某种审计程序对应着不同的审计目标,因此将两者关系列表 12.10 所示,表中 A、B、C、D、E、F 为表 12.9 中审计目标项对应。

表12.10　审计目标与审计程序对应关系表

审计目标	可供选择的审计程序
C	1. 获取或编制投资收益明细表： (1)复核加计是否正确，并与报表数、总账数和明细账合计数核对是否相符。 (2)检查非记账本位币投资收益的折算汇率及折算是否正确。
C,B,D,E	2. 确定投资收益的金额是否准确： (1)与交易性金融资产、可供出售金融资产、持有至到期投资、长期股权投资、交易性金融负债等的相关审计结合，验证确定投资收益的记录是否充分、准确。 (2)对于重大的投资收益项目，审阅相关文件，复核其计算的准确性，并确定其应为投资收益。
D	3. 结合投资和银行存款等的审计，确定投资收益被记入正确的会计期间。
A,F	4. 检查投资协议等文件，确定国外的投资收益汇回是否存在重大限制，若存在重大限制，应说明原因，并作出恰当披露。
	5. 根据评估的舞弊风险等因素增加的审计程序。
F	6. 检查投资收益是否已按照企业会计准则的规定在财务报表中作出恰当列报。

本章小结

筹资与投资循环由筹资活动和投资活动的交易事项构成。筹资活动主要由借款交易和股东权益交易组成。投资活动主要由权益性投资交易和债权性投资交易组成。

筹资活动的内部控制、控制测试和投资活动的内部控制、控制测试是相关内部控制审计的内容。

筹资的实质性测试包括短期借款的实质性程序、实收资本的实质性程序。投资的实质性测试包括交易性金融资产实质性程序、投资收益的实质性程序。

【阅读资料】

长期借款审计的案例

注册会计师李海审计某公司2000年度的会计报表时，注意到"长期借款"项目的附注披露如下：
长期借款2000年末余额为14 780万元，具体如下：

贷款单位	金额/万元	借款期限	年利率/%	借款条件
A银行第二营业部	1 200	1998.7—2002.6	8.45	担保借款
B银行第一营业部	12 800	1997.8—2001.7	8.65	抵押借款
C银行第二营业部	780	2000.1—2002.1	5.85	担保借款
合计	14 780			

于是，李海在审计该公司长期借款时，实施的主要审计程序和审计处理为：

1. 索取所有借款合同的复印件，并对合同所载明的借款单位、借款金额、借款利率、借款期限、介入日期以及借款条件，分别进行审阅后，计入审计工作底稿；

2. 对长期借款项目所计入的利息按照合同规定的利率和实际介入的日期、天数，计算确认其正确性；

3. 检查一年内到期的长期借款是否已转列为流动负债，确认该公司向B银行第一营业部的借款12 800万元应转列到"一年内到期的长期负债"项目；

4. 审查长期借款的抵押资产所有权是否属于该公司，其价值和现实状况是否与抵押契约中的规定一致，确认该公司向B银行第一营业部的借款12 800万元的抵押物品——厂房超过甲公司厂房的30%，甲公司应履行公开披露的义务。

（资料来源：懂科知识网 www.dongke.net.）

复习思考题

1. 短期借款的实质性程序包括哪些？
2. 筹资与投资循环的审计与货币资金循环的审计有哪些联系？
3. 审查实收资本需要审阅哪些文件资料？

第十三章
Chapter 13

货币资金审计

【学习要点及目标】

知识目标：通过本章的学习，使学生了解货币资金与业务循环的关系，了解货币资金业务中涉及的主要凭证和会计记录，掌握货币资金业务符合性测试和实质性测试的程序和方法。

能力目标：运用所学知识，对货币资金业务进行符合性测试和实质性测试。

素质目标：培养学生分析思维、诚实正直和关注细节等方面的素质。

【案例导入】

"甬成功"（000517）2005年11月1日发布公告称：因未能及时对公司以往年度的会计差错进行更正，公司将于今日起停牌。

早在2004年12月30日，中国证监会宁波监管局在对该公司进行了巡回检查之后，下发了甬证监会[2004]第78号《关于要求甬成功信息产业（集团）股份有限公司限期整改有关问题的通知》。通知中指出了该公司存在关联方占用资金、为关联方提供担保未予以披露或公告等诸多问题，要求限期整改。"甬成功"于2005年4月和8月分别发布《关于重大会计差错更正的公告》和《关于公司重大会计差错更正及风险提示性公告》。迫于证监会调查，"甬成功"年度虚拟关联方还款导致其他货币资金余额虚增。除了虚构货币资金、隐瞒货币资金受限事实外，还隐瞒现金流的实质，体现在资金划拨时仅仅通过"银行存款"借贷方反映。有些时候，这些显而易见的问题却能够逃出审计人员的审计程序。

像"甬成功"这样的案例频繁发生的一个重要原因就是，当前我国审计人员对货币资金审计关注依然不足，审计程序的设计不够完美。那么，审计人员应如何进行货币资金的审计才能杜绝上述现象的出现呢？

货币资金是企业资产的重要组成部分,是企业资产中流动性最强的一种资产。任何企业进行生产经营活动都必须拥有一定数额的货币资金,持有货币资金是企业生产经营活动的基本条件,货币资金在企业的会计核算中占有重要的位置。根据货币资金存放地点及用途的不同,货币资金分为库存现金、银行存款及其他货币资金。

第一节 货币资金的审计对象

一、货币资金与交易循环

货币资金与各交易循环均直接相关,如图13.1所示。需要说明的是,图13.1仅选取各业务循环中具有代表性的会计科目或财务报表项目予以列示,并未包含各业务循环中与货币资金有关的全部会计科目或财务报表项目。

二、凭证和会计记录

货币资金审计涉及的凭证和会计记录主要有:①现金盘点表;②银行对账单;③银行存款余额调节表;④有关科目的记账凭证;⑤有关会计账簿。

第二节 货币资金的内部控制及控制测试

一、货币资金内部控制

由于货币资金是企业流动性最强的资产,企业必须加强对货币资金的管理,建立良好的货币资金内部控制,以确保全部应收取的货币资金均能收取,并及时正确地予以记录;全部货币资金支出是按照经批准的用途进行的,并及时正确地予以记录;库存现金、银行存款报告正确,并得以恰当保管;正确预测企业正常经营所需的货币资金收支额,确保企业有充足又不过剩的货币资金余额。

一般而言,一个良好的货币资金内部控制应该达到以下几点:
①货币资金收支与记账的岗位分离;
②货币资金收支要有合理、合法的凭据;
③全部收支及时准确入账,并且支出要有核准手续;
④控制现金坐支,当日收入现金应及时送存银行;
⑤按月盘点现金,编制银行存款余额调节表,以做到账实相符;
⑥加强对货币资金收支业务的内部审计。

根据财政部于2001年7月12日发布的《内部会计控制规范——货币资金(试行)》,货币

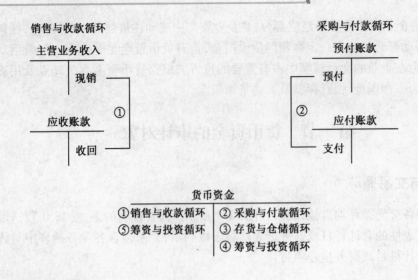

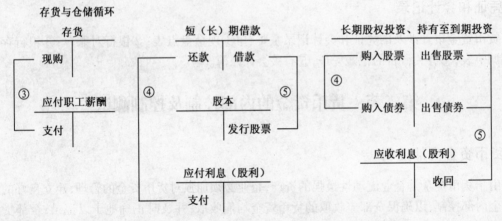

图 13.1　货币资金与各交易循环的关系

资金的内部控制包括以下内容：

（一）岗位分工及授权批准

（1）单位应当建立货币资金业务的岗位责任制，明确相关部门和岗位的职责权限，确保办理货币资金业务的不相容岗位相互分离、制约和监督。出纳人员不得兼任稽核、会计档案保管和收入、支出、费用、债权债务账目的登记工作。单位不得由一人办理货币资金业务的全过程。

（2）单位应当对货币资金业务建立严格的授权批准制度，明确审批人对货币资金业务的授权批准方式、权限、程序、责任和相关控制措施，规定经办人办理货币资金业务的职责范围和工作要求。审批人应当根据货币资金授权批准制度的规定，在授权范围内进行审批，不得超越审批权限。经办人应当在职责范围内，按照审批人的批准意见办理货币资金业务。对于审批人超越授权范围审批的货币资金业务,经办人员有权拒绝办理,并及时向审批人的上级授权部门报告。

(3)单位应当按照规定的程序办理货币资金支付业务:

①支付申请。单位有关部门或个人用款时,应当提前向审批人提交货币资金支付申请,注明款项的用途、金额、预算、支付方式等内容,并附有效经济合同或相关证明;

②支付审批。审批人根据其职责、权限和相应程序对支付申请进行审批。对不符合规定的货币资金支付申请,审批人应当拒绝批准;

③支付复核。复核人应当对批准后的货币资金支付申请进行复核,复核货币资金支付申请的批准范围、权限、程序是否正确,手续及相关单证是否齐备,金额计算是否准确,支付方式、支付单位是否妥当等。复核无误后,交由出纳人员办理支付手续;

④办理支付。出纳人员应当根据复核无误的支付申请,按规定办理货币资金支付手续,及时登记现金和银行存款日记账;

(4)单位对于重要货币资金支付业务,应当实行集体决策和审批,并建立责任追究制度,防范贪污、侵占、挪用货币资金等行为。

(5)严禁未经授权的机构或人员办理货币资金业务或直接接触货币资金。

(二)现金和银行存款的管理

(1)单位应当加强现金库存限额的管理,超过库存限额的现金应及时存入银行。

(2)单位必须根据《现金管理暂行条例》的规定,结合本单位的实际情况,确定本单位现金的开支范围。不属于现金开支范围的业务应当通过银行办理转账结算。

(3)单位现金收入应当及时存入银行,不得用于直接支付单位自身的支出。因特殊情况需坐支现金的,应事先报经开户银行审查批准。

单位借出款项必须执行严格的授权批准程序,严禁擅自挪用、借出货币资金。

(4)单位取得的货币资金收入必须及时入账,不得私设"小金库",不得账外设账,严禁收款不入账。

(5)单位应当严格按照《支付结算办法》等国家有关规定,加强银行账户的管理,严格按照规定开立账户,办理存款、取款和结算。

单位应当定期检查、清理银行账户的开立及使用情况,发现问题,及时处理。单位应当加强对银行结算凭证的填制、传递及保管等环节的管理与控制。

(6)单位应当严格遵守银行结算纪律,不准签发没有资金保证的票据或远期支票,套取银行信用;不准签发、取得和转让没有真实交易和债权债务的票据,套取银行和他人资金;不准无理拒绝付款,任意占用他人资金;不准违反规定开立和使用银行账户。

(7)单位应当指定专人定期核对银行账户,每月至少核对一次,编制银行存款余额调节表,使银行存款账面余额与银行对账单调节相符。如调节不符,应查明原因,及时处理。

(8)单位应当定期和不定期地进行现金盘点,确保现金账面余额与实际库存相符。发现不符,及时查明原因,作出处理。

(三)票据及有关印章的管理

(1)单位应当加强与货币资金相关的票据的管理,明确各种票据的购买、保管、领用、背书转让、注销等环节的职责权限和程序,并专设登记簿进行记录,防止空白票据的遗失和被盗用。

(2)单位应当加强银行预留印鉴的管理。财务专用章应由专人保管,个人名章必须由本人或其授权人员保管。严禁一人保管支付款项所需的全部印章。

按规定需要有关负责人签字或盖章的经济业务,必须严格履行签字或盖章手续。

(四)监督检查

(1)单位应当建立对货币资金业务的监督检查制度,明确监督检查机构或人员的职责权限,定期和不定期地进行检查。

(2)货币资金监督检查的内容主要包括:

①货币资金业务相关岗位及人员的设置情况。重点检查是否存在货币资金业务不相容职务混岗的现象;

②货币资金授权批准制度的执行情况。重点检查货币资金支出的授权批准手续是否健全,是否存在越权审批行为;

③支付款项印章的保管情况。重点检查是否存在办理付款业务所需的全部印章交由一人保管的现象;

④票据的保管情况。重点检查票据的购买、领用、保管手续是否健全,票据保管是否存在漏洞。

(3)对监督检查过程中发现的货币资金内部控制中的薄弱环节,应当及时采取措施,加以纠正和完善。

二、货币资金内部控制的测试

(一)了解内部控制

注册会计师可以根据实际情况采用不同的方法实现对货币资金内部控制的了解。一般而言,注册会计师可以采用编制流程图的方法。编制货币资金内部控制流程图是货币资金控制测试的重要步骤。注册会计师在编制之前应通过询问、观察等调查手段收集必要的资料,然后根据所了解的情况编制流程图。对中小企业,也可采用编写货币资金内部控制说明的方法。若年度审计工作底稿中已有以前年度的流程图,注册会计师可根据调查结果加以修正,以供本年度审计之用。一般的,了解货币资金内部控制时,注册会计师应当注意检查货币资金内部控制是否建立并严格执行。

(二)抽取并检查收款凭证

如果货币资金收款内部控制薄弱,很可能会发生贪污舞弊或挪用等情况。例如,在一个小企业中,出纳员同时记应收账款明细账,很可能发生循环挪用的情况。为测试货币资金收款的内部控制,注册会计师应选取适当样本的收款凭证,进行如下检查:

①核对收款凭证与存入银行账户的日期和金额是否相符;
②核对库存现金、银行存款日记账的收入金额是否正确;
③核对收款凭证与银行对账单是否相符;
④核对收款凭证与应收账款等相关明细账的有关记录是否相符;
⑤核对实收金额与销售发票等相关凭据是否一致等等。

(三) 抽取并检查付款凭证

为测试货币资金付款内部控制,注册会计师应选取适当样本的货币资金付款凭证,进行如下检查:

①检查付款的授权批准手续是否符合规定;
②核对库存现金、银行存款日记账的付出金额是否正确;
③核对付款凭证与银行对账单是否相符;
④核对付款凭证与应付账款等相关明细账的记录是否一致;
⑤核对实付金额与购货发票等相关凭据是否相符等等。

(四) 抽取一定期间的库存现金、银行存款日记账与总账核对

首先,注册会计师应抽取一定期间的库存现金、银行存款日记账,检查其有无计算错误,加总是否正确。如果检查中发现问题较多,说明被审计单位货币资金的会计记录不够可靠。其次,注册会计师应根据日记账提供的线索,核对总账中的库存现金、银行存款、应收账款、应付账款等有关账户的记录。

(五) 抽取一定期间的银行存款余额调节表

为证实银行存款记录的正确性,注册会计师必须抽取一定期间的银行存款余额调节表,将其同银行对账单、银行存款日记账及总账进行核对,确定被审计单位是否按月正确编制并复核银行存款余额调节表。

(六) 检查外币资金的折算方法是否符合有关规定,是否与上年度一致

对于有外国货币的被审计单位,注册会计师应检查外币资金有关的日记账及"财务费用"、"在建工程"等账户的记录,确定企业有关外币资金的增减变动是否采用交易发生日的即期汇率将外币金额折算为记账本位币金额,或者采用按照系统合理的方法确定的、与交易发生日即期汇率近似的汇率折合为记账本位币,选择采用汇率的方法前后各期是否一致;检查企业的外币资金的余额是否采用期末即期汇率折合为记账本位币金额;折算差额的会计处理是否正确。

(七) 评价货币资金的内部控制

注册会计师在实施上述测试之后,应对货币资金的内部控制进行评价。评价时,注册会计

师应首先确定货币资金内部控制可信赖的程度以及存在的薄弱环节和缺点,然后据以确定在货币资金实质性程序中对哪些环节可以适当减少审计程序,哪些环节应增加审计程序,作重点检查,以减少审计风险。

以现销收入交易为例,"现销收入业务的控制目标、关键内部控制和测试一览表"如表 13.1 所示。

表 13.1 现销收入业务的控制目标、关键内部控制和测试一览表

内部控制目标	关键内部控制	常用控制测试	常用实质性测试
登记入账的现金收入确定为企业已经实际收到的现金(存在或发生)	现金出纳与现金记账的岗位分离;现金折扣必须经过适当的审批手续。	观察;检查现金折扣是否经过恰当的审批。	检查现金收入的日记账、总账和应收账款明细账的大金额项目和异常项目。
收到的现金收入已全部登记入账(完整性)	现金出纳与现金记账的岗位分离;每日及时记录现金收入;定期向顾客寄送对账单;现金收入记录的内部复核。	观察;检查是否存在未入账的现金收入;检查是否向顾客寄送对账单,了解是否定期进行;检查复核标记。	现金收入的截止测试;抽查顾客对账单并与账面金额核对。
已经收到的现金确实为企业所有(权利和义务)	定期盘点现金并与账面余额核对。	检查是否定期盘点,检查盘点记录。	监盘库存现金,如与账面应有数存在差异,分析差异原因。
登记入账的现金已经如数存入银行并登记入账(计价或分摊)	定期取得银行对账单;编制银行存款余额调节表。	检查银行对账单;银行存款余额调节表。	检查调节表中未达账项的真实性以及资产负债表日后的进账情况。
现金收入在资产负债表上的披露正确(分类)	现金日记账与总账的登记职责分开。	观察。	

第三节 货币资金实质性测试

货币资金是企业资产的重要组成部分,是企业资产中流动性最强的一种资产。任何企业进行生产经营活动都必须拥有一定数额的货币资金,持有货币资金是企业生产经营活动的基本条件,货币资金在企业的会计核算中占有重要的位置。根据货币资金存放地点及用途的不同,货币资金分为库存现金、银行存款及其他货币资金。

一、货币资金的审计目标与认定关系

按照被审计单位管理当局关于货币资金的认定,体现在具体审计目标上的对应关系如表

13.2 所示。

表 13.2　审计目标与认定对应关系表

审计目标		财务报表认定				
		存在	完整性	权利和义务	计价和分摊	列报
A	资产负债表中记录的货币资金是存在的	√				
B	所有应当记录的货币资金均已记录		√			
C	记录的货币资金由被审计单位拥有或控制			√		
D	货币资金以恰当的金额包括在财务报表中,与之相关的计价调整已恰当记录				√	
E	货币资金已按照企业会计准则的规定在财务报表中作出恰当列报					√

二、审计目标与审计程序对应关系

按照货币资金的具体审计目标,可供选择的审计程序有很多种,或者某种审计程序对应着不同的审计目标,因此将两者关系列表 13.3 所示,表中 A、B、C、D、E 同表 13.2 中审计目标项。

表 13.3　审计目标与审计程序对应关系表

审计目标	可供选择的审计程序
（一）库存现金	
D	1. 核对库存现金日记账与总账的金额是否相符,检查非记账本位币库存现金的折算汇率及折算金额是否正确。
A,B,D,C	2. 监盘库存现金: (1)制定监盘计划,确定监盘时间。 (2)将盘点金额与现金日记账余额进行核对,如有差异,应要求被审计单位查明原因并作适当调整,如无法查明原因,应要求被审计单位按管理权限批准后作出调整。 (3)在非资产负债表日进行盘点时,应调整到资产负债表日的金额。 (4)若有充抵库存现金的借条、未提现支票、未作报销的原始凭证,需在盘点表中注明,如有必要应作调整,特别关注数家公司混用现金保险箱的情况。
A,B,D	3. 抽查大额库存现金收支。检查原始凭证是否齐全、记账凭证与原始凭证是否相符、账务处理是否正确、是否记录于恰当的会计期间等项内容。
	4. 根据评估的舞弊风险等因素增加的其他审计程序。

续表 13.3

审计目标	可供选择的审计程序
(二)银行存款	
D	5. 获取或编制银行存款余额明细表: (1)复核加计是否正确,并与总账数和日记账合计数核对是否相符。 (2)检查非记账本位币银行存款的折算汇率及折算金额是否正确。
A,B,D	6. 计算银行存款累计余额中应收利息收入,分析比较被审计单位银行存款中应收利息收入与实际利息收入的差异是否恰当,评估利息收入的合理性,检查是否存在高息资金拆借,确认银行存款余额是否存在,利息收入是否已经完整记录。
AC	7. 检查银行存单: (1)编制银行存单检查表,检查是否与账面记录金额一致,是否被质押或限制使用,存单是否为被审计单位所拥有。 (2)对已质押的定期存款,应检查定期存单,并与相应的质押合同核对,同时关注定期存单对应的质押借款有无入账。 (3)对未质押的定期存款,应检查开户证书原件。 (4)对审计外勤工作结束日前已提取的定期存款,应核对相应的兑付凭证、银行对账单和定期存款复印件。
A,B,D	8. 取得并检查银行存款余额调节表: (1)取得被审计单位的银行存款余额对账单,并与银行询证函回函核对,确认是否一致,抽样核对账面记录的已付票据金额及存款金额是否与对账单记录一致。 (2)获取资产负债表日的银行存款余额调节表,检查调节表中加计数是否正确,调节后银行存款日记账余额与银行对账单余额是否一致。 (3)检查调节事项的性质和范围是否合理: ①检查是否存在跨期收支和跨行转账的调节事项。编制跨行转账业务明细表,检查跨行转账业务是否同时对应转入和转出,未在同一期间完成的转账业务是否反映在银行存款余额调节表的调整事项中; ②检查大额在途存款和未付票据: 　检查在途存款的日期,查明发生在途存款的具体原因,追查期后银行对账单存款记录日期,确定被审计单位与银行记账时间差异是否合理,确定在资产负债表日是否需审计调整; 　检查被审计单位的未付票据明细清单,查明被审计单位未及时入账的原因,确定账簿记录时间晚于银行对账单的日期是否合理;

续表 13.3

审计目标	可供选择的审计程序
	检查被审计单位未付票据明细清单中有记录,但截至资产负债表日银行对账单无记录且金额较大的未付票据,获取票据领取人的书面说明,确认资产负债表日是否需要进行调整。 检查资产负债表日后银行对账单是否完整地记录了调节事项中银行未付票据金额。 (4)检查是否存在未入账的利息收入和利息支出。 (5)检查是否存在其他跨期收支事项。 (6)当未经授权或授权不清支付货币资金的现象比较突出时检查银行存款余额调节表中支付异常的领款(包括没有载明收款人)、签字不全、收款地址不清、金额较大票据的调整事项,确认是否存在舞弊。
A,C	9. 函证银行存款余额,编制银行函证结果汇总表,检查银行回函: (1)向被审计单位在本期存过款的银行发函,包括零账户和账户已结清的银行。 (2)确定被审计单位账面余额与银行函证结果的差异,对不符事项作出适当处理。
C	10. 检查银行存款账户存款人是否为被审计单位,若存款人为非被审计单位,应获取该账户户主和被审计单位的书面声明,确认资产负债表日是否需要调整。
C,E	11. 关注是否存在质押、冻结等对变现有限制或存在境外的款项,是否已作为必要的调整和披露。
E	12. 对不符合现金及现金等价物条件的银行存款在审计工作底稿中予以列明,以考虑对现金流量表的影响。
A,B,D	13. 抽查大额银行存款收支的原始凭证,检查原始凭证是否齐全,记账凭证与原始凭证是否相符,账务处理是否正确,是否记录于恰当的会计期间等项内容;检查是否存在非营业目的大额货币资金转移,并核对相关账户的进账情况;如有与被审计单位生产经营无关的收支事项,应查明原因并作相应的记录。
B,A	14. 检查银行存款收支的截止是否正确。选取资产负债表日前后____张、金额____以上的凭证实施截止测试,关注业务内容和对应项目,如有跨期收支事项,应考虑是否进行调整。
	15. 根据评估的舞弊风险等因素增加的其他审计程序。
(三)其他货币资金	
D	16. 获取或编制其他货币资金明细表: (1)复核银行汇票存款、银行本票存款、信用卡存款、信用证保证金存款、存出投资款、外埠存款等加计是否正确,并与总账数和日记账明细账合计数核对是否相符。 (2)检查非记账本位币与其他货币资金的折算汇率及折算金额是否正确。

续表 13.3

审计目标	可供选择的审计程序
A,B,D	17.取得并检查其他货币资金余额调节表： (1)取得被审计单位银行对账单,检查被审计单位提供的银行对账单是否存在涂改或修改的情况,确定银行对账单金额的正确性,并与银行回函结果核对是否一致,抽样核对账面记录的已付金额及存款金额是否与对账单记录一致。 (2)获取资产负债表日的银行存款余额调节表,检查调节表中加计数是否正确,调节后银行存款日记账余额与银行对账单余额是否一致。 ①应将保证金账户对账单与相应的交易进行核对,检查保证金与相关债务的比例和合同约定是否一致,特别关注是否存在有保证金发生而被审计单位账面无对应保证事项的情形； ②若信用卡持有人是被审计单位职员,应取得该职员提供的确认书,并应考虑进行调整。 (2)获取资产负债表日的其他货币资金存款余额调节表,检查调节表中加计数是否正确,调节后其他货币资金日记账余额与银行对账单余额是否一致。 (3)检查调节事项的性质和范围是否合理,如存在重大差异应做审计调整。
A,C	18.核查函证银行汇票存款、银行本票存款、信用卡存款、信用证保证金存款、存出投资款、外埠存款等期末余额,编制其他货币资金函证结果汇总表,检查银行回函。
C	19.检查其他货币资金存款账户存款人是否为被审计单位,若存款人为非被审计单位,应获取该账户户主和被审计单位的书面声明,确认资产负债表日是否需要调整。
E	20.关注是否有质押、冻结等对变现有限制,或存放在境外,或有潜在回收风险的款项。
B,A	21.选取资产负债表日前后＿＿张、金额＿＿以上的凭证,对其他货币资金收支凭证实施截止测试,如有跨期收支事项,应考虑是否进行调整。
A,B,D	22.抽查大额其他货币资金收付记录。检查原始凭证是否齐全、记账凭证与原始凭证是否相符、账务处理是否正确、是否记录于恰当的会计期间等项内容。
	23.根据评估的舞弊风险等因素增加的其他审计程序。
E	24.检查货币资金是否已按照企业会计准则的规定在财务报表中作出恰当的列报。

三、监盘现金程序

监盘库存现金是证实资产负债表中所列现金是否存在的一项重要程序。

盘点库存现金必须有现金出纳员和被审计单位会计主管人员参加,并由注册会计师进行监盘。盘点和监盘库存现金的步骤和方法主要有：

(1)制定监盘计划,确定监盘时间。对库存现金的监盘最好实施突击性的检查,时间最好选择在上午上班前或下午下班时进行,盘点的范围一般包括被审计单位各部门经管的现金。如被审计单位库存现金存放部门有两处或两处以上的,应同时进行盘点。

(2)在进行现金盘点前,应由出纳员将现金集中起来存入保险柜。必要时可加以封存,然后由出纳员把已办妥现金收付手续的收付款凭证登入库存现金日记账,结出现金结余。

(3)盘点保险柜的现金实存数,同时由注册会计师编制"库存现金监盘表"。盘点时若发现有冲抵库存现金的借条、未提现支票、未作报销的原始凭证等,应在"库存现金监盘表"中注明或做出必要的调整。

(4)资产负债表日后进行盘点时,应调整至资产负债表日的金额。

(5)将盘点金额与库存现金日记账余额进行核对,如有差异,应查明原因,并做出记录或适当调整。

本章小结

货币资金与各交易循环均直接相关,其审计对象为主要的凭证和会计记录。

由于货币资金是企业流动性最强的资产,企业必须加强对货币资金的管理,建立良好的货币资金内部控制,以确保全部应收取的货币资金均能收取,并及时正确地予以记录。

货币资金的实质性测试包括库存现金的实质性程序、银行存款的实质性程序、其他货币资金的实质性程序。

【阅读资料】

达美集团货币资金审计案例

在货币资金的审计案例中,将重点研究货币资金的控制测试程序,货币资金的确认方法,会计核算中可能存在舞弊形式、审核方法及其审计调整,货币资金审计工作所形成的主要审计工作底稿等。

(一)审计概况

1. 审计人

诚信会计师事务所。事务所派以杨福为项目组长及以李力、张同、刘为为组员的项目组。

2. 被审计人

达美股份有限公司。

需要说明的是:审计人与被审计人有长期的签约关系。该事务所自1998年开始接受达美股份有限公司委托,对其进行年度会计报表审计。

3. 审计内容

达美股份有限公司某年度的会计报表审计中主要反映货币资金的审计及相关问题。

4. 公司背景

达美股份有限公司是一家上市较早的商业类公司,公司主营为零售业务;另外有房地产开发业务和网上售货业务。公司对零售业务部分采用售价金额核算法,毛利率的计算结转采用分类毛利率法,定期对库存商品进行盘点,有一套相对严密的内部管理制度。公司自上市后业绩一直较为平稳,股价波动不大。

5. 审计方法及存在的问题

审计人员在对该公司货币资金的内部控制采用"调查表法"、"检查凭证法"和"实地考察法"进行符合性测试的基础上,发现该公司货币资金的内部控制存在一定的漏洞,主要表现在以下几个方面:

(1)财务部稽核人员对收款台的现金盘点制度执行不够好,未能经常进行不定期盘点。

(2)通过查看支票登记本发现,领用的票据号码不连续,存在领用支票不登记的现象。

(3)对现金和银行存款的支付基本能坚持审批制度,但在审批的职责权限划分上不够明确,从抽查的支付凭证来看,经常出现对相同业务的审批有时是财务经理签字,有时是业务经理签字,控制不够严格。

在发现了上述问题之后,审计人员确认该公司的内部控制属于中信赖程度,因此,适当地扩大了对该公司货币资金进行实质性测试的范围。如采取盘存法对现金进行突击性盘点;采取抽查法审查现金日记账和银行存款日记账;采取审阅法、调节法和函证法对银行存款的真实性和合法性进行审查。

经过审计人员对上述内容进行认真的检查、仔细的核对,针对审计过程中发现的"服装柜组发生短款次数频繁"、"私设小金库"、"出租出借银行账号"、"因购货单位支付空头支票而未及时调账"、"短期贷款未入账"、"达美劳动服务公司明显存在开阴阳发票"和"短期投资记账错误"等问题与公司进行了交流,并严肃地提出了限期改正的要求及其纠正错误的建议。

(二)本案例需要关注的问题

1. 健全有效的货币资金内控制度

货币资产是极易被贪污挪用的对象,在内控制度中要充分体现不相容职务的分离,并要坚持良好的审核和核对制度。当然再好的内控制度也要人来执行,若有关人员蓄意舞弊,再好的控制制度也只能是流于形式。在本案例中,尽管该公司有相对完善的货币资金内控制度,但在执行中未能得到很好的坚持,致使收款人员有机可乘,从中贪污现金。

2. 应当运用调节法对现金进行突击式盘点

对现金盘点是证实现金存在的重要审计程序,但盘点日与会计截止日一般不一致,在编制盘点表时必须注意调整,并关注盘点日到会计截止日之间的收支是否真实;在盘点时应确保存放在不同地点的现金同时盘点,不能相互流动。

3. 对货币资金大额收支凭证的抽查

在进行凭证抽查时,不能仅停留在账户对应关系、审批手续、金额相符等表面现象上,要深入分析业务内容和其合理性,对发现的疑点要紧追不放,这样才能将问题查清。

4. 对银行存款的审查应当注意未达账项

为了验证未达账项的真实性,应向银行取得会计截止期后一段时间的对账单,对长期的未达账项要提请被审计单位进行调整,必要时应验证有关的支持性凭证,对在途时间较长的货币资金应持怀疑态度,验证其真实性。

5. 审查可能存在的账外资金和贷款

银行存款函证程序是证实银行存款存在的重要证据,除了对经常提供对账单的开户行进行函证外,企业经常多头开户,有些账户较少发生业务,尤其是一些专用存款账户,函证时不能漏掉。有些户头年末存款余额也许为零,但也应进行必要的函证。

(资料来源:http://docservice.shtvu.edu.cn/Web/Upload.)

复习思考题

1. 试列举货币资金的几个关键控制点。
2. 为什么要对银行存款进行函证?当银行存款余额为零时是否需要向其开户银行发函?
3. 对现金和银行存款进行凭证抽查时应重点关注哪些方面?
4. 从哪些迹象可以发现企业存在出租出借账号问题?
5. 承案例中银行存款余额调节表的数据,若银行对账单中,企业已收、银行未收的未达账项 234 000 元,经与银行日记账核对后已于 1 月 3 日收妥,问是否应调整企业 12 月 31 日银行存款数?若现金盘点中,盘点日的现金实存数为 460 元,其他数据不变,推到 12 月 31 日的实存数应为多少?审查的结果为盘亏,其原因为出纳本人挪用现金,审计人员是否应提出调整建议?

第十四章
Chapter 14

审计报告

【学习要点及目标】

知识目标：通过本章的学习，使学生了解审计报告的定义、特征与种类；理解审计报告的作用和各类审计报告的特征；掌握编制审计报告的方法。

能力目标：根据不同的业务情况，能够编制正确的审计报告。

素质目标：培养学生领导力、合作性与压力承受等方面的素质。

【案例导入】

巨人零售公司是美国一家大型的零售折扣商店，也是一家上市公司。由于竞争的压力，该公司在应付账款、销售退回以及进价差额的退回方面弄虚作假，将1971年发生的250万美元的经营损失篡改为150万美元的收益。而审计该公司的塔奇·罗丝会计师事务所的有关合伙人由于屈服于客户施加的压力，在该公司的控制下未对有关单位进行询证，执行并无实效的审计程序；对该公司提出的更换审计合伙人，将某位助理审计人员开除事务所等无理要求"委曲求全"；对审计助理人员发现的公司舞弊嫌疑听之任之。更有甚者，当塔奇·罗丝会计师事务所在与巨人零售公司讨论审计中所发现的问题时，巨人零售公司的有关人员是当面计算各种财务指标，以能否达到预期目标作为是否接受塔奇·罗丝会计师事务所调整意见的原则。

1972年巨人零售公司向美国证券交易委员会提交了1971年度财务报表和塔奇·罗丝会计师事务所出具的无保留意见审计报告，申请并获准发行了300万美元的普通股，还获取了1 200万美元的贷款。但1973年该公司突然宣布：由于存在潜在的会计错误可能会影响1971年度的报告收益。大约一个月以后塔奇·罗丝会计师事务所撤回了上述无保留意见审计报告。1973年8月巨人零售公司向波士顿法院提交破产申请，两年后法庭宣布公司破产，该公司的有关人员则被判刑有罪。美国证券交易委员会在经过调查后，严厉谴责了塔奇·罗丝会计师事务所,并且在联邦法院处理此事前,对该所负责巨人零售公司审计的合伙人暂停执业5个月。美国证券交易委员会同时要求由独立专家中的一位陪审员,对塔奇·罗丝会计师事务所的审计程序进行一次大规模的检查,内容包括了事务所独立性以及如何接受聘约、保留客户等。

第一节 审计报告概述

一、审计报告的含义

(一)审计报告的定义

审计报告是指注册会计师根据中国注册会计师审计准则的规定,在实施审计工作的基础上对被审计单位财务报表发表审计意见的书面文件。审计报告是注册会计师在完成审计工作后向委托人提交的最终产品。

审计报告是注册会计师对财务报表合法性和公允性发表审计意见的书面文件,因此,注册会计师应当将已审计的财务报表附于审计报告之后,以便于财务报表使用者正确理解和使用审计报告,并防止被审计单位替换、更改已审计的财务报表。

(二)审计报告的特征

1. 注册会计师按审计准则规定执行审计工作

审计准则是用以规范注册会计师执行审计业务的标准,包括一般原则与责任、风险评估与应对、审计证据、利用其他主体的工作、审计结论与报告以及特殊领域审计等六个方面的内容,涵盖了注册会计师执行审计业务的整个过程和各个环节。

2. 注册会计师在实施审计工作的基础上才能出具审计报告

注册会计师应当实施风险评估程序,以此作为评估财务报表层次和认定层次重大错报风险的基础。风险评估程序本身并不足以为发表审计意见提供充分、适当的审计证据,注册会计师还应当实施进一步审计程序,包括实施控制测试(必要时或决定测试时)和实质性程序。注册会计师通过实施上述审计程序,获取充分、适当的审计证据,得出合理的审计结论,作为形成审计意见的基础。

3. 注册会计师通过对财务报表发表意见,履行业务约定书约定的责任

财务报表审计的目标是注册会计师通过执行审计工作,对财务报表的合法性和公允性发表审计意见。因此,在实施审计工作的基础上,注册会计师需要对财务报表形成审计意见,并向委托人提交审计报告。

4. 注册会计师应当以书面形式出具审计报告

审计报告具有特定的要素和格式,注册会计师只有以书面形式出具报告,才能清楚表达对财务报表发表的审计意见。注册会计师应当根据由审计证据得出的结论,清楚表达对财务报表的意见。

二、审计报告的作用

注册会计师签发的审计报告,主要具有鉴证、保护和证明三方面的作用。

(一) 鉴证作用

注册会计师签发的审计报告,不同于政府审计和内部审计的审计报告,是以独立的第三者身份,对被审计单位财务报表的合法性、公允性发表意见。这种意见具有鉴证作用,得到了政府及其各部门和社会各界的普遍认可。政府有关部门,如财政部门、税务部门等了解、掌握企业的财务状况和经营成果的主要依据是企业提供的财务报表。财务报表是否合法、公允,主要依据注册会计师的审计报告做出判断。股份制企业的股东主要依据注册会计师的审计报告来判断被投资企业的财务报表是否公允地反映了财务状况和经营成果,以进行投资决策等。

(二) 保护作用

注册会计师通过审计,可以对被审计单位财务报表出具不同类型审计意见的审计报告,以提高或降低财务报表信息使用者对财务报表的信赖程度,能够在一定程度上对被审计单位的财产、债权人和股东的权益及企业利害关系人的利益起到保护作用。如投资者为了减少投资风险,在进行投资之前,必须要查阅被投资企业的财务报表和注册会计师的审计报告,了解被投资企业的经营情况和财务状况。投资者根据注册会计师的审计报告做出投资决策,可以降低其投资风险。

(三) 证明作用

审计报告是对注册会计师审计任务完成情况及其结果所做的总结,它可以表明审计工作的质量并明确注册会计师的审计责任。因此,审计报告可以对审计工作质量和注册会计师的审计责任起证明作用。通过审计报告,可以证明注册会计师在审计过程中是否实施了必要的审计程序,是否以审计工作底稿为依据发表审计意见,发表的审计意见是否与被审计单位的实际情况相一致,审计工作的质量是否符合要求。通过审计报告,可以证明注册会计师审计责任的履行情况。

三、审计报告的种类

(一) 按照审计报告的性质

1. 标准格式审计报告

标准格式审计报告是指格式和措辞基本统一的审计报告。标准格式审计报告一般适用于对外公布,如注册会计师对上市公司出具的中期和年度审计报告就是标准格式审计报告。

2. 非标准格式审计报告

非标准格式审计报告是指格式和措辞不统一,可以根据具体审计项目的不同情况来决定报告的格式和措辞。非标准格式审计报告一般适用于非对外公布。

(二)按照审计报告使用者

1. 公布目的审计报告

公布目的审计报告一般指用于对企业股东、投资者、债权人等非特定利益关系者公布的附送会计报表的审计报告。

2. 非公布目的审计报告

非公布目的审计报告一般指用于经营管理、合并或业务转让、融通资金等特定目的而实施审计的审计报告。

(三)按照审计报告的详略程度

1. 简式审计报告

简式审计报告又称短式审计报告,是指注册会计师编制的审计报告,形式上简明扼要,内容上记载非特定多数的利害关系人共同认为的必要审计事项,具有标准格式和措辞。因此,简式审计报告一般适用于公布目的,具有标准审计报告的特点。注册会计师审计一般采用简式审计报告格式。

2. 详式审计报告

详式审计报告,又称长式审计报告,是指对审计对象所有重要的经济业务活动和情况都要做详细说明和分析的审计报告。详式审计报告主要用于指出企业经营管理存在的问题和帮助企业改善经营管理,故其内容较简式审计报告丰富得多、详细得多。详式审计报告一般适用于非公布目的,具有非标准审计报告的特点。内部审计一般采用详式审计报告格式。

第二节 标准审计报告

一、审计报告的要素

审计报告应当包括下列要素:①标题;②收件人;③引言段;④管理层对财务报表的责任段;⑤注册会计师的责任段;⑥审计意见段;⑦注册会计师的签名和盖章;⑧会计师事务所的名称、地址及盖章;⑨报告日期。

二、标题

审计报告的标题应当统一规范为"审计报告"。

考虑到这一标题已广为社会公众所接受,因此,我国注册会计师出具的审计报告中,标题没有包含"独立"两个字,但注册会计师在执行财务报表审计业务时,应当遵守独立性的要求。

三、收件人

审计报告的收件人是指注册会计师按照业务约定书的要求致送审计报告的对象,一般是指审计业务的委托人。审计报告应当载明收件人的全称。

注册会计师应当与委托人在业务约定书中约定致送审计报告的对象,以防止在此问题上发生分歧或审计报告被委托人滥用。针对整套通用目的财务报表出具的审计报告,审计报告的致送对象通常为被审计单位的全体股东或董事会。

四、引言段

审计报告的引言段应当说明被审计单位的名称和财务报表已经过审计,并包括下列内容:
①指出构成整套财务报表的每张财务报表的名称;
②提及财务报表附注;
③指明财务报表的日期和涵盖的期间。

根据企业会计准则规定,整套财务报表的每张财务报表的名称分别为资产负债表、利润表、所有者(股东)权益变动表和现金流量表。此外,由于附注是财务报表不可或缺的重要组成部分,因此,也应提及财务报表附注。财务报表有反映时点的,有反映期间的,注册会计师应在引言段中指明财务报表的日期或涵盖的期间。

例 引言段举例如下:

我们审计了后附的 ABC 股份有限公司(以下简称 ABC 公司)财务报表,包括20××年12月31日的资产负债表,20××年度的利润表、股东权益变动表和现金流量表以及财务报表附注。

五、管理层对财务报表的责任段

管理层对财务报表的责任段应当说明,按照适用的会计准则和相关会计制度的规定编制财务报表是管理层的责任,这种责任包括:
①设计、实施和维护与财务报表编制相关的内部控制,以使财务报表不存在由于舞弊或错误而导致的重大错报;
②选择和运用恰当的会计政策;
③作出合理的会计估计。

在审计报告中指明管理层的责任,有利于区分管理层和注册会计师的责任,降低财务报表使用者误解注册会计师责任的可能性。

例 管理层对财务报表的责任段举例如下:

一、管理层对财务报表的责任

按照企业会计准则和《××会计制度》的规定编制财务报表是 ABC 公司管理层的责任。这种责任包括:(1)设计、实施和维护与财务报表编制相关的内部控制,以使财务报表不存在由于舞弊或错误而导致的重大错报;(2)选择和运用恰当的会计政策;(3)作出合理的会计估计。

六、注册会计师的责任段

1. 注册会计师的责任段应当说明的主要内容

(1)注册会计师的责任是在实施审计工作的基础上对财务报表发表审计意见,注册会计师按照中国注册会计师审计准则的规定执行审计工作。中国注册会计师审计准则要求注册会计师遵守职业道德规范,计划和实施审计工作以对财务报表是否不存在重大错报获取合理保证。

(2)审计工作涉及实施审计程序,以获取有关财务报表金额和披露的审计证据。选择的审计程序取决于注册会计师的判断,包括对由于舞弊或错误导致的财务报表重大错报风险的评估。在进行风险评估时,注册会计师考虑与财务报表编制相关的内部控制,以设计恰当的审计程序,但目的并非对内部控制的有效性发表意见。审计工作还包括评价管理层选用会计政策的恰当性和作出会计估计的合理性,以及评价财务报表的总体列报。

(3)注册会计师相信已获取的审计证据是充分、适当的,为其发表审计意见提供了基础。

如果接受委托,结合财务报表审计对内部控制有效性发表意见,注册会计师应当省略上项中"但目的并非对内部控制的有效性发表意见"的术语。

2. 理解责任段主要内容时应注意的方面

(1)第一段内容阐明注册会计师的责任、注册会计师执行审计业务的标准以及审计准则对注册会计师提出的核心要求。同时向财务报表使用者说明,注册会计师应当计划和实施审计工作以对财务报表是否不存在重大错报获取合理保证。不存在重大错报,是指注册会计师认为已审计的财务报表不存在影响财务报表使用者决策的错报。合理保证是指注册会计师通过不断修正的、系统的执业过程,获取充分、适当的审计证据,对财务报表整体发表审计意见,提供的是一种高水平但非百分之百的保证。

(2)第二段内容阐明注册会计师执行审计工作的主要过程,包括运用职业判断实施风险评估程序、控制测试(必要时或决定测试时)以及实质性程序。同时向财务报表使用者说明,注册会计师的审计是建立在风险导向审计基础上的。在进行风险评估时,注册会计师考虑与财务报表编制相关的内部控制,以设计恰当的审计程序,但目的并非对内部控制的有效性发表意见。因此,审计报告对内部控制不提供任何保证。

(3)第三段内容阐明注册会计师通过实施审计工作,获取了充分、适当的审计证据,具备了发表审计意见的基础。

例 注册会计师的责任段举例如下:

二、注册会计师的责任

我们的责任是在实施审计工作的基础上对财务报表发表审计意见。我们按照中国注册会计师审计准则的规定执行了审计工作。中国注册会计师审计准则要求我们遵守职业道德规范，计划和实施审计工作以对财务报表是否不存在重大错报获取合理保证。

审计工作涉及实施审计程序，以获取有关财务报表金额和披露的审计证据。选择的审计程序取决于注册会计师的判断，包括对由于舞弊或错误导致的财务报表重大错报风险的评估。在进行风险评估时，我们考虑与财务报表编制相关的内部控制，以设计恰当的审计程序，但目的并非对内部控制的有效性发表意见。审计工作还包括评价管理层选用会计政策的恰当性和作出会计估计的合理性，以及评价财务报表的总体列报。

我们相信，我们获取的审计证据是充分、适当的，为发表审计意见提供了基础。

七、审计意见段

1. 审计意见段的内容

审计意见段应当说明，财务报表是否按照适用的会计准则和相关会计制度的规定编制，是否在所有重大方面公允反映了被审计单位的财务状况、经营成果和现金流量。

财务报表审计的目标是注册会计师通过执行审计工作，对财务报表的下列方面发表审计意见：

（1）财务报表是否按照适用的会计准则和相关会计制度的规定编制。

（2）财务报表是否在所有重大方面公允反映了被审计单位的财务状况、经营成果和现金流量。因此，当注册会计师完成审计工作，获取了充分、适当的审计证据，应当就上述内容对财务报表发表审计意见。

2. 无保留意见的审计报告

如果认为财务报表符合下列所有条件，注册会计师应当出具无保留意见的审计报告。

（1）财务报表已经按照适用的会计准则和相关会计制度的规定编制，在所有重大方面公允反映了被审计单位的财务状况、经营成果和现金流量。

（2）注册会计师已经按照中国注册会计师审计准则的规定计划和实施审计工作，在审计过程中未受到限制。

当出具无保留意见的审计报告时，注册会计师应当以"我们认为"作为意见段的开头，并使用"在所有重大方面"、"公允反映"等术语。

无保留意见的审计报告意味着注册会计师通过实施审计工作，认为被审计单位财务报表的编制符合合法性和公允性的要求，合理保证财务报表不存在重大错报。

例　无保留意见的审计报告的意见段举例如下：

三、审计意见

我们认为，ABC公司财务报表已经按照企业会计准则和《××会计制度》的规定编制，在所有重大方面公允地反映了ABC公司20××年12月31日的财务状况以及20××年度的经营成果和现金流量。

3. 标准审计报告

当注册会计师出具的无保留意见的审计报告不附加说明段、强调事项段或任何修饰性用语时,该报告称为标准审计报告。

标准审计报告包含的审计报告要素齐全,属于无保留意见,且不附加说明段、强调事项段或任何修饰性用语。否则,不能称为标准审计报告。

八、注册会计师的签名和盖章

审计报告应当由注册会计师签名并盖章。

注册会计师在审计报告上签名并盖章,有利于明确法律责任。《财政部关于注册会计师在审计报告上签名盖章有关问题的通知》(财会[2001]1035号)明确规定:

一、会计师事务所应当建立健全全面质量控制政策与程序以及各审计项目的质量控制程序,严格按照有关规定和本通知的要求在审计报告上签名盖章。

二、审计报告应当由两名具备相关业务资格的注册会计师签名盖章并经会计师事务所盖章方为有效。

合伙会计师事务所出具的审计报告,应当由一名对审计项目负最终复核责任的合伙人和一名负责该项目的注册会计师签名盖章。

有限责任会计师事务所出具的审计报告,应当由会计师事务所主任会计师或其授权的副主任会计师和一名负责该项目的注册会计师签名盖章。

九、会计师事务所的名称、地址及盖章

审计报告应当载明会计师事务所的名称和地址,并加盖会计师事务所公章。

根据《中华人民共和国注册会计师法》的规定,注册会计师承办业务,由其所在的会计师事务所统一受理并与委托人签订委托合同。因此,审计报告除了应由注册会计师签名并盖章外,还应载明会计师事务所的名称和地址,并加盖会计师事务所公章。

注册会计师在审计报告中载明会计师事务所地址时,标明会计师事务所所在的城市即可。在实务中,审计报告通常载于会计师事务所统一印刷的、标有该所详细通讯地址的信笺上,因此,无需在审计报告中注明详细地址。此外,根据国家工商行政管理部门的有关规定,在主管登记机关管辖区内,已登记注册的企业名称不得相同。因此在同一地区内不会出现重名的会计师事务所。

十、报告日期

审计报告应当注明报告日期。审计报告的日期不应早于注册会计师获取充分、适当的审计证据(包括管理层认可对财务报表的责任且已批准财务报表的证据),并在此基础上对财务报表形成审计意见的日期。

注册会计师在确定审计报告日期时,应当考虑:①应当实施的审计程序已经完成;②应当提请被审计单位调整的事项已经提出,被审计单位已经作出调整或拒绝作出调整;③管理层已经正式签署财务报表。

审计报告的日期非常重要。注册会计师对不同时段的资产负债表日后事项有着不同的责任,而审计报告的日期是划分时段的关键时点。在实务中,注册会计师在正式签署审计报告前,通常把审计报告草稿和已审计财务报表草稿一同提交给管理层。如果管理层批准并签署已审计财务报表,注册会计师即可签署审计报告。注册会计师签署审计报告的日期通常与管理层签署已审计财务报表的日期为同一天,或晚于管理层签署已审计财务报表的日期。在审计报告日期晚于管理层签署已审计财务报表日期时,注册会计师应当获取自管理层声明书日到审计报告日期之间的进一步审计证据,如补充的管理层声明书。

例 标准审计报告的参考格式

审 计 报 告

ABC 股份有限公司全体股东:

我们审计了后附的 ABC 股份有限公司(以下简称 ABC 公司)财务报表,包括20××年12月31日的资产负债表,20××年度的利润表、股东权益变动表和现金流量表以及财务报表附注。

一、管理层对财务报表的责任

按照企业会计准则和《××会计制度》的规定编制财务报表是 ABC 公司管理层的责任。这种责任包括:(1)设计、实施和维护与财务报表编制相关的内部控制,以使财务报表不存在由于舞弊或错误而导致的重大错报;(2)选择和运用恰当的会计政策;(3)作出合理的会计估计。

二、注册会计师的责任

我们的责任是在实施审计工作的基础上对财务报表发表审计意见。我们按照中国注册会计师审计准则的规定执行了审计工作。中国注册会计师审计准则要求我们遵守职业道德规范,计划和实施审计工作以对财务报表是否不存在重大错报获取合理保证。

审计工作涉及实施审计程序,以获取有关财务报表金额和披露的审计证据。选择的审计程序取决于注册会计师的判断,包括对由于舞弊或错误导致的财务报表重大错报风险的评估。在进行风险评估时,我们考虑与财务报表编制相关的内部控制,以设计恰当的审计程序,但目的并非对内部控制的有效性发表意见。审计工作还包括评价管理层选用会计政策的恰当性和作出会计估计的合理性,以及评价财务报表的总体列报。

我们相信,我们获取的审计证据是充分、适当的,为发表审计意见提供了基础。

三、审计意见

我们认为,ABC 公司财务报表已经按照企业会计准则和《××会计制度》的规定编制,在所有重大方面公允反映了 ABC 公司20××年12月31日的财务状况以及20××年度的经营成果和现金流量。

××会计师事务所　　　　　　　中国注册会计师：×××
　　　　　　　　　　　　　　　　　（签名并盖章）
　　（盖章）　　　　　　　　　　中国注册会计师：×××
　　　　　　　　　　　　　　　　　（签名并盖章）
中国××市　　　　　　　　　　　二〇××年×月×日

第三节　非标准审计报告

一、审计报告的强调事项段

（一）强调事项段的含义

审计报告的强调事项段是指注册会计师在审计意见段之后增加的对重大事项予以强调的段落。

强调事项应当同时符合下列条件：

（1）可能对财务报表产生重大影响，但被审计单位进行了恰当的会计处理，且在财务报表中作出充分披露。

（2）不影响注册会计师发表的审计意见。

从审计理论上讲，注册会计师在审计意见段之前增加说明段，用来说明发表保留意见、否定意见和无法表示意见的理由；而在意见段之后增加强调事项段，只是增加审计报告的信息含量，提高审计报告的有用性，不影响发表的审计意见。如果以强调事项段代替发表审计意见，就会导致审计报告类型出现混乱。

（二）增加强调事项段的情形

1. 对持续经营能力产生重大疑虑

当存在可能导致对持续经营能力产生重大疑虑的事项或情况、但不影响已发表的审计意见时，注册会计师应当在审计意见段之后增加强调事项段对此予以强调。

注册会计师针对被审计单位持续经营能力增加强调事项段时，应当遵守《中国注册会计师审计准则第1324号——持续经营》的相关要求。该准则第三十一条、第三十二条规定，如果认为被审计单位在编制财务报表时运用持续经营假设是适当的，但可能导致对持续经营能力产生重大疑虑的事项或情况存在重大不确定性，注册会计师应当考虑：

（1）财务报表是否已充分描述导致对持续经营能力产生重大疑虑的主要事项或情况，以及管理层针对这些事项或情况提出的应对计划。

(2)财务报表是否已清楚指明可能导致对持续经营能力产生重大疑虑的事项或情况存在重大不确定性,被审计单位可能无法在正常的经营过程中变现资产、清偿债务。

如果财务报表已作出充分披露,注册会计师应当出具无保留意见的审计报告,并在审计意见段之后增加强调事项段,强调可能导致对持续经营能力产生重大疑虑的事项或情况存在重大不确定性的事实,并提醒财务报表使用者注意财务报表附注中对有关事项的披露。

2. 重大不确定事项

当存在可能对财务报表产生重大影响的不确定事项(持续经营问题除外)、但不影响已发表的审计意见时,注册会计师应当考虑在审计意见段之后增加强调事项段对此予以强调。

不确定事项是指其结果依赖于未来行动或事项,不受被审计单位的直接控制,但可能影响财务报表的事项。

注册会计师在理解不确定事项时,应当把握以下特征:

(1)不确定事项的结果依赖于未来行动或事项。

(2)不确定事项不受被审计单位的直接控制,在管理层批准财务报表日,不可能获得更多信息消除该不确定事项。

(3)不确定事项可能影响财务报表,并且影响并不遥远,可以预计在未来时日得到解决。

例如,被审计单位受到其他单位起诉,指控其侵犯专利权,要求其停止侵权行为并赔偿造成的损失,法院已经受理但尚未审理。该诉讼事项是一种不确定事项。因为诉讼事项的结果依赖于法院的判决或原告采取的行动,不受被审计单位直接控制,也不以被审计单位的意志为转移。但该诉讼事项一旦被法院审理判决,可能给被审计单位带来损失。

3. 其他审计准则规定增加强调事项段的情形

除上述两种情形以及其他审计准则规定的增加强调事项段的情形外,注册会计师不应在审计报告的审计意见段之后增加强调事项段或任何解释性段落,以免财务报表使用者产生误解。

有关增加强调事项段的其他审计准则包括:

(1)《中国注册会计师审计准则第1324号——持续经营》第三十五条第二款规定,如果认为管理层选用的其他编制基础是适当的,且财务报表已作出充分披露,注册会计师可以出具无保留意见的审计报告,并考虑在审计意见段之后增加强调事项段,提醒财务报表使用者关注管理层选用的其他编制基础。

(2)《中国注册会计师审计准则第1332号——期后事项》第十七条规定,如果管理层修改了财务报表,注册会计师应当根据具体情况实施必要的审计程序,复核管理层采取的措施能否确保所有收到原财务报表和审计报告的人士了解这一情况,并针对修改后的财务报表出具新的审计报告。第十八条规定,新的审计报告应当增加强调事项段,提请财务报表使用者注意财务报表附注中对修改原财务报表原因的详细说明,以及注册会计师出具的原审计报告。

(3)《中国注册会计师审计准则第1511号——比较数据》第十条规定,当以前针对上期财务报表出具的审计报告为非无保留意见的审计报告时,如果导致非无保留意见的事项虽已解决,但对本期仍很重要,注册会计师可在审计报告中增加强调事项段提及这一情况;另外,第十一条规定,注册会计师在对本期财务报表进行审计时,可能注意到影响上期财务报表的重大错报,而以前未就该重大错报出具非无保留意见的审计报告。如果上期财务报表未经更正,也未重新出具审计报告,但比较数据已在财务报表中恰当重述和充分披露,注册会计师可以在审计报告中增加强调事项段,说明这一情况。

(4)《中国注册会计师审计准则第1521号——含有已审计财务报表的文件中的其他信息》第十三条第一款规定,如果需要修改其他信息而被审计单位拒绝修改,注册会计师应当考虑在审计报告中增加强调事项段说明该重大不一致,或采取其他措施。

由于增加强调事项段是为了提醒财务报表使用者关注某些事项,并不影响注册会计师的审计意见,为了使财务报表使用者明确这一点,注册会计师应当在强调事项段中指明,该段内容仅用于提醒财务报表使用者关注,并不影响已发表的审计意见。

二、非无保留意见的审计报告

(一)影响出具非无保留意见的情形

1. 注册会计师与管理层的分歧

(1)在会计政策选用方面的分歧。主要体现在以下方面:一是管理层选用的会计政策不符合适用的会计准则和相关会计制度的规定;二是管理层选用的会计政策不符合具体情况的需要(相应的,财务报表整体列报与注册会计师获得的对被审计单位及其环境的了解不一致);三是由于管理层选用了不适当的会计政策,导致财务报表在所有重大方面未能公允反映被审计单位的财务状况、经营成果和现金流量;四是管理层选用的会计政策没有按照适用的会计准则和相关会计制度的要求得到一贯运用,即没有一贯地运用于不同期间相同的或者相似的交易和事项。

(2)在会计估计方面的分歧。主要体现在以下方面:一是管理层没有对所有应当进行会计估计的项目作出会计估计;二是管理层没有识别出可能影响作出会计估计的相关因素;三是管理层没有充分收集作出会计估计所依赖的相关数据;四是没有正确提出会计估计依据的假设;五是管理层没有依据数据、假设和其他因素对事项的金额作出正确估计;六是管理层没有按照适用的会计准则和相关会计制度的规定作出充分披露。

(3)在财务报表披露方面的分歧。主要体现在:管理层没有按照适用的会计准则和相关会计制度的要求披露所有的信息,或者没有充分、清晰地披露所有信息,使财务报表使用者不能了解重大交易和事项对被审计单位财务状况、经营成果和现金流量的影响。

2. 审计范围受到限制

(1)客观环境造成的限制。例如,由于被审计单位存货的性质或位置特殊等原因导致注册会计师无法实施存货监盘等。在客观环境造成限制的情况下,注册会计师应当考虑是否可能实施替代审计程序,以获取充分、适当的审计证据。

(2)管理层造成的限制。例如,管理层不允许注册会计师观察存货盘点,或者不允许对特定账户余额实施函证等。在管理层造成限制的情况下,注册会计师应当提请管理层放弃限制。如果管理层不配合,注册会计师应当考虑这一事项对风险评估的影响以及是否可能实施替代审计程序,以获取充分、适当的审计证据。

(二)保留意见的审计报告

如果认为财务报表整体是公允的,但还存在下列情形之一,注册会计师应当出具保留意见的审计报告:

(1)会计政策的选用、会计估计的作出或财务报表的披露不符合适用的会计准则和相关会计制度的规定,虽影响重大,但不至于出具否定意见的审计报告。

(2)因审计范围受到限制,不能获取充分、适当的审计证据,虽影响重大,但不至于出具无法表示意见的审计报告。

当出具保留意见的审计报告时,注册会计师应当在审计意见段中使用"除……的影响外"等术语。如果因审计范围受到限制,注册会计师还应当在注册会计师的责任段中提及这一情况。

应当指出的是,只有当注册会计师认为财务报表就其整体而言是公允的,但还存在对财务报表产生重大影响的情形,才能出具保留意见的审计报告。如果注册会计师认为所报告的情形对财务报表产生的影响极为严重,则应出具否定意见的审计报告或无法表示意见的审计报告。因此,在注册会计师不能出具无保留意见的审计报告情况下,保留意见的审计报告被视为最不严厉的审计报告。

如果会计政策的选用、会计估计的作出或财务报表的披露不符合适用的会计准则和相关会计制度的规定,注册会计师在判断其影响是否重大时,应当考虑该影响所涉及的金额或性质并与确定的重要性水平进行比较。

注册会计师因审计范围受到限制而出具保留意见的审计报告,取决于无法实施的审计程序对形成审计意见的重要性。注册会计师在判断重要性时,应当考虑有关事项潜在影响的性质和范围以及在财务报表中的重要程度。当注册会计师因审计范围受到限制而出具保留意见的审计报告时,意见段的措辞应当表明保留意见是针对审计范围对财务报表可能产生的影响而不是针对审计范围限制本身。

(三)否定意见的审计报告

如果认为财务报表没有按照适用的会计准则和相关会计制度的规定编制,未能在所有重大方面公允反映被审计单位的财务状况、经营成果和现金流量,注册会计师应当出具否定意见的审计报告。

当出具否定意见的审计报告时,注册会计师应当在审计意见段中使用"由于上述问题造成的重大影响"、"由于受到前段所述事项的重大影响"等术语。

应当指出的是,只有当注册会计师认为财务报表存在重大错报会误导使用者,以致财务报表的编制不符合适用的会计准则和相关会计制度的规定,未能从整体上公允反映被审计单位的财务状况、经营成果和现金流量,注册会计师才出具否定意见的审计报告。

(四)无法表示意见的审计报告

如果审计范围受到限制可能产生的影响非常重大和广泛,不能获取充分、适当的审计证据,以至于无法对财务报表发表审计意见,注册会计师应当出具无法表示意见的审计报告。

当出具无法表示意见的审计报告时,注册会计师应当删除注册会计师的责任段,并在审计意见段中使用"由于审计范围受到限制可能产生的影响非常重大和广泛"、"我们无法对上述财务报表发表意见"等术语。

只有当审计范围受到限制可能产生的影响非常重大和广泛,不能获取充分、适当的审计证据,以至于无法确定财务报表的合法性与公允性时,注册会计师才应当出具无法表示意见的审计报告。无法表示意见不同于否定意见,它通常仅仅适用于注册会计师不能获取充分、适当的审计证据。如果注册会计师发表否定意见,必须获得充分、适当的审计证据。无论是无法表示意见还是否定意见,都只有在非常严重的情形下采用。

(五)审计报告的说明段

当出具非无保留意见的审计报告时,注册会计师应当在注册会计师的责任段之后、审计意见段之前增加说明段,清楚地说明导致所发表意见或无法发表意见的所有原因,并在可能情况下,指出其对财务报表的影响程度。

审计报告的说明段是指审计报告中位于审计意见段之前用于描述注册会计师对财务报表发表保留意见、否定意见或无法表示意见理由的段落。

三、非标准审计报告的格式

(一)带强调事项段的无保留意见的审计报告

审 计 报 告

ABC 股份有限公司全体股东:

我们审计了后附的 ABC 股份有限公司(以下简称 ABC 公司)财务报表,包括 20××年12月31日的资产负债表,20××年度的利润表、股东权益变动表和现金流量表以及财务报表附注。

一、管理层对财务报表的责任

按照企业会计准则和《××会计制度》的规定编制财务报表是 ABC 公司管理层的责任。这种责任包括:(1)设计、实施和维护与财务报表编制相关的内部控制,以使财务报表不存在由于舞弊或错误而导致的重大错报;(2)选择和运用恰当的会计政策;(3)作出合理的会计估计。

二、注册会计师的责任

我们的责任是在实施审计工作的基础上对财务报表发表审计意见。我们按照中国注册会计师审计准则的规定执行了审计工作。中国注册会计师审计准则要求我们遵守职业道德规范,计划和实施审计工作以对财务报表是否不存在重大错报获取合理保证。

审计工作涉及实施审计程序,以获取有关财务报表金额和披露的审计证据。选择的审计程序取决于注册会计师的判断,包括对由于舞弊或错误导致的财务报表重大错报风险的评估。在进行风险评估时,我们考虑与财务报表编制相关的内部控制,以设计恰当的审计程序,但目的并非对内部控制的有效性发表意见。审计工作还包括评价管理层选用会计政策的恰当性和作出会计估计的合理性,以及评价财务报表的总体列报。

我们相信,我们获取的审计证据是充分、适当的,为发表审计意见提供了基础。

三、审计意见

我们认为,ABC 公司财务报表已经按照企业会计准则和《××会计制度》的规定编制,在所有重大方面公允反映了 ABC 公司 20××年 12 月 31 日的财务状况以及 20××年度的经营成果和现金流量。

四、强调事项

我们提醒财务报表使用者关注,如财务报表附注×所述,ABC 公司在 20××年发生亏损×万元,在 20××年 12 月 31 日,流动负债高于资产总额×万元。ABC 公司已在财务报表附注中充分披露了拟采取的改善措施,但其持续经营能力仍然存在重大不确定性。本段内容不影响已发表的审计意见。

××会计师事务所　　　　　　　　　中国注册会计师:×××

　　（盖章）　　　　　　　　　　　　（签名并盖章）
　　　　　　　　　　　　　　　　　中国注册会计师:×××
　　　　　　　　　　　　　　　　　　（签名并盖章）

中国××市　　　　　　　　　　　　二〇××年×月×日

（二）保留意见的审计报告（审计范围受到限制）

审 计 报 告

ABC 股份有限公司全体股东:

我们审计了后附的 ABC 股份有限公司(以下简称 ABC 公司)财务报表,包括 20××年 12 月 31 日的资产负债表,20××年度的利润表、股东权益变动表和现金流量表以及财务报表附注。

一、管理层对财务报表的责任

按照企业会计准则和《××会计制度》的规定编制财务报表是 ABC 公司管理层的责任。这种责任包括:(1)设计、实施和维护与财务报表编制相关的内部控制,以使财务报表不存在由于舞弊或错误而导致的重大错报;(2)选择和运用恰当的会计政策;(3)作出合理的会计估计。

二、注册会计师的责任

我们的责任是在实施审计工作的基础上对财务报表发表审计意见。除本报告"三、导致保留意见的事项"所述事项外,我们按照中国注册会计师审计准则的规定执行了审计工作。中国注册会计师审计准则要求我们遵守职业道德规范,计划和实施审计工作以对财务报表是否不存在重大错报获取合理保证。

审计工作涉及实施审计程序,以获取有关财务报表金额和披露的审计证据。选择的审计程序取决于注册会计师的判断,包括对由于舞弊或错误导致的财务报表重大错报风险的评估。在进行风险评估时,我们考虑与财务报表编制相关的内部控制,以设计恰当的审计程序,但目的并非对内部控制的有效性发表意见。审计工作还包括评价管理层选用会计政策的恰当性和作出会计估计的合理性,以及评价财务报表的总体列报。

我们相信,我们获取的审计证据是充分、适当的,为发表审计意见提供了基础。

三、导致保留意见的事项

ABC 公司 20××年 12 月 31 日的应收账款余额×万元,占资产总额的×%。由于 ABC 公司未能提供债务人地址,我们无法实施函证以及其他替代审计程序,以获取充分、适当的审计证据。

四、审计意见

我们认为,除了前段所述未能实施函证可能产生的影响外,ABC 公司财务报表已经按照企业会计准则和《××会计制度》的规定编制,在所有重大方面公允反映了 ABC 公司 20××年 12 月 31 日的财务状况以及 20××年度的经营成果和现金流量。

××会计师事务所	中国注册会计师:×××
(盖章)	(签名并盖章)
	中国注册会计师:×××
	(签名并盖章)
中国××市	二○××年×月×日

(三)否定意见的审计报告

审 计 报 告

ABC 股份有限公司全体股东:

我们审计了后附的 ABC 股份有限公司(以下简称 ABC 公司)财务报表,包括20××年12月31日的资产负债表、20××年度的利润表、股东权益变动表和现金流量表以及财务报表附注。

一、管理层对财务报表的责任

按照企业会计准则和《××会计制度》的规定编制财务报表是 ABC 公司管理层的责任。这种责任包括:(1)设计、实施和维护与财务报表编制相关的内部控制,以使财务报表不存在由于舞弊或错误而导致的重大错报;(2)选择和运用恰当的会计政策;(3)作出合理的会计估计。

二、注册会计师的责任

我们的责任是在实施审计工作的基础上对财务报表发表审计意见。我们按照中国注册会计师审计准则的规定执行了审计工作。中国注册会计师审计准则要求我们遵守职业道德规范,计划和实施审计工作以对财务报表是否不存在重大错报获取合理保证。

审计工作涉及实施审计程序,以获取有关财务报表金额和披露的审计证据。选择的审计程序取决于注册会计师的判断,包括对由于舞弊或错误导致的财务报表重大错报风险的评估。在进行风险评估时,我们考虑与财务报表编制相关的内部控制,以设计恰当的审计程序,但目的并非对内部控制的有效性发表意见。审计工作还包括评价管理层选用会计政策的恰当性和作出会计估计的合理性,以及评价财务报表的总体列报。

我们相信,我们获取的审计证据是充分、适当的,为发表审计意见提供了基础。

三、导致否定意见的事项

如财务报表附注中所述,ABC 公司的长期股权投资未按企业会计准则的规定采用权益法核算。如果按权益法核算,ABC 公司的长期投资账面价值将减少×万元,净利润将减少×万元,从而导致 ABC 公司由盈利×万元变为亏损×万元。

四、审计意见

我们认为,由于受到前段所述事项的重大影响,ABC 公司财务报表没有按照企业会计准则和《××会计制度》的规定编制,未能在所有重大方面公允反映 ABC 公司20××年12月31日的财务状况以及20××年度的经营成果和现金流量。

××会计师事务所	中国注册会计师:×××
（盖章）	（签名并盖章）
	中国注册会计师:×××
	（签名并盖章）
中国××市	二〇××年×月×日

(四)无法表示意见的审计报告

审 计 报 告

ABC 股份有限公司全体股东:

我们接受委托,审计后附的 ABC 股份有限公司(以下简称 ABC 公司)财务报表,包括20××年12月31日的资产负债表,20××年度的利润表、股东权益变动表和现金流量表以及财务报表附注。

一、管理层对财务报表的责任

按照企业会计准则和《××会计制度》的规定编制财务报表是 ABC 公司管理层的责任。这种责任包括:(1)设计、实施和维护与财务报表编制相关的内部控制,以使财务报表不存在由于舞弊或错误而导致的重大错报;(2)选择和运用恰当的会计政策;(3)作出合理的会计估计。

二、导致无法表示意见的事项

ABC 公司未对 20××年 12 月 31 日的存货进行盘点,金额为×万元,占期末资产总额的40%。我们无法实施存货监盘,也无法实施替代审计程序,以对期末存货的数量和状况获取充分、适当的审计证据。

三、审计意见

由于上述审计范围受到限制可能产生的影响非常重大和广泛,我们无法对 ABC 公司财务报表发表意见。

××会计师事务所	中国注册会计师:×××
（盖章）	（签名并盖章）
	中国注册会计师:×××
	（签名并盖章）
中国××市	二〇××年×月×日

第四节　审计报告的编制

编制审计报告是一项严格而细致的工作,为确保审计工作的质量,审计人员应掌握编制审计报告的步骤和要求,认真做好审计报告的编制工作。

一、审计报告的编写步骤

审计报告一般由审计项目负责人编制。编制审计报告时,审计项目负责人应当仔细查阅审计人员在审计过程中形成的审计工作底稿,并要检查审计人员的审计是否严格遵循了审计准则的要求,被审计单位是否按照企业会计制度和有关财务法规的规定以及有关协议、合同、章程的要求编制会计报表、进行会计核算等。一般的,编制审计报告应按以下程序进行:

（一）汇总整理和分析审计工作底稿

在外勤审计工作中，审计人员所编制的审计工作底稿是分散的、不系统的，外勤工作结束后，注册会计师及其助理人员要对自己编制的工作底稿进行汇总、分类、整理，回顾是否有遗漏的环节，着重列举审计中发现的问题。审计项目负责人应对审计工作底稿中记录的重要审计证据进行审核，并对全部审计工作底稿进行综合分析，形成结论，做出书面记录。

（二）被审计单位会计报表的调整

审计人员在整理和分析审计工作底稿的基础上，向被审计单位通报审计情况、初步结论和应调整会计报表的事项，提请被审计单位加以调整。对于被审计单位会计记录或会计处理方法上的错误，审计人员应提请被审计单位改正，并相应调整会计报表的有关项目。审计人员对于被审计单位处理不当的期后事项和或有负债，有的应提请被审计单位调整会计报表，有的应在审计报告中予以说明。审计人员在对外报送审计报告时，除了报送被审计单位原有会计报表外，还要报送经被审计单位调整后的会计报表。

（三）拟定审计报告提纲，确定审计报告类型

拟定审计报告提纲就是要确定审计报告的框架结构。事实上审计报告提纲的主要部分是以整理分析后的审计工作底稿为依据，并根据被审计单位是否接受其提出的调整意见和是否已做了调整等情况来拟定的。拟定提纲一般由项目负责人提出初步意见，而后经集体讨论决定，主要内容是：分几个部分、阐述什么问题、依靠哪些证据、出具什么类型报告、怎样撰写等。提纲的内容必须针对审计的目的和范围以及审计授权人或委托人的要求，根据已掌握的审计证据确定审计报告的类型和措辞。特别注意的是，如果被审计单位已根据调整意见做了必要的调整，其合法性、公允性和一贯性予以确认，一般情况下，审计报告不必将被审计单位已调整的事项再作出说明。

（四）撰写审计报告初稿

审计报告提纲拟定以后，审计项目负责人就可以撰写审计报告初稿。审计报告初稿形成后，审计组应充分讨论，反复推敲，认真研究，修改初稿。

（五）审定并出具审计报告

审计报告初稿形成后，应经相应的部门和责任人进行复核，并提出修改意见。如证据不足以发表审计意见时，则应要求审计人员追加审计程序，以确保审计证据的充分性和适当性。审计报告经复核、修改定稿后，应当由审计人员和事务所签章，致送委托人或其他部门和人员，同时会计师事务所应存档保管。

二、审计报告的编写要求

编制审计报告是注册会计师提供给审计授权者或委托者表明审计意见和审计结论的书面

文件,是审计工作的最终成果。为便于审计报告的使用者根据审计意见结论,判断被审计单位的财务状况、经营成果和资金变动情况,发挥审计报告的作用,编制各类审计报告时应符合下列基本要求:

1. 措辞要严谨准确

审计报告旨在客观公正地表达审计意见和审计结论,编写审计报告时,措辞必须严谨准确。一方面要注意用词清楚明确,对问题的定性、定量应慎重斟酌,恰如其分,切忌使用模棱两可的文字和夸张的语言。另一方面,注册会计师在审计报告中作出判断或提出意见,不论是给予肯定、表示保留意见还是反对意见,其语言表达都必须站在客观公正的立场上,不能先入为主,带有个人成见或单凭印象草率表示意见;特别是对于涉及审计责任的事项措辞更要严谨准确。

2. 证据要确凿充分

审计报告向使用者传递信息,提供其决策的依据,因此,审计报告所列的事实必须证据确凿充分。为此,审计报告一定要从实际出发,凭事实说话,切不可泛泛而谈,言之无物,更不可虚构材料。一方面,审计报告所列事实,必须确凿可靠,引用资料必须经过复核,运用的审计标准必须与原文和出处核对相符;另一方面,审计报告所列事实必须具有充分性,应足以支持审计意见的形成,决不能单凭主观愿望对被审计单位财务状况、经营成果和资金变动情况提出审计意见和审计结论。如果由于被审计单位内部控制制度不健全,无法取得确凿充分的证据,注册会计师应要求被审计单位健全内部控制制度,并适当扩大审计范围。

3. 责任界限要分明

审计人员应当按照审计准则的要求,通过实施适当的审计程序和审计方法,收集到必要的审计证据,从而判断被审计单位会计报表的编制是否符合《企业会计准则》的要求,是否公允地反映了被审计单位的财务状况、经营成果和资金变动情况,并把自己判定的结论在审计报告中恰当地表述出来。对审计报告的真实性、合法性负责,是审计人员受托责任的重要组成部分。因此,在审计报告中,必须明确审计责任与经济责任的界限,不能用审计人员的审计责任替代或减轻被审计单位的经济责任。

4. 内容要全面完整

审计报告是使用者了解企业真实财务信息的重要资料,注册会计师还须对出具的审计报告承担相应的法律责任。因此,注册会计师在编制审计报告时,内容一定要全面完整,审计报告的书写格式应当明确地反映收件人、签发人、签发单位等内容;签署审计报告的日期应当为审计人员完成外勤审计工作的日期,而不是被审计单位的资产负债表日;在编制审计报告时要按照一般格式要求编制,确保对审计对象、审计意见和审计结论等方面的明确表达。

本章小结

审计报告是指注册会计师根据中国注册会计师审计准则的规定,在实施审计工作的基础上对被审计单位财务报表发表审计意见的书面文件。审计报告是注册会计师在完成审计工作后向委托人提交的最终产品。注册会计师签发的审计报告，主要具有鉴证、保护和证明三方面的作用。按照审计报告的性质可分为标准格式审计报告和非标准格式审计报告。

审计报告应当包括下列要素：①标题；②收件人；③引言段；④管理层对财务报表的责任段；⑤注册会计师的责任段；⑥审计意见段；⑦注册会计师的签名和盖章；⑧会计师事务所的名称、地址及盖章；⑨报告日期。

审计报告的编写步骤包括：汇总整理和分析审计工作底稿、被审计单位会计报表的调整、拟定审计报告提纲、确定审计报告类型、撰写审计报告初稿、审定并出具审计报告。

审计报告的编写要求包括：措辞要严谨准确、证据要确凿充分、责任界限要分明、内容要全面完整。

【阅读资料】

美国公司审计报告纠纷案例

20世纪70年代，美国的迈克林公司并购了特克尼德有限公司，特克尼德公司的财务报告上显示，所有应收账款都是该公司成功的市场经营的结果。而实际上，这些应收账款都是在转包给不同的批发商过程中形成的。迈克林公司由此遭受了大量坏账损失，随后迈克林公司以欺诈的罪名对特克尼德有限公司的股东和审计师提起诉讼。二审法院认定审计师在审计过程中确实存在疏忽，但并不存在串通作弊的故意，所以对审计师的欺诈指控并不成立。

特克尼德有限公司是在依阿华州注册的一家有限公司，主要生产用于保证地下水管道保持一定埋藏深度和笔直程度的激光光束设备。由于产品售价较高，所以公司的每一笔销售对于公司的财务状况都至关重要。特克尼德有限公司的资金状况并不十分理想。该公司的审计师（被聘用于1967年）被要求就该公司1969年前11个月的经营情况出具审计报告。在审计报告中，该公司的所有应收账款都被认定为可以到期收回的款项。

在应收账款的审计过程中，审计师已经检查了订货单和发票，并主动向持有该激光光束设备的四位经销商进行了函证。在这四封确认函中只有一位经销商给予了答复。审计师后来只是询问了特克尼德有限公司的管理人几个问题，并没有对有关账目进行调整。在特克尼德有限公司管理人要求尽快完成审计工作的催促下，审计师表示正在等候其他三位经销商的确认回函。特克尼德有限公司随后派其销售人员同这些销售商进行联系，不久审计师接到了电报形式的确认回函。回函中，经销商们确认了应收款的数额，但未对所欠债务的数额进行确认。审计师没有再坚持口头或书面确认这些数额，也没有再调查这些经销商的信用资质。后来这些电报中有一封被证实是来自特克尼德有限公司内部销售人员的伪造回函。还有一封虽然被证实是经销商来的回函，但也是在经销商被告知这只是内部事务，经销商不必为这些应收账款的确认而担负任何责任的情况下出具的。第四位客户没有任何答复。

在调查了审计师对于应收账款方面所做的审计工作后，区级法院认定审计师的审计结论违背事实真相而且工作存在疏忽，故构成欺诈。经过上诉，法院认定审计师工作确实存在疏忽，但其行为尚不构成证券交易委员会欺诈规则或普通法规定的欺诈犯罪。

点评：审计证据要全面。

在此案例中,审计师对应收账款的审计过程中主动向持有该激光光束设备的经销商进行了函证。但是,审计师仍应注意以下问题:

(1)应收账款全部可以收回的审计结论,是建立在四封确认函中三封未对应收账款数额予以确认,另外一封还存在明显争议的基础上,因此后续审计程序明显缺乏。另外,在应收款尚未收回的情况下,审计师至少应该对债务的收回程度进行预测和估价。

(2)审计师应该已经意识到来自被审计公司内部的干扰的可能性。

(3)时间紧迫确实对审计工作造成一定影响。但是,审计师应该记住,不能以此作为降低审计质量的借口。

在此之后,审计准则中对审计结论或观点,以及具有相应依据的证据要求也更加严格。

(资料来源:中国审计网 www.iaudit.cn.)

复习思考题

1. 审计报告有何重要作用?
2. 标准审计报告包括哪些要素?
3. 非无保留意见审计报告有几种类型?各自的出具条件是什么?
4. 编写审计报告的基本步骤有哪些?

参考文献

[1] 中国注册会计师协会. 中国注册会计师执业准则2006[M]. 北京:经济科学出版社,2006.
[2] 财政部会计司. 企业会计准则讲解2008[M]. 北京:经济科学出版社,2008.
[3] 中华人民共和国财政部. 企业会计准则:应用指南2006[M]. 北京:中国财政经济出版社,2006.
[4] 傅胜. 财务报表审计模拟实训[M]. 大连:东北财经大学出版社,2010.
[5] 周在霞. 内部控制[M]. 上海:立信会计出版社,2009.
[6] 顾奋玲. 审计学[M]. 北京:机械工业出版社,2009.
[7] 中国注册会计师协会. 审计[M]. 北京:中国财政经济出版社,2009.
[8] 胡中艾. 审计[M]. 大连:东北财经大学出版社,2009.
[9] 孙颖. 审计基础与实务[M]. 北京:机械工业出版社,2009.
[10] 高圣荣,陈力生. 新编审计模拟实习[M]. 上海:立信会计出版社,2007.
[11] 王珠强. 审计学基础[M]. 2版. 北京:清华大学出版社,2007.
[12] 宫相荣,耿金岭. 审计基础知识[M]. 2版. 北京:中国财政经济出版社,2007.
[13] 张彤杉. 审计学[M]. 北京:清华大学出版社,2007.
[14] 潘琰. 审计质量与审计诚信机制[M]. 北京:经济科学出版社. 2006.
[15] 金十七. 让数字说话——审计,就这么简单[M]. 北京:中国财政经济出版社,2005.